Häuptling Büffelkind Langspeer

## Indianer-Titel bei Lamuv

Das Indianer-Lexikon, hg. von Ulrich van der Heyden • James BraveWolf: Von nun an bin ich Kriegerin – Eine indianische Erzählung • Alexander Buschenreiter: Spuren des Großen Geistes – Indianische Weisheit der Gegenwart • Alexander Buschenreiter: Unser Ende ist euer Untergang – Die Botschaft der Hopi an die Welt • Walter Bauer: Wäscha-kwonnesin: Der weiße Indianer – Die Geschichte eines abenteuerlichen Lebens • Vine Deloria jr.: Nur Stämme werden überleben • Vine Deloria jr.: Gott ist rot • Häuptling Büffelkind Langspeer erzählt sein Leben • Häuptling Seattles Rede: Wie kann man den Himmel verkaufen? • Elmar Engel: Blackfoot, Cree, Mohawks ... – Zur Geschichte der Indianer im Norden Amerikas • Elmar Engel: Chief Joseph, Häuptling der Nez Percé • Elmar Engel: Die Comanchen und ihr Häuptling Quanah Parker • Elmar Engel: Crazy Horse – Häuptling der Oglala-Sioux • Elmar Engel: Geronimo und die Apachen • Elmar Engel: Sitting Bull und die Sioux • Elmar Engel: Tecumseh und die Shawnee • Geronimo: Ein indianischer Krieger erzählt sein Leben • Elmar Engel: Uncas – Der letzte Mohikaner • Barry H. Lopez: Der listige Coyote – Was sich Indianer am Lagerfeuer erzählen • Carolyn Niethammer: Töchter der Erde – Legende und Wirklichkeit der Indianerinnen • Schwarzer Hirsch: Die heilige Pfeife – Das indianische Weisheitsbuch der sieben geheimen Riten • Schwarzer Hirsch: Ich rufe mein Volk – Leben, Visionen und Vermächtnis des letzten großen Sehers der Oglala-Sioux • Wäscha-kwonnesin: Ihre Mokassins hinterließen keine Spuren – Grau-Eule erzählt • Wäscha-kwonnesin: Im Land der Nordwinde • Wäscha-kwonnesin: Kleiner Bruder – Grau-Eule erzählt von Indianern, Bibern und Kanufahrten • Phillip Wearne: Die Indianer Amerikas – Die Geschichte der Unterdrückung und des Widerstands • Brigitte Weiprecht: Pocahontas und andere Töchter Manitous

# Häuptling Büffelkind Langspeer

Aus dem Englischen und bearbeitet
von Hans Rudolf Rieder

Mit einer Nachbemerkung
von Liz Sutter

Lamuv Taschenbuch 258

Bitte fordern Sie unser kostenloses Gesamtverzeichnis an:
Lamuv Verlag, Postfach 26 05, D-37016 Göttingen, Fax (05 51) 4 13 92
e-mail lamuv@t-online.de
www.lamuv.de

Gedruckt auf Öko 2001 Papier zur ökologischen Buchherstellung
(80 Prozent Altpapier, 20 Prozent Durchforstungsholz aus nachhaltiger Forstwirtschaft, ohne Färbung, ohne optische Aufheller)

99 00 01 02 03 11 10 9 8 7

1. Auflage 1987
7. überarbeitete Auflage 1999


Umschlaggestaltung: Gerhard Steidl
unter Verwendung eines Fotos von Edward Sheriff Curtis
Gesamtherstellung: Steidl, Göttingen
Printed in Germany
ISBN 3-88977-540-3

# Inhalt

# Einführung

Mit diesem Buch tritt ein wirklicher Indianer vor uns. Es ist kein Roman und keine romantische Erfindung, sondern eine lebendige Darstellung des vielfarbigen Indianerlebens von der Geburt im Tipi bis zum Singen des Sterbeliedes und von den Tagen des freien Umherstreifens auf der endlosen Prärie bis zum letzten hoffnungslosen Kampf gegen den weißen Eindringling. Wir erleben das Heranwachsen eines Knaben im Zeltdorf, die Spiele, Jagden, Kämpfe, die geheimnisvollen religiösen Feiern – dann die Verwirrung und Zersetzung, die der Weiße in dieses Dasein bringt, bis schließlich der Knabe, der zum Krieger erzogen wurde, in der Missionsschule schreiben und graben lernt.

Wenn dabei manches anders aussieht, als wir es bisher aus unseren „Indianerbüchern" kannten, so steht zu bedenken, daß die Wirklichkeit stets reicher und wertvoller als die Schöpfungen der Phantasie ist. Die vielfach ausgeschlachtete „Grausamkeit" des Indianers wird zum Beispiel hier etwas anderes als in der überhitzten Phantasie unsrer Schriftsteller: den Sonnentanz mit all seinen furchtbaren Qualen empfindet der Indianer nicht als Befriedigung einer Quälfreude.

Die zur Verdeutschung verwendete Sprache vermeidet es absichtlich, die Härten und ungewöhnlichen Wendungen auszuglätten. Es wäre stillos, den Indianer „literarisch" reden zu lassen. Manche Ausdrücke erhielten eine andere Prägung als in den üblichen Indianerbüchern. Das allgemein verwendete Wort „Medizinmann" wurde zum Beispiel durch „Zaubermann" ersetzt. Der Zaubermann hielt die Verbindung mit der Welt des Übersinnlichen oder Übernatürlichen aufrecht; das Heilen von Kranken war nur eine seiner Nebenaufgaben. Der Indianer sah den Weißen durch „Medizin" Kranke heilen. Er hielt den Mann mit der Medizin für den weißen Zaubermann und verwendete in seinem unbeholfenen Englisch dieses Wort zur Bezeichnung seines Zaubermanns. Er sagte auch „make medicine“ – Medizin machen –, wenn er einen Zauberspruch anstimmt oder einen Tanz zur Beschwörung des Regens aufführt.

Der Stamm der Schwarzfüße gehört zu den Prärie-Indianern. Sein Ausbreitungsgebiet lag abseits vom Hauptstrom der weißen Besiedlung. Darum erhielt er sich bis gegen Ende des 19. Jahrhunderts in seiner alten Eigenart. Durch die Besonnenheit seiner Häuptlinge vermied er schwere Zusammenstöße mit den Weißen und entging so der mehr oder weniger gründlichen Ausrottung, die sonst die meisten Indianerstämme als Einleitung ihrer Europäisierung erleiden mußten. Mit dem Abschlachten des Büffels wurde sein früheres Leben unhaltbar. Er unterschrieb den Vertrag mit der Regierung von Kanada und der der Vereinigten Staaten und suchte seitdem auf seinem Schutzgebiet die neue Lebensweise zu lernen.

*Dr. Hans Rudolf Rieder*

# Vorwort

Die Indianer, von deren Schicksalen ich in diesem Buch erzähle, waren die letzten Stämme, die die Berührung mit den Weißen erfuhren. Das Gebiet ist das des fernen Nordwestens: das nördliche Montana, Alberta, Saskatchewan und Britisch-Kolumbien. Bis zum Jahre 1905 kannte man Alberta und Saskatchewan als „Die Nordwestlichen Territorien", eine ungezähmte Wildnis, in der sich kaum fünfzig Jahre vorher noch kein weißer Ansiedler festgesetzt hatte. Die Indianer dieser gewaltigen Ausdehnung von hochgelegenen, weit dahinrollenden Ebenen können sich noch an das allererste Zusammentreffen mit dem Weißen Manne erinnern. Bis dahin waren sie – ein ruheloses, kriegerisches Wandervolk – ewig kämpfend umhergestreift: vom Missourifluß in Montana zwölfhundert Kilometer nordwärts in das Gebiet des Peaceflusses (Friedensfluß) und vom Felsengebirge ostwärts in das heutige Manitoba.

Beherrscht wurde dies wilde Reich vom Stamme der Schwarzfuß-Indianer, bekannt als die „Tiger der Ebene". Nach den Bestimmungen des letzten „Vertrags des Nordwestens" teilten sie sich für immer in zwei Hauptgruppen; die eine Hälfte lebt jetzt in den Vereinigten Staaten, die andere im westlichen Kanada – in Montana und Alberta. Die vier früheren Zweige des einen großen Stammes der mächtigen Schwarzfuß-Indianer werden jetzt von den Weißen fälschlich als vier verschiedene Stämme bezeichnet. Es sind die Blut-Indianer, die bei Cardston in Alberta leben; die südlichen Pigane (die amerikanischen Schwarzfuß-Indianer) bei Browning und Gletscher-Park in Montana; die nördlichen Pigane bei Brockett in Alberta; und die Schwarzfüße bei Gleichen in Alberta. Ihre schlimmsten Feinde waren die Sioux, die Krie, die Assiniboine, die Krähen und die Kutenai; mit all denen lebten sie bis zum Kommen der Weißen in beständigem Kriege.

Diese drangvolle Zeitspanne, die aus den alten Stammeskämpfen in das Kommen der neuen, weißen Rasse hinüberführte, bildet vielleicht den farbenreichsten Abschnitt in der Geschichte des nordamerikanischen Indianers. Und von den Geschehnissen aus dieser Zeit berichte ich, von den Erlebnissen unserer alten Krieger, die zwar selbst noch leben, aber ihre eigenen Geschichten nicht erzählen können, weil sie die Sprache des Weißen Mannes nicht beherrschen.

Zwei Bekenntnisse möchte ich vorausschicken: Die Königliche Berittene Schutzmannschaft des Nordwestens ist der beste Freund, Bruder und Beschützer des Indianers gewesen. Während der ganzen Zeit des Nebeneinanderlebens gab es nur zweimal Zusammenstöße zwischen ihr und meinem Volke – und die betrafen nur einzelne Indianer, den einen dieser Kämpfe gebe ich in den folgenden Blättern wieder. Und dann dies: die Krähen-Indianer waren die edelsten Feinde, mit denen die Schwarzfüße zu kämpfen hatten – die Krähen und die Sioux.

Zum Schreiben dieses Buches drängten mich meine Freunde aus dem Nordwesten, seit ich vom Weltkrieg zurückkehrte. Sie und meine Verleger suchten mich zu überzeugen, daß es eine bedeutsame Aufzeichnung werden würde. Hier ist es also.

*Büffelkind Langspeer*

*Schutzgebiet der Blut-Indianer, Cardston, Alberta, den 1. Juli 1928*

## I

## Erste Erinnerungen

Das erste Ereignis meines Lebens, an das ich mich erinnere, fällt in das Nachspiel eines Indianerkampfes im nördlichen Montana. Meine Mutter lief weinend hin und her, ich hing in meinem moosgefütterten Tragsack auf ihrem Rücken. Ich erinnere mich an das Bild, als hätte ich es gestern gesehen — und war doch damals kaum ein Jahr alt. Frauen und Pferde überall, zwei Frauen werden deutlich: meine Mutter und meine Tante.

Meiner Mutter blutete die Hand. Sie weinte. Sie reichte mich der Tante hin, sprang auf ein Pferd und ritt davon. Mein Säuglingsverstand sagte mir, daß etwas Erschütterndes vor sich gehe, und obwohl Indianerkinder selten weinen, weinte ich der Mutter nach, als sie so davonlief und mich verließ. Mir war, als sollte ich sie nie wiedersehen.

Dies Bild hinterließ solch einen aufregenden Eindruck, daß es während all der Jahre meines Heranwachsens immer von neuem in mir auftauchte. Ich grübelte oft, was es wohl sein möchte und wann ich solch ein seltsames Schauspiel gesehen haben könnte — oder ob ich es überhaupt je gesehen hätte, ob es nicht nur ein Traumbild wäre.

Eines Tages, nachdem ich schon ins Knabenalter gewachsen war, fragte ich meine Tante danach. Ich beschrieb ihr den Vorgang und gab genau an, wo sie und wo das Pferd gestanden hatte, wo meine Mutter gewesen war und wie sie mich hingereicht hatte. Ich gab ihr ein Wortbild des ganzen Vorganges, wie er sich so unauslöschlich meiner Erinnerung eingeprägt hatte. Während ich sprach, bemerkte ich, daß die Züge meiner Tante allmählich einen Ausdruck des Erstaunens annahmen. Als ich fertig erzählt hatte, schaute sie mich ganz verwundert an und rief:

„Daran erinnerst du dich? Du warst damals nur vierzehn Monate alt. Es geschah, als dein Onkel Eisenmantel in einem Kampf mit den Krähen umkam; deine Mutter hatte sich nach der alten Sitte zum Zeichen der Trauer einen Finger abgehackt."

Nach diesem ungewöhnlich frühen Erwachen meines Bewußtseins fiel ich wieder in den dunklen Schlaf des Säuglingsalters; bis zu meinem vierten Jahre erinnere ich mich an nichts mehr. Da erwachte ich eines Tages mitten in der Luft. Ich fiel nämlich gerade von einem Pferde herab. Daß ich auf dem Rücken des Pferdes gesessen hatte, davon weiß ich nichts; aber ich erinnere mich, durch die Luft zu stürzen, auf der Erde aufzuschlagen und dort auf dem Rücken zu liegen, voll Verwunderung nach dem scheckigen Bauche des schwarz und weißen Pferdes hinaufschauend, das über mir stand. Dann griffen mich die starken Arme meines Bruders und hoben mich wieder auf das Pferd; dabei sagte er zu mir mit strenger Stimme:

„So! Nun bleibst du aber da! Du bist vier Jahre alt; wenn du jetzt noch nicht auf einem Pferde reiten kannst, ziehen wir dir Mädchenkleider an und lassen dich eine Frau werden."

Seit diesem Tag erinnere ich mich deutlich an alles.

Ich weiß noch, wie wir damals über die Prärie zogen, von einem Lager zum andern. Wenn ich heute die Augen schließe und die Erinnerung zurückfluten lasse in jenes frühe Wanderleben — ein Leben, das auf immer aus Nordamerika verschwunden ist —, so erscheint mir als allererstes eine Farbe, ein ruhiges, tiefbläuliches Grau. Das war die Farbe meiner frühen Welt. Alles was ich sah, war überzogen von diesem ungreifbaren graublauen Ton. Er bedeutete: die Gefahr, das Geheimnisvolle, die Ferne. Wir hatten noch nicht vollen Frieden geschlossen mit unseren alten Feinden, den Krähen, den Assiniboine, den Sioux, den Krie; und an den Lagerfeuern wurde von einer neuen Bedrohung geflüstert, die vielleicht unser Schicksal werden sollte, — dem Weißen Manne. Gefahr umlauerte uns auf allen Seiten, sogar in den Tieren, bei denen wir unsere Nahrung suchten.

Alles war von Geheimnissen durchflutet. Außer den natürlichen Rätseln, die zur frühen Jugend gehören, hatten wir noch in den dunklen Rätseln des indianischen Kults und Glaubens zu tasten. Unsere Väter selbst standen vor einem großen Rätsel, das sie nicht zu lösen vermochten, — wie das Kommen des Weißen Mannes unsere Zukunft gestalten sollte.

Dann war noch jenes große Geheimnis der Ferne, das uns Knaben beständig lockte. Über die flache Wölbung unserer Ebenen sahen wir, soweit das menschliche Auge reichte, — und dachten dennoch immer, was wohl jenseits läge. Wir hörten: es gäbe „große Wasser", größer sogar als unsere Prärien; daß Tausende von weißen Menschen in einer anderen Welt jenseits dieser großen Wasser lebten, wo gar keine Indianer wären; daß sie in „großen Häusern", die wie Fische das Wasser durchschwammen, umherreisten; und auch, daß sie ein „langes Haus“ besäßen, das Feuer und Rauch ausspie und über die Erde dahinlief, schneller, als ein Büffel zu laufen vermag. Solche Dinge erfuhren wir als Legenden von anderen Stämmen. Sie erzählten uns sogar von „schwarzen weißen Männern“, die unter der Sonne lebten, dort wo sie sich ausruht, wenn sie unter den Sehkreis steigt, und wo die Menschen „verbrannt“ würden, bis sie schwarz seien.

Unter all diesen Rätseln führten wir ein Leben voll von Ungewißheiten, immer auf dem Zuge, von einem Lager zum anderen umherwandernd. Es kam vor, daß wir im Tipi Feuer machten und uns dann mit den Decken ins Freie, auf die offene Prärie, legten, damit wir nicht etwa im Schlafe umgebracht würden.

Und gehungert haben wir auch manchmal. Wir konnten wenig für den Winter beiseitelegen, weil der Büffel immer seltener wurde und wir beständig weiterzogen. Es ist schlimm zu hungern. Ich erinnere mich, einmal so hungrig gewesen zu sein, daß wir Knaben uns zusammentaten, in die Tipis unserer Mütter schlichen und die wildledernen Beutel, in denen sonst das Fleisch getragen wurde, nahmen, sie am Feuer rösteten und aßen. Das war im „Jahr des großen Schnees“, als wir alle dem Hungertode nahe kamen. Unsere Väter streiften über die Prärie und suchten Büffelköpfe, die bei den Herbstjagden liegengeblieben und nun hart gefroren waren; mit Beilen hackten sie die Haut von dem oberen Teil dieser Köpfe und kochten sie zum Essen. Endlich stießen wir auf eine Herde Bergschafe, die der tiefe Schnee herab in die Vorberge getrieben hatte; wir töteten die ganze Herde und verzehrten sie an Ort und Stelle. Wir aßen so viel, daß wir wie betrunken umhertaumelten.

Im Winter zogen wir wenig von Ort zu Ort, der Schnee lag zu tief. Wir suchten uns einen guten Windschutz in der Talsohle einer tiefen Präriewelle, bauten unser Lager und überdeckten die Büffelhaut-Tipis mit Baumrinde, um sie vor dem Blick von Umherstreichern und Feinden zu verbergen. Dort blieben wir, solange der Schnee wehte. Während der langen, finsteren Winterabende sangen wir am Lagerfeuer im großen Versammlungszelt; das half uns die schwere Zeit ertragen.

Immer, winters wie sommers, beobachteten wir genau das Verhalten von Tieren und Vögeln. Wenn die Antilope und der Büffel ruhig grasten, wußten wir, daß alles gut war. Aber wenn die Vögel oder die andern Tiere in ihren Bewegungen oder Rufen Erregung zeigten, so wußten wir, daß irgend etwas Fremdes umherstrich; wir schickten dann Kundschafter aus, um das Lager zu sichern. Die Indianer griffen immer kurz vor Tag an, wenn der Geist weitab ist und sich nur langsam zu sammeln vermag. Darum verließen jeden Morgen vor der Dämmerung zwei unserer Späher das Lager, bestiegen die höchste Erhebung der Umgegend und lagen dort bis Tagesanbruch. Sie überblickten sorgfältig das ganze Gebiet, um zu sehen, ob irgendein Feind auf unserem Pfad läge oder einen Überfall vorbereitete.

Während der langen Winter in den hohen nördlichen Breiten, wo die Tage nur wenige kurze Stunden dauerten, verwendeten unsere Mütter einen großen Teil jedes Tages dazu, uns Kinder in Sitte und Brauch des Indianers zu unterrichten. Wie der weiße Knabe erhielten auch wir unsere Schulung hauptsächlich im Winter. Die Mütter belehrten uns täglich etwa zwei Stunden lang im richtigen Gebrauch der Stammessprache. Dies — ein fehlerloses und gewandtes Beherrschen der Sprache —

ist ungemein wichtig für den Indianer, denn seine gesellschaftliche Stellung in späteren Jahren hängt davon ab. Ein Indianer, der ins Mannesalter wüchse, ohne seine Sprache mit peinlicher Genauigkeit gelernt zu haben, würde sich zu einem Rechtlosen im Stamme erniedrigen; nie dürfte er öffentlich reden, denn seine Sprachfehler könnten an andere — besonders an Kinder — weitergegeben werden und so die Stammessprache verderben. Darum mußten, weil wir weder Bücher noch eine geschriebene Sprache besaßen, unsere Mütter uns stundenlang die alten Formen und Regeln unserer Stammessprache einlernen; und das war gar nicht leicht — es gab neun Abwandlungen der Zeitwörter, vier Geschlechter und achtzig verschiedene Formen.

Die Väter überwachten unsere körperliche Ausbildung, die sehr streng war. Den Hauptzweck suchten sie darin, uns abzuhärten, uns stark und mutig zu machen und uns die Fähigkeit zu geben, jeden Schmerz zu ertragen. Der einzige Beruf des Indianers war der des Kriegers und Jägers. Darum galt, abgesehen von dem Unterricht in Sprache und Sitte, unsere ganze Ausbildung nur dem einen Ziel, uns tapfer und unempfindlich, zu guten und furchtlosen Kriegern zu machen.

Um unsere Körper zu stählen, peitschten in jeder Familie die Väter ihre Knaben, sobald sie morgens aufwachten. Nachdem sie uns gehörig geschlagen hatten, gaben sie uns die Fichtenzweige und hießen uns an den Fluß gehen und im kalten Wasser schwimmen. Im Winter badeten wir im Schnee. Bei jedem Regen mußten wir uns ausziehen und zu einem Regenbad hinauslaufen. All dies galt der Abhärtung unseres Körpers.

Fern lag es uns, an solcher Behandlung Mißfallen zu finden — im Gegenteil, wir Buben zeigten die Striemen auf unserer Haut mit dem größten Stolz. Manchmal baten wir sogar um mehr Schläge. Wenn wir im Winterlager lebten, ersuchten wir unsere Väter, einen Prügelbarren für uns im großen Versammlungszelt zu errichten. Zwei Pfosten wurden in die Erde gelassen; über ihnen wurde ein Barren befestigt, ungefähr in der Höhe, die ein mittelgroßer Knabe zu erreichen vermochte. Dann, an besonders kalten Tagen, wenn wir unsere Spiele und Wettkämpfe im Freien nicht abhielten, kamen wir alle zusammen und baten unsere Väter um „die Peitschung der Tapferen".

Während ringsum die Leute des Stammes zusahen, entblößten wir einer nach dem anderen den Rücken, traten heran an den Barren und ergriffen ihn. Dann begann der „Peitscher", den unsere Väter dazu ausgesucht hatten, uns mit einem Bündel fester Fichtenzweige schwer zu schlagen. Man hielt das aus, solange es irgend ging, dann ließ man den Barren los; das war das Zeichen, daß man genug hatte, und der Peitscher hörte auf. Die besonders Tapferen unter uns hielten manchmal stand, bis der Peitscher seine Gerten gänzlich abgenutzt hatte. Er hörte dann von selbst auf und überreichte uns den Stummel, den wir aufbewahrten und mit großem Stolz zur Schau trugen, solange wir zu den Knaben gehörten.

Ich erinnere mich sehr deutlich an meine erste Bekanntschaft mit dem eisigen Morgenbad. Ich mag etwa fünf Jahre alt gewesen sein, da kam an einem kalten Morgen mein großer Bruder herüber an mein Schlafnest, zog mich aus dem Bettzeug und lief mit mir unter dem Arm hinunter an den Fluß. Ich strampelte, schrie und wand mich, um loszukommen. Es war sehr kalt, ich hatte keine Ahnung, was er mit mir vorhatte. Darüber sollte ich nicht lange im ungewissen bleiben. Wir erreichten das Flußufer, er schlug mit dem Fuße ein Loch in das dünne Eis und warf mich hinein – der Schreck nahm mir fast den Atem. Als er dann hinabgriff und mich herauszog, kämpfte ich heftig gegen ihn; aber er packte mich einfach unter den Arm und trug mich zurück ins Lager, als sei gar nichts geschehen.

Im warmen Tipi kam ich bald wieder zu Atem, und ich fragte ihn, warum er das getan habe; er antwortete, es sei ihm vom Vater befohlen worden. Ich ging zu meinem Vater und fragte, warum er dem Bruder befohlen habe, mir das anzutun. Der antwortete:

„Du wirst das von jetzt an jeden Morgen selbst tun müssen, außer du willst ein Mädchen sein – dann ziehen wir dir Mädchenkleider an." Ich beteuerte, kein Mädchen sein zu wollen, und er sprach: „Nun gut, dann werden wir einen Krieger aus dir machen."

Das beglückte mich, ich widerstrebte also nicht mehr. Bald lernte ich, mich an dem Morgenbad zu freuen, und ich habe bis zum heutigen Tage kaltes Wasser gern.

Als ich damals meinen Vater verließ, sagte er: „Höre. Wenn du mit deinem Bruder quitt werden willst für das, was er dir heute früh angetan hat, so gehe morgen vor Sonnenaufgang in sein Tipi – ich wecke dich schon. Er wird dort liegen und schlafen. Zieh ihm die Decke fort und leg ihm ein tüchtiges Stück Eis auf die Brust. Dann hast du deine Rache."

Ich tat, wie mein Vater mir gesagt hatte; mein Bruder erwachte mit einem Schrei, der das ganze Lager aufschreckte. Er ergriff mich, ehe ich aus dem Tipi entwischen konnte, und gab mir eine Tracht Prügel, die ich nie vergessen habe. Als ich meinem Vater erzählte, was geschehen war, lachte er laut, klopfte mir auf den Kopf und sagte:

„Das ist gut, mein Sohn, nun weißt du, wie es tut, frühmorgens geprügelt zu werden; von jetzt an wirst du jeden Morgen geprügelt. Du wirst kein kleines Mädchen sein, das weint; du willst doch ein Krieger werden." Und so schien es auch.

Als ich etwa sechs Jahre alt war, begann ich an den rauheren Spielen meines älteren Bruders und der anderen Buben Freude zu finden. Ich erinnere mich an ein wunderliches Spiel, das wir an kalten, stürmischen Nachmittagen trieben, wenn wir das Tipi nicht verlassen konnten. Wir brannten einer den anderen um die Wette, wer es am längsten aushielte. Wir holten trockene Kiefernadeln und setzten uns im Kreis um das Tipi-Feuer. Dann entzündeten wir die Kiefernadeln und legten sie uns auf den Handrücken, um zu sehen, wer sie bis zu Asche verbrennen lassen konnte. Waren uns die Hände schon zu sehr verbrannt, so zogen wir manchmal das hirschlederne Hemd hinauf, ließen uns die Kiefernadeln auf den nackten Rücken legen und hielten auf diese Weise die Feuerprobe weiter. Wenn einer dabei den Schmerz nicht ertrug, wurde er von den anderen verhöhnt.

Zuzeiten nahmen wir die spitzen Knochennadeln, mit denen unsere Mütter die Häute nähten, und ritzten einander in die Beine, bis es blutete. Danach wuschen wir uns mit frischem Wasser. Die Väter sagten, das würde das schlechte Blut herauslassen und uns vor Krankheit schützen, es würde uns auch für die anstrengenden Spiele in den Sommermonaten Ausdauer geben.

Unsere sittliche Erziehung lag ganz in Händen der Mütter. Sie erzählten uns von dem Großen Geist, und sie sagten, wenn wir älter wären, würde einer aus der

Geisterwelt zu uns kommen, um unser Führer und Beschützer zu werden. Dieser würde uns unsere „Medizin" – unsere Zauberkraft – geben, unser Zauberlied und unser Sterbelied; das Zauberlied sollten wir in jeder Gefahr oder Bedrängnis singen, das andere, wenn wir zum Sterben kämen.

Wir besaßen keine Bibel, wie sie die weißen Knaben haben; also gaben uns die Mütter durch Mythen Unterweisung im rechten Lebenswandel. Die Mythen erzählten, wie alle guten Dinge von Anfang an gut waren. Für alles besaßen wir eine Mythe – von der Pflege unserer Füße bis zu der „großen Schande", der sich ein Lügner aussetzte. Manchen langen Winternachmittag saßen wir bei der Mutter, während sie aus Häuten Kleider anfertigte, und lauschten den zaubervollen Geschichten vom guten Lebenswandel, die sie aus den dunklen Tiefen unsrer Stammesgeschichte mitteilte.

Manchmal wendeten sich die Mythen ins Heitere, wie zum Beispiel die, die uns lehrte, unsere Füße zu pflegen. Diese Mythe erzählte: ein Indianerkrieger wurde einmal von vielen Feinden verfolgt, als er plötzlich bemerkte, daß seine Geschwindigkeit nachließ. Im Weiterlaufen bat er seine Füße, sich doch schneller zu bewegen. Die Füße sagten, er möge den Kopf bitten; da setzte sich der Krieger hin, um seinen Füßen zuzureden. Er sprach: „Ich werde umkommen, wenn ihr mir nicht helft."

Die Füße jedoch antworteten: „Sprich mit dem Kopfe. Du ölst den Kopf nach jedem Mahl und pflegst ihn liebevoll. Uns aber ölst du nie, du kümmerst dich gar nicht um uns." (Es war gebräuchlich, daß sich der Indianer nach jedem Mahl die fettigen Finger auf dem Kopfe abrieb.)

„Aber", entgegnete der Krieger seinen Füßen, „wenn

ich umgebracht werde, wird mein Skalp den Feinden beim Kriegstanz viel Freude bereiten; sie werden um ihn einen Tanz aufführen und ihm Ehre erweisen. Euch Füße wird niemand beachten; man wird euch abhacken und im Lager umherwerfen, die Hunde werden sich um euch balgen."

Bei diesen Worten begannen die Füße von selbst auszuschlagen. Sie schlugen so tüchtig, daß sie den Krieger mit großer Geschwindigkeit vorwärts trugen und so seine Rettung bewirkten. Darum, so sagten unsere Mütter, ermahnen seitdem die alten Leute die jungen, ihre Füße gut zu pflegen – sie jeden Abend zu reiben und zu ölen, sie ans Feuer zu halten und geschmeidig zu machen, wenn sie müde sind.

Jeder Indianer hat sechs bis zehn Wolfshunde im Lager. Um uns anzuleiten, gut zu den Hunden zu sein, erzählten unsere Mütter die folgende Mythe:

Einmal verließ ein Krieger mit seiner Familie das Hauptlager des Stammes, um für längere Zeit auf die Jagd zu ziehen. In einem seiner Zelte befand sich eine Hündin mit einem Wurf junger Hunde. Es war eine häßliche, wollhaarige, kleine Hündin. Eines Abends um die Dämmerung ging sie zum Trinken hinaus an einen nahen Flußarm. Sie kehrte zurück und ging zu ihren Jungen; aber anstatt sich hinzulegen und sie zu säugen, schob sie sie mit der Nase hin und her, schaute hinüber zu den Leuten im Zelte und schob sie dann wieder.

Plötzlich begann die Hündin zu reden. Sie sagte: „Ich liebe meine Kleinen, weil sie häßlich sind, und ich möchte nicht, daß ihnen etwas geschähe."

Das bestürzte den Indianer. Er sprach: „Da du nun zu reden vermagst, sage uns auch, was du meinst."

Die Hündin sprach: „Während ich am Flußarm

trank, stieß mich jemand in die Rippen, und ich sah eine Anzahl feindlicher Indianer."

„Wenn du uns sagst, was du weißt, werden deine Jungen am Leben bleiben; wir selbst werden sie vor den Feinden retten", sprach der Krieger. Die Hündin sagte ihm, wo die Feinde lagerten, und daß sie sich in einem nahen Busch versteckt hielten. Der Krieger nahm die Hündin mit ihren Jungen und verbarg sie zusamt seiner Frau und den Kindern in einem Dickicht; dann sprengte er auf seinem Pferd nach dem Hauptlager, um dort die Gefahr bekanntzugeben und Hilfe herbeizuholen. Sie kamen gerade wieder, als die Feinde die Zurückgebliebenen überfallen wollten. Gänzlich unerwartet überfielen sie den Gegner und vernichteten den ganzen Trupp. Seit jener Zeit, sagten unsere Mütter, sind die Indianer gut zu den Hunden.

Wir besaßen eine Mythe für alles, was gut war; je mehr wir Knaben uns bestrebten, den Mythen, die uns unsere Mütter erzählten, nachzuleben, um so höher wurden wir im ganzen Stamme geachtet. Wir gaben uns Mühe, jede Mythe zu behalten und nach ihren Lehren zu leben.

Unsere Mütter verbrachten einen großen Teil des Winters damit, die Kleidung für die ganze Familie herzustellen, die Väter zogen hinaus auf die Jagd und brachten Pelze heim. Jeden Abend liefen wir Buben unserem Vater entgegen, wenn er ins Lager kam, um zu sehen, was er an diesem Tage erlegt hatte. Und wir hofften dabei, er möge einen jungen Luchs oder Koyot gefangen haben, mit dem wir dann eine Weile spielen würden, ehe wir ihn wieder laufen ließen. Vielerlei Felle brachte er: Moschusratten, Otter, Hirsch, Koyot, Luchs, schwarzen und grauen Wolf.

Unsere Mütter nahmen diese und vergruben sie über Nacht in der Asche, um das Haar zu entfernen. Dann rieben sie die Haut mit Büffelhirn oder faulem Holz, als Vorbereitung für das Gerben. Nachdem alles Haar von der Haut entfernt und sie weich und trocken geworden war, wurde sie mit einem glatten runden Knochen blank gerieben und mit einem weißen Kreidesteine gebleicht.

Dann holte die Mutter ihre Farben herbei. Sie färbte Stachelschweinkiele und stickte schöne Verzierungen auf die Häute. Wir besaßen nur Naturfarben: Rot, Gelb, Schwarz, Weiß und Blau. Grün, Braun, Rosa oder Purpur sahen wir nie. Wir bereiteten unsere Farben aus dem Ocker, der Gelberde, die wir hauptsächlich in den Vorbergen des Felsengebirges fanden; dort lagen die Eisenerze auf der Oberfläche, sie gaben uns Rot, Blau und Gelb. Weiß gewannen wir, indem wir „Präriestaub" kochten; Schwarz ergab sich, wenn wir ein Stück Holz auskochten, das mehrere Jahre in fließendem Wasser gelegen hatte. Brauchte der Vater Fettfarbe, um die Zauberverzierungen der Familie — heraldische Wappen — auf unser Tipi zu malen, so kochte er die Pulverfarben mit Knochenmark oder Büffelhirn. Als Faden benutzte die Mutter getrocknete Sehnen.

Unsere ganze rohlederne Kleidung war bunt geschmückt mit Hermelinschwänzen und gefärbten Stachelschweinkielen oder Anhängseln. Wenn wir uns gut benahmen und uns bestrebten, den Sitten und Legenden des Stammes nachzueifern, so durften wir auf dem Kopf einen Haarbüschel aus rot und gelb gefärbtem Dachshaar tragen. Das galt als Auszeichnung für die Knaben, die noch nicht alt genug waren, um die Adlerfeder als Siegeszeichen zu tragen; die Adlerfeder erhielten nur die, die sich auf dem Kriegspfade hervorgetan hatten. Als Hosen trugen wir lange Schäfte aus weichem Rohleder, die das ganze Bein bedeckten, oben am Gürtel befestigt, aber sonst nicht miteinander verbunden waren. Statt eines „Hosenbodens“ besaßen wir ein Schamtuch, das auf solche Weise durch den Gurt lief, daß es vorn und hinten herabhing. Dazu trugen wir noch ein rohledernes Hemd, mit farbigen Stachelschweinkielen und Anhängseln verziert.

Zündhölzer hatten wir in jenen Tagen nicht, wir machten Feuer, indem wir einen weißen Flintstein schlugen; oder wir füllten ein Stück Leder mit trockenem, faulem Holz oder Baumschwamm — Zunder — und rieben es dann an einer Bogensehne auf und ab, bis es heiß wurde und sich der Zunder entflammte. Wir hatten einen berufsmäßigen „Feuermann“ im Stamme, dessen Pflicht es war, das Feuer von einem Lagerplatz zum anderen mitzutragen und es an die Mitglieder des Stammes abzugeben, wenn diese Feuer machen wollten. Er trug das Feuer in einem hohlen Birkenstamm von etwa zwei Fuß Länge. Er nahm glühende Asche und stopfte sie mit viel Zunder in den hohlen Stamm. Das Ganze schnallte er auf sein Pferd und trug es den Tag über mit, ohne sich weiter darum zu kümmern. Wir Buben sahen gern zu, wenn er seinen Stamm öffnete; es sah darin aus wie ein kleines, glühendes Kaminfeuer. Er setzte sich mitten in den Lagerplatz und verteilte die Glut an alle, die Feuer machen wollten.

## 2

## „Schwör bei dem Horn"

Die größte Freude für uns Buben war es, wenn wir nach dem langen, kalten Zwang des Winters die ersten Anzeichen des Frühlings entdeckten. Die Nordlichter schossen durch den Himmel, nachts riefen hoch über den Zeltspitzen die Wildgänse auf ihrem Flug in die Nordpolgewässer. Wir wußten, daß es nicht lange dauern würde, bis wir das Lager abbrechen und unsere endlose Wanderung über die sonnigen Prärien des Nordwestens wieder aufnehmen dürften.

Bald würden wir wieder unsere Sommerspiele treiben, nackt bis auf Lendenschurz und Sandalen umherlaufend. Unsere Herzen quollen bei dem Gedanken an die Abenteuer, denen wir vielleicht entgegengingen. Es könnte einen Kampf mit den Krähen geben, oder den Sioux, oder den Krie. Wir Knaben würden mit Knaben von anderen umherstreifenden Indianerstämmen zusammentreffen und unsere Kraft und unser Geschick gegen ihre einsetzen. Es gab so viele Wettkämpfe und Spiele während der langen Sommertage, an denen wir wie die Antilope wild umherliefen.

Die letzte Nacht im Winterlager, die Nacht vor dem großen Auszug, hielten unsere Väter einen Kriegstanz, der die ganze Nacht dauerte. Niemand ging zu Bett außer uns Kindern. Bis gegen zehn Uhr durften wir aufbleiben und dem Tanze zusehen, aber unsere Eltern tanzten und feierten die ganze Nacht. Etwa um vier Uhr morgens würden sie uns dann zum Ankleiden und Fertigmachen wecken. Gleich nach dem Abendessen hörten wir, wie die Trommler ihre großen Kriegspauken stimmten und die Sänger ihre Stimmen versuchten. Unsere Väter bemalten sich den Körper mit schönen Farben, die Mütter flochten sich das Haar und legten die besten hirschledernen Kleider an, verziert mit farbigen Kielen, Bärenklauen und Hermelinschwänzen.

Wir Kinder wurden ebenfalls schön angezogen und durften uns an diesem Abend auch die Gesichter bemalen. Die Mütter schmierten Kriegsrot auf unsere Gesichter, dann hatten wir den Vätern zuzusehen, damit wir so viel wie möglich vom Kriegstanz lernten. Dieser prunkvolle Tanz wurde aufgeführt, um dem Großen Geist zu danken, daß er uns den Winter hatte überstehen lassen und um unseren Mut gegen alle Nöte oder Kämpfe zu stählen, denen wir im Lauf der unruhigen Sommerzeit begegnen könnten.

War während des Winters jemand gestorben, so brachten seine Verwandten beim Kriegstanze mancherlei Opfer in Form von schönen Ledergewändern, Büffelmänteln, Decken und guten Schnitten von Fleisch; das warfen sie alles ins große Feuer, auf daß es „geistig" werde und den Geistern der Verstorbenen diene, von denen wir bestimmt glaubten, sie seien zugegen.

Buum, buum, buum, buum! Vier donnernde Schläge auf die große Kriegstrommel verkündeten den Beginn des Tanzes. Dann — buumbuum, buumbuum — nahmen die anderen Trommeln den regelmäßigen Gleichtakt des Kriegstanzes auf, und die Sänger begannen ihren unheimlichen, klagenden Gesang, der die ganze

Nacht dauerte. „Hai-hai, hai-jeh, hai-jo-u, hai-joh.“ Unsere Väter kamen, nackt bis auf den Schamgurt, am ganzen Körper bemalt, in das vollgedrängte Versammlungszelt hereingetanzt. Sie stießen ein kurzes, rauhes Grunzen aus und stampften mit den Füßen — tump-tump, tump-tump. Langsam umkreisten sie so das hell flackernde Feuer in der Mitte des Zeltes.

Zuerst tanzen sie ruhig, mit würdevollen, anmutigen Bewegungen. Dann, wenn das Singen und Trommeln lauter und wilder wird, steigern sie sich in eine leidenschaftliche Kriegswut. Sie schreien „ii-jh-huup, hi-hijah“ und springen nach und nach immer höher, während sie die donnernden Tamtams umkreisen. Ein unheimlicher Glanz kommt in ihre Züge. Ihre Körper weben auf und nieder wie bei kämpfenden Hähnen, die Zähne glänzen im Schein des Feuers, aus den Augen leuchtet ein böses Lächeln von Vernichtung — sie starren vorbei an den Köpfen der Zuschauer, weit in die ewigen Tiefen der Sagen und Mythen, die hinter dem furchtbaren Geist des Kriegstanzes liegen.

Jener Geist ist dem Indianerblute eingeboren. Sogar wir Buben spürten ihn in unserem Blute peitschen, wenn die Väter mit den Schultern schnellten und sangen: „Möge uns der Sieg leicht zufallen. Möge der Feind lang und tief schlafen.“ Dann warfen sie große Holzklotze in die Luft und fingen sie mit den Speeren auf. Dabei riefen sie: „Mögen wir so mit unseren Feinden tun. Mögen wir sie wie Strauchwerk aufspießen!“

So tanzten unsere Väter die ganze Nacht hindurch den Tanz des Todes. Wir Kinder wurden zu Bett gebracht, doch der wilde, unheimliche Klang des Kriegsliedes durchwogte uns und peitschte uns auf zu solchen Abenteuern, wie sie die Väter erfahren hatten.

Lange vor Tagesanbruch hörten wir am nächsten Morgen den „Ausrufer des Lagers“ durch die Zeltgassen rufen: „Euer Häuptling hat es befohlen. Auf! Auf! Auf! Auf!“ Das war das Zeichen zum Abbrechen des Lagers. Wir Buben sprangen sogleich auf und hinaus unter den kalten Sternenhimmel. Wir halfen der Mutter die Zelthaut abnehmen und zu einem großen runden Bündel rollen, das dann auf die Pferde verpackt wurde.

Bis die ersten Streifen der Dämmerung am östlichen Himmel schimmerten, waren wir schon auf dem Weg. Wir ließen die Vorberge und die Schneegipfel des Felsengebirges hinter uns im Westen und wendeten uns der großen offenen Weite zu, die wir so liebten — den hohen Wellenebenen der nordwestlichen Prärie.

Mein kleiner Bruder und ich saßen auf den Tragstangen hinter dem Pferde, auf dem die Mutter ritt. Diese Tragstangen — Travois — bestanden aus je zwei Zeltstangen unseres Lagers, sie kreuzten sich über den Schultern des Pferdes und schleiften hinten auf der Erde nach. Eine kleine Hängematte aus Häuten verband die Stangen unterhalb des Pferdeschwanzes, darin ritten ich und mein Bruder zugleich mit mancherlei „Hausgerät“, das unter und um uns verstaut war. Es gab viel Spaß, einander auszulachen, wenn das Pferd plötzlich mit dem Schwanze schlug und wir dabei einen scharfen Hieb über das Gesicht erhielten. Manchmal hat uns das beinah geblendet, dicke rote Striemen entstanden auf unseren Backen — aber geweint haben wir nie, noch uns bei der Mutter beklagt; wir hätten uns sonst in den Augen der anderen lächerlich gemacht.

Wir maßen in jenen Tagen Entfernungen nach „Nachtlagern“. „Ein Nachtlager“ bedeutete etwa fünfzig Kilometer, „zwei Nachtlager“ hundert Kilometer.

Am ersten Tage nach dem Abbruch des Winterlagers legten wir immer eine Entfernung von „zwei Nachtlagern“ zurück, um nicht im tiefen Schnee der Vorberge lagern zu müssen.

Manchmal, wenn wir über die Prärie zogen, sahen wir einen anderen Stamm uns entgegenkommen. Sie rückten behutsam näher, dann hielten sie und machten uns ein Zeichen in der Zeichensprache. Mit den Fingerspitzen der rechten Hand rieben sie die obere Fläche des linken Handgelenks, dann entfernten sie die rechte Hand und bewegten die Finger auf und ab, unter dem Daumen weg; dabei stand die Handfläche nach oben, und die Hand schlenkerte von rechts nach links und wieder zurück. Das Berühren des Handgelenks bedeutete: „Indianer“ (braune Haut); das Schütteln der Finger und der Hand bedeutete: „Welche Art?“ Das Zeichen fragte also, welcher Stamm wir wären. Unser Häuptling machte das Zeichen für „Schwarzfuß“ und deutete dann nach dem Lande, wo wir lebten. Daran anschließend hielt er regelmäßig den rechten Arm empor, mit der offenen Handfläche nach den Fremden gerichtet. Dies bedeutete: „Frieden“ – ein uraltes Sinnbild –, er zeigte, daß er keine Waffe in der Kampfhand trug.

Darauf stiegen die beiden Häuptlinge ab und schritten einander auf halbe Entfernung zwischen beiden Stämmen entgegen. Sie schenkten sich gegenseitig Tabak, reichten einander die brennenden Pfeifen und kehrten zu den Ihren zurück, worauf wir alle die Wanderung fortsetzten.

Obwohl die meisten Stämme des Nordwestens schon durch Verträge mit den Regierungen der Vereinigten Staaten und Kanadas zum Frieden verpflichtet waren, gab es noch einen Indianerstamm, mit dem wir keinen vollen Frieden geschlossen hatten. Das war der Okotoks-Trupp der Isahpo, — die Stein-Bande der Krähen. Unsere älteren Leute hielten noch an den alten Fehden fest, und manches Mal, wenn wir auf der Prärie mit diesem Trupp zusammenstießen, gab es Kämpfe. Obwohl eigentlich Friede zwischen uns und den anderen Trupps dieses Stammes bestand, grenzte die gegenseitige Abneigung recht nahe an Haß.

Wenn wir durch das Gebiet der Krähen zogen, folgten sie uns immer nach, bis wir die Gegend wieder verlassen hatten. Abends beim Aufschlagen des Lagers sahen wir, wie sie in der Ferne auf unserem Pfade ebenfalls lagerten. Sie trauten uns nicht und wir ihnen nicht. Die ganze Nacht hindurch hörten wir ihre Späher von den benachbarten Hügeln einander Zeichen geben, sie ahmten die Nachtrufe des Koyoten oder des Nachtfalken nach. Oft unter Tags, während wir durch das Krähengebiet zogen, sahen wir Buben, auf unseren Tragstangen sitzend, ein Büschel Adlerfedern aus der Erde hervorwachsen, dann ein braunes Gesicht und zwei spähende Augen. Wir sagten es der Mutter, und sie antwortete: „Sch, seid still, sie werden euch nichts tun."

Aber eines Tages geschah etwas Seltsames. Wir lagerten am oberen Missourifluß, mitten im Gebiet der Krähen, und hatten uns eben zum Nachmittagsmahle niedergelassen. Nach dem Essen saß einer unserer Krieger, Klappernde-Spur, am Flußufer und reinigte seinen Vorderlader. Ein anderer Krieger, Fliegender-Bogenknabe, kam vorbei, blieb stehen und sagte scherzend:

„Wozu reinigst du die Flinte? Du kannst doch nichts damit schießen."

„Ich kann besser damit umgehen als du", antwortete Klappernde-Spur.

„Leg deinen Feuersack darauf", sagte Fliegender-Bogenknabe, indem er seinen eignen hübsch geschmückten Feuersack als Pfand auf die Erde warf, „wir wollen sehen, wer besser schießt."

Klappernde-Spur nahm seinen Feuersack vom Gürtel, legte ihn auf den anderen und sprach:

„Gut. Siehst du das Stück Baumstamm, das dort außen mitten im Strome schwimmt? Paß auf!"

Er hob den alten Vorderlader, zielte und schoß.

Die Flinte ging los. Da geschah etwas, daß den beiden vor Überraschung fast der Atem verging. Als die Kugel den Baum traf, sprang er vorwärts wie eine Eidechse. Zwei menschliche Arme hoben sich spritzend zu beiden Seiten, peitschten einen Augenblick wütend das Wasser und verschwanden dann wieder. Der Baum glitt ziellos weiter flußab. Klappernde-Spur warf seine Decke ab, sprang in das Wasser und schwamm hinaus. Wir standen alle am Fluß, als er zurückkam und den Baum ans Ufer zog.

Es war gar kein Baumstamm. Es war eine hohle Röhre aus Birkenrinde, und darin stak ein Mann mit dem Kopf. Wir zogen den Toten heraus, es war ein Späher der Krähen. Er hatte sich den Fluß hinuntertreiben lassen, um unser Lager auszukundschaften. Mit dem ganzen Körper war er unter Wasser geschwommen, durch zwei kleine Löcher in der Röhre hatte er uns beobachtet. Wir brachen sogleich das Lager ab und verließen die Stelle; es ist zweifelhaft, ob die Krähen je erfuhren, was mit ihrem Späher geschah.

Nach diesem Abenteuer zogen wir nordwärts. Wir befanden uns auf dem Weg hinauf in das Land der Krie, nach Assiniboien, um zu erforschen, ob dort noch Büffel wären.

Eines Tages, während wir durch die Zypressenberge zogen, stießen wir auf eine Krie-Bande; die waren seit Abschluß des Friedensabkommens mit der Regierung der Nordwestlichen Territorien nicht mehr zu ihrem Hauptstamme gestoßen. Aber sie gaben uns dennoch das „Friedenszeichen"; und als unser Häuptling voranritt, um mit ihnen zu verhandeln, sagten sie, sie hätten zwar, seit ihr Stamm den Frieden geschlossen hatte, mit den Nördlichen Schwarzfüßen ein Gefecht gehabt, doch sie seien willens, mit uns Frieden zu schließen, wenn wir einverstanden wären. Sie gehörten zu Häuptling Piapots Zweig der Krie, der in Assiniboien, oben im Rufenden Tale, lebte.

Unsere Häuptlinge mit den anderen Kriegern des Rates nahmen den Vorschlag an, und es wurde vereinbart, zur Feier des denkwürdigen Ereignisses am selben Nachmittage ein großes Festessen zu halten.

Während wir beim Festmahl saßen, starrte einer unserer Krieger, Sechstöter, scharf und beharrlich auf einen Krie-Krieger, der ruhig essend vor ihm saß. Sechstöter sagte nichts, aber er ließ diesen Krie — der übrigens Braun-Mokassin hieß — im ganzen Verlauf des Festes nicht aus den Augen. Braun-Mokassin bemerkte wohl, daß er angestarrt wurde, aber er sagte nichts. Dieser Krie trug ein Halsband aus Büffelzähnen, und darauf starrte unser Sechstöter.

Als das Festessen vorüber war, sprach Sechstöter den Krie an. Er fragte, ob er das Halsband aus Büffelzähnen selbst gemacht habe. Braun-Mokassin strich mit den Handflächen die Zähne an seiner Brust auf und ab, warf den Kopf zurück und lachte laut und lang. Dann sagte er, immer noch lachend:

„Nein, ich habe das Halsband nicht gemacht. Ich

nahm es einem Schwarzfuß ab, den ich vor einigen Jahren erschlug." Und er lachte weiter.

Sechstöter fragte, ob wir, die Schwarzfüße, bei jenem Treffen jemand von der anderen Seite getötet hätten. Braun-Mokassin antwortete: „Ja, einen Krie und vierzehn Sioux, die auf unserer Seite kämpften."

Sechstöter erhob sich von seinem Platze und ging hinüber zu unserem Häuptling. Auf Braun-Mokassin deutend, rief er: „Dort sitzt der Mann, der deinen Sohn erschlug. Er trägt seine Kette um den Hals."

Der Häuptling sah rasch hinüber nach Braun-Mokassin und auf das Halsband, dann warf er die Arme in die Luft und brüllte, er werde Braun-Mokassin auf der Stelle erschlagen. Er war wild vor Wut, jeder meinte, es würde sogleich einen großen Kampf geben. Aber glücklicherweise war der Häuptling der einzige in unserem Lager, der sich erregen ließ. Nachdem einige unserer Ratsmänner mit ihm gesprochen hatten, willigte er ein, dem Lande den Frieden zu erhalten und nicht mehr zu kämpfen. Alle fühlten sich freundschaftlich zueinander gezogen, wir blieben von da an gute Freunde dieser Indianer.

Die Krie freuten sich dermaßen über den Ausgang unseres Zusammentreffens und über den Friedenspakt, daß sie baten, mit uns nach Montana hinunterziehen zu dürfen, um mit all den anderen Stämmen, dic sie bisher bekriegt hatten, auch Frieden zu schließen.

Wir besuchten die Sioux, die Großbäuche, die Cheyenne und eine Bande von Krähen, mit der wir befreundet waren. Überall wurden den Krie von ihren früheren Feinden große Festessen bereitet. Alles ging gut, bis wir in das Lager des Häuptlings Stehender-Bulle (amerikanische Sioux) in Montana kamen. Die Siouxkinder wurden eben von Missionaren unter einem Geleit berittener Truppen nach der Missionsschule verschleppt. Das jämmerliche Schreien der Kinder brachte den Häuptling in helle Wut, er hatte Lust, die Friedensschlüsse in den Wind zu schlagen und mit dem Abschlachten der Krie, die wir mitgebracht hatten, einen neuen Krieg zu beginnen. Unsere Häuptlinge setzten alles daran, ihn zu beruhigen; schließlich gab er den Krie die Hand und ließ ein Festessen bereiten.

Auch bei der nördlichen Bande der Krähen gab es Schwierigkeiten. Ihr Häuptling war zwar den Krie freundlich gesinnt, aber er hatte seine Krieger nicht fest in der Hand, und diese wollten sogleich den Kriegstanz und den Kampf mit den Krie beginnen. Sie umstellten die Besucher mit Wachen, auf daß keiner entkäme, und begannen ihren Tanz, wobei sie die Waffen unter den Manteldecken verbargen. Nur die Geistesgegenwart eines jungen Assiniboine, der sich unter den Krie befand und der die Krähensprache beherrschte, verhinderte, was sonst ein furchtbares Schlachten gegeben hätte. Dieser Assiniboine setzte sein Leben aufs Spiel, indem er mitten unter die Tänzer trat und in einer meisterhaften Rede von der Notwendigkeit des Friedens unter den Indianerstämmen sprach. Er sagte den Krähen, sie würden als Feiglinge handeln, wenn sie die Krie töteten, die in gutem Glauben zu ihnen gekommen seien und Frieden, nicht Krieg suchten.

„Wenn ihr diese wehrlosen Menschen schlachtet", sprach er, „werden euch alle übrigen Stämme der Prärien verlachen. Es wird in den Augen der anderen Indianer keinen einzigen Krieger mehr unter euch geben; sie werden euch als alte Weiber betrachten."

Das war den Krähen doch zu viel. Sie brachen ihren

Kriegstanz ab und befahlen den Frauen, mit dem Kochen des Festmahles zu beginnen. Sie sprachen: „Deine Rede ist gut. Wir geben unsere Absicht auf, die Krie zu töten, wir wollen sie ehren.“ Und so taten sie auch.

Sie waren ein tapferer kleiner Trupp, diese Krie; viele von ihnen leben noch oben im Rufenden Tale, dem Qu'appelle-Tal in Saskatchewan.

Während unserer Sommerwanderungen machten wir oft an bestimmten Stellen auf der Prärie halt, um eine Woche lang Sport zu treiben und uns so körperlich tüchtig zu halten. Unser Stamm tat das alle zwei oder drei Wochen, und wir Kinder genossen diese Erholungszeiten noch mehr als die Eltern. Denn wir durften dann unsere Spiele treiben und unsere Scheinkriege durchführen.

Während die Erwachsenen Pferderennen abhielten, lange Dauerläufe machten, ihre Kräfte im Ringen, Gewichtheben und Gewichtwerfen maßen, trieben wir Buben uns frei auf der ganzen Prärie umher und trugen unsere kleinen Wettspiele und Kämpfe aus. Die Mütter kümmerten sich von morgens bis abends nicht um uns, wir durften gehen und kommen, wie es uns beliebte.

Wir verstanden die Kunst der Indianerkriegführung fast so gut wie unsere Väter; denn es war Sitte, daß die berühmteren Krieger beim Sonnentanz alle ihre ruhmvollsten Kämpfe erzählten und auch vorführten. Wir Knaben hatten die meisten Kämpfe unseres Stammes in allen Einzelheiten auswendig gelernt.

Manchmal, wenn wir in der Nähe eines denkwürdigen Schlachtfeldes aus den Kämpfen mit den Krähen oder den Großbäuchen lagerten, zogen wir Burschen frühmorgens schon vom Lager los; wir nahmen einen großen Sack Pemmikan und unsere Pfeile und Bogen mit und suchten die Stelle auf, um zu „kämpfen". Wir teilten uns in zwei Stämme, stellten die alten Landzeichen fest, die wir aus den Erzählungen der Väter kannten, und bezogen dieselben Stellungen, aus denen die ursprüngliche Schlacht geschlagen worden war. Glücklich waren diejenigen Buben, die zu Häuptlingen oder Zaubermännern gewählt wurden.

Hatten die „Häuptlinge" ihre Krieger in die Stellungen verteilt, so hielten sie abseits einen Kriegsrat, um den Gang des Kampfes noch einmal festzulegen. Dann zogen wir uns alle aus, wie die Väter taten, wenn sie in den Kampf gingen, und bemalten unsere Körper nach der Farbe der betreffenden Landschaft, damit uns der „Feind" nicht so leicht entdeckte. Auf ein gegebenes Zeichen begann der Kampf.

Wir besaßen kleine Pfeile, von den Müttern gemacht, mit stumpfen, runden Kugeln auf den Spitzen. Sobald einen Knaben ein solcher Pfeil traf, war er „tot" und mußte auf der Stelle liegenbleiben. Unsere Mütter hatten uns auch schwarzes Pferdehaar in den Schopf gebunden, so daß man uns „skalpieren" konnte, wenn wir „getötet" wurden.

Bei diesen Kriegsspielen stürzten wir nicht wild aufeinander los, wie ich es unter weißen Knaben gesehen habe. Wir nahmen die Schlacht sehr ernst, verbargen uns, wo irgend möglich, und krochen heimlich aufeinander zu — wie eben der Indianer kämpft. Unsere Väter verlangten das von uns, damit wir gute Krieger würden, wenn wir erwachsen wären. Manchmal dauerte die Schlacht über eine Stunde. War dann der große Kampf vorüber, so wurde der mit den meisten erbeuteten Skalpen der „größte Krieger" des ganzen Knabenlagers, er behielt auch mehrere Tage lang diesen Rang.

Anschließend an unsere Schlachten hielten wir große Siegestänze, wie es die Väter taten; und die fünf Buben, die die meisten Skalpe erbeutet hatten, waren die Helden dieser Feste. Wir errichteten fünf besondere Sitzplätze für diese auserlesenen „Krieger", und die gewöhnlichen Mitkämpfer hatten sie zu bedienen und ihnen Speise zu bringen, während sie stumm ihrem Ehrentanze zusahen. Nachmittags, bei der Rückkehr ins Lager, ließen wir unsere fünf „größten Krieger" vorangehen, und die Männer legten ihnen die Hand auf die Schulter und sagten, sie würden eines Tages große Krieger wie ihre Väter werden; das nahmen wir Knaben immer sehr ernst. Beide Eltern, sowohl Vater wie Mutter, ermunterten uns zu den Kriegsspielen, auf daß wir „ehrenhafte Männer" würden.

Zogen wir nicht auf einen solchen Kriegszug, dann hielten wir im Lager allerlei Kampf- und Wettspiele ab. Nie saßen wir nichtstuend umher, wir trieben immer irgendein Spiel.

Eines unserer beliebtesten Kampfspiele war das „Steinwerfen", mit dem wir erprobten, wer den stärksten Rücken und die kräftigsten Arme besäße. Wir nahmen einen ansehnlich großen Stein, ergriffen ihn mit beiden Händen, beugten uns vornüber und warfen ihn zwischen den Beinen hindurch nach rückwärts. Das trieben wir den ganzen Nachmittag lang und suchten unsere Wurfzeichen weiter und weiter vorzurücken. Der mit dem weitesten Wurf gewann die „Arm-und-Rücken"-Meisterschaft. Aber das hieß noch nicht, daß er der Erste unter uns wurde, denn es galt noch die Beine zu erproben. Der Indianer mißt körperliche Tüchtigkeit nach Arm- und Beinkraft, nicht nach Ausdauer und guter Atmung — denn die besitzt jeder Indianer als etwas Selbstverständliches. Den Gegner mit dem Spieß oder der Streitaxt niederzuschlagen, erforderte kraftvolle Arme; ihm nachzulaufen und auf ihn zu springen, verlangte ebenso starke Beine.

Darum hielten wir häufig Wettläufe, um unsere Schnelligkeit zu erproben. Wir Knaben liefen in unseren Wettläufen selten mehr als drei oder vier Kilometer, aber die Erwachsenen legten manchmal zweihundertfünfzig bis dreihundert Kilometer in einem einzigen Wettlauf zurück. Eine beliebte Laufstrecke der Nördlichen Schwarzfüße ging von Schwarzfuß-Kreuzweg, jetzt Gleichen in Alberta, nach Zauberhut und zurück. Das war eine Strecke von etwa dreihundertsechzig Kilometern. Sie liefen morgens ab und kamen am nächsten Tag zurück – ohne Halt, und alles zu Fuß.

Wir liefen unsere Wettläufe immer barfuß, um nicht die Mokassins abzunutzen, und auch um unsere Füße zu kräftigen und abzuhärten. Um den Kopf banden wir einen Lederstreifen, damit uns das lange Haar nicht ins Gesicht flog, und legten alle Kleidung bis auf den Lendenschurz ab. Die Hände hielten wir unten an den Hüften, es galt als unwürdig und als Zeichen von Schwäche, mit angezogenen Ellbogen die Hände vor der Brust hin und her pendeln zu lassen. Nach jedem Wettlauf sprangen wir in den kalten Fluß und badeten.

Das erste, was wir Buben taten, wenn zur Erholung haltgemacht wurde, war, unsere Pferde zu besteigen und auf der Prärie nach einem großen Okotoks – Stein – zu suchen. Wir warfen den Lasso über den größten Stein, den wir fanden, und ließen ihn von den Pferden ins Lager schleifen. Dann bezeichneten wir die Stelle, wo er lag, mit einem roten Holzstift und versuchten nun, wer ihn am weitesten tragen konnte. Jeder besaß seinen eignen Stift, der durch besondere Bemalung kenntlich gemacht war, den steckte er in die Erde dort, wo er den Stein fallen ließ. Dann rollten vier oder fünf von uns den Stein wieder zurück an den roten Stift, und der nächste kam daran. Manchmal verbrachten wir ganze Tage damit, unser eignes Zeichen oder die der anderen zu übertreffen.

Enthaltsamkeit von übermäßigem Essen und von zu großem Gefallen an körperlichen Bequemlichkeiten wurde uns von den Eltern streng auferlegt; ihr ganzes Bestreben war, uns zäh und ausdauernd zu halten. Wir durften niemals nahe beim Feuer stehen, damit wir nicht zu warm und dadurch faul würden. Fettes Fleisch ließen uns die Eltern nie essen. Sie sagten, es würde uns den Magen weich machen.

Wir Knaben erhielten täglich von zwölf der ältesten Männer des Stammes Ermahnungen über die richtige Lebensführung. Weil sie selbst ein so hohes Alter erreicht hatten, nahm man an, daß sie besser zu leben verstanden als die anderen. Jeden Morgen vor Sonnenaufgang, während noch alles im Tipi schlief, stand der Reihe nach einer dieser alten Männer auf und ging durch das Lager; er verkündete mit lauter Stimme, wie man leben sollte, um alt zu werden, und was er sonst an guten Ratschlägen über Sitten, Tapferkeit und Angriffslust wußte. Seine Stimme weckte uns, und wir lagen und lauschten jedem Worte, das er sagte. Zu jener Zeit des Morgens, da wir eben aus dem Nachtschlaf erwacht waren, schienen seine Worte besonders tief einzudringen. Wir merkten uns jedes Wort, den ganzen Tag hindurch fielen uns die Ermahnungen ein, und wir suchten sie zu befolgen.

Alle diese Männer waren große Krieger, die viele

Skalpe genommen hatten; wir schenkten unseren alten Leuten im ganzen Stamme die größte Hochachtung. Um so alt zu werden, mußten sie mutige, starke und tüchtige Kämpfer gewesen sein, darum eiferten wir ihnen nach. Wenn so ein Alter seinen schweigenden, ehrwürdigen Gang durch das Lager unterbrach, einem von uns Buben den Arm um die Schulter legte und ein kurzes Gebet an den Großen Geist zu unserem Wohlergehen sprach, so fühlten wir uns hoch geehrt. Wir blieben auch nach Schluß des Gebetes ehrfurchtsvoll und schweigend stehen, bis der Alte weitergegangen war. Wir betrachteten unsere Alten fast als Halbgötter und liebten sie innig: sie waren alle unsere Väter.

Diese Achtung vor dem Alter wurde uns so tief eingeprägt, daß ich bis zum heutigen Tage nicht den Mut habe, einem älteren Menschen zu widersprechen. Mir sind alte Leute noch immer Halbgötter, die man stets ehren und denen man folgen muß.

Jeden Morgen bei Sonnenaufgang gab es einen Wettlauf aller Knaben und Jünglinge, wer zuerst zu dem Morgenbad in den Fluß spränge; die Lager befanden sich wegen der Wasserversorgung stets nahe bei einem Fluß. Derjenige, der am häufigsten als Erster auf war, wenn die Sonne eben über den östlichen Sehkreis lugte, galt als Vorbild für das ganze Lager.

Ein Bursch, der lieber den eignen Launen folgte oder der sein Bett zu sehr liebte, erniedrigte sich zum „Mitläufer". Nie durfte sein Name öffentlich ausgerufen werden. Er galt für gar nichts in der gesellschaftlichen Einteilung des Lagers.

Unser Trupp zerfiel in verschiedene „Lager", jedes mit seinem Unterhäuptling. Wenn ein Lager das andere einlud, den Abend beisammenzusitzen und zu rauchen, so stellte sich der Einladende in die Mitte des Hauptlagers und rief die Namen aller jener auf, die sich durch Befolgung der Stammesbräuche hervorgetan hatten; zum Schlusse sprach er dann eine allgemeine Einladung für „die Übrigen". Diese „Übrigen" setzten sich aus den Trägen zusammen. Für die geachteten Jünglinge wurden vorne Sitze gerichtet, die Trägen erhielten die Plätze bei der Tür. „Dort gehören sie hin", sagten unsere Alten. „Die Natur gibt jedem seinen Platz. Die Trägen würden ja doch zu spät kommen; also mögen sie bei der Tür sitzen, wo sie die Achtbaren nicht stören, wenn sie hereinkommen." Diese Einteilung der Plätze hatte auch eine heitere Folge. Wenn nämlich der Häuptling die Pfeife ansteckte und sie im großen Kreise weiterreichte, erhielten die geachteten jungen Männer, die nahe beim Häuptling saßen, den süßen Rauch, während die, die überall gern zuletzt kamen, nur den stark beizenden Saft hatten.

An Regentagen, wenn wir nicht draußen spielen konnten, ermutigten uns die Eltern, Kriegstänze zu halten. Sie stellten für uns das allgemeine Versammlungszelt auf und belehrten uns in all den gefeierten, alten Tänzen unseres Stammes: im Kriegstanz, Adler-Kriegstanz, Gespenstertanz, Zaubertanz, Häuptlingstanz, Pferde-Kriegstanz, „Ich-sah"-Tanz und Skalptanz.

Der liebste von allen diesen war für uns der Adler-Kriegstanz, weil er mit einem Wettkampf endete. Wenn wir diesen Tanz abhalten wollten, suchten wir auf den steilen Hängen längs des Flußufers ein Adlernest, hackten einen kleinen Baum ab und schafften beide in das Lager. Wir schälten dem Baume die Rinde ab, bemalten ihn rot und entfernten alle Äste bis auf einige am Wipfel. In diese oberen Äste banden wir das Adlernest und ließen es an einer Schnur herunterhangen. Dann pflanzten wir den Baum in der Mitte des Zeltes auf und zogen um ihn herum mit Zweigen ein Viereck.

Innerhalb dieses Vierecks gruben wir ein Loch, dahinein stieg der Knabe, der den Tanz angab, mit seinem Tam-Tam. Wenn der Tanz beginnen sollte, schlug er auf sein Tam-Tam und sang dazu. Eine Weile sang er langsam; als das Lied schneller wurde, kamen wir alle in das Zelt getanzt, unsere Bogen und Pfeile über dem Kopfe haltend.

Wir tanzten rund um den Baum, bis der Knabe in der Grube plötzlich das Singen abbrach; dann hoben wir alle die Bogen und begannen nach der Schnur zu schießen, an der das Adlernest vom Wipfel des Baumes herabhing. Wenn das Adlernest zur Erde fiel, sprangen alle mit Kriegsgeschrei darauf zu; die ersten drei Knaben, die es berührten, durften dafür eine Feder im Haare tragen. Dies galt für uns wie die „erste", „zweite" und „dritte" Ehrenauszeichnung, die sich unsere Väter errangen, wenn sie im Kampfe einen Feind getötet hatten, — sobald nämlich ein Feind gefallen war, stürzten alle Krieger auf ihn zu, um die ersten zu sein, die ihn berührten. Wir mochten diesen Tanz, weil es sonst keinen Tanz oder kein Spiel gab, bei dem man eine Adlerfederauszeichnung, wie sie unsere Väter trugen, gewinnen konnte.

Bei unseren Spielen, in allem was wir Knaben auch trieben, ging es vor allem „ehrenhaft" zu. Keiner bezweifelte je des anderen Wurfzeichen, des anderen Bestzeit, des anderen Wort. Die Eltern lehrten uns, daß Lügen die „größte Schande" sei; sie nannten es „das Kampfschild, hinter dem der Feigling seine Schande verbirgt". Wir glaubten ihnen, und es gab sehr selten Gelegenheit, vor den Spielgefährten die Wahrhaftigkeit eines Ausspruches betonen zu müssen.

Geschah es jedoch, daß einer einen Zweifel äußerte, so „schwur der andere beim Horn", und dann war jeder Widerspruch ausgeschlossen. Keiner hätte je beim Horn falsch geschworen. Es war derselbe Eid, den unsere Väter ablegten: er besagte, daß wir bereit wären, vor dem berühmten Horn-Bund der Schwarzfuß-Indianer die Wahrheit des Gesagten zu beschwören.

Aus meiner ganzen Knabenzeit erinnere ich mich nur eines einzigen Falles, wo ein Ausspruch genügend angezweifelt wurde, daß man den betreffenden Knaben ersuchte, „vor dem Horn zu schwören". Irgend jemand hatte einen zahmen Kojoten, der sich mit unseren Hunden angefreundet hatte und der Liebling des ganzen Lagers geworden war, totgeschlagen. Ein Spielkamerad, ein Knabe namens Sternwolf, wurde beschuldigt, den Kojoten getötet zu haben. Er sagte, er sei unschuldig, und der Vater hieß ihn „vor dem Horne schwören".

Der Horn-Bund besteht aus fünfundzwanzig der bedeutendsten und geachtetsten Krieger im Stamme. Die Männer gehören bis zu ihrem Tode dazu, kein neues Mitglied kann aufgenommen werden, bis eines gestorben ist. Es heißt, daß dieser Bund starke Ähnlichkeit mit den Freimaurern der Weißen aufweise. Da sich die lebenslängliche Zugehörigkeit auf fünfundzwanzig ehrenhafte Männer beschränkt, so bleiben ihre Geheimnisse besser behütet als die irgendeines anderen Bundes der Indianer.

Damals, als der junge Sternwolf vor dem Horn schwören sollte, wurden wir Knaben alle dazugelassen, um das Ereignis zu sehen. Die fünfundzwanzig „Hörner“ saßen im Kreis, mit ihrem feierlichen Schmucke bekleidet und von bewaffneten Kriegern beschützt.

Sternwolf wurde in die Mitte des Zeltes geführt und stand dort, während das „große Haupt der Hörner“ langsam die heilige Zauberpfeife mit Tabak füllte und dann ein wenig trockenes Gras obenauf legte. Beim Stopfen der Pfeife redete er geheimnisvoll, von Zeit zu Zeit Sternwolf warnend, „daß er nun vor dem Horn schwören werde und dabei tief in seinem Herzen die Wahrheit erforschen müsse; denn wenn er mit krummer Zunge spräche, würde sein Tod erfolgen.“

Nachdem die Pfeife gestopft war, setzte er viermal Feuer daran; jedesmal schaute er durch die Flamme des brennenden Spanes auf Sternwolf und murmelte dabei ein Wort, das wir nicht verstanden. Dann schwenkte er die Zauberpfeife nach den vier Richtungen der Erde, stand auf und trat hinüber zu Sternwolf. Er hielt ihm die Pfeife hin und sprach gesetzt und streng:

„Bruder, rauche, wenn du die Wahrheit sagst. Wenn du lügst, dann rauche nicht!“

Sternwolf „nahm“ die Pfeife; danach bezweifelte niemand mehr seine Aussage.

Es heißt, wenn jemand vor dem Horne lügt, so stirbt er innerhalb eines halben Jahres. Es wird auch behauptet — und zwar auf Grund von wirklichem Geschehen —, daß Todesfälle aus diesem Anlaß vorgekommen seien.

## 3

## Was bedeutet ein Indianername?

Während ich ein Knabe war, besaß jeder Indianer im Laufe seines Lebens zum mindesten drei Namen. Der erste davon, den er bei der Geburt erhielt und trug, bis er alt genug war, auf den Kriegspfad zu gehen, beschrieb irgend etwas in Zusammenhang mit seiner Geburt. Wir haben zum Beispiel einen Mann unter den Schwarzfüßen, der heißt Heult-mitten-in-der-Nacht. Als er am Ufer des Belly-(Bauch-)Flusses im südlichen Alberta geboren wurde, ging die Indianerfrau, die seiner Mutter half, an den Fluß hinaus, um Wasser zu holen. Sie kam ins Zelt zurück und sprach: „Ich hörte einen Wolf über dem Flusse heulen." Die Mutter des Neugeborenen antwortete: „Dann werde ich meinen Sohn Heult-mitten-in-der-Nacht nennen."

Den Geburtsnamen sollte der Knabe behalten, bis er alt genug war, sich selbst einen Namen zu verdienen; aber sobald er mit anderen Kindern spielte, gaben ihm die Spielgefährten unter sich einen Namen, der den von den Eltern erwähnten vollkommen verdrängte. Und dieser Name war oft wenig schmeichelhaft, denn wir Indianerknaben suchten gern einen bezeichnenden Mangel oder Fehler, nach dem wir unseren Spielgefährten nannten. Es gab zum Beispiel Namen wie: O-Beine, Toller-Hund, Laufende-Nase, Böser-Bube, Wolfschwanz. Man weiß von Fällen, wo dieser Spitzname aus der Knabenzeit so treffend paßte, daß er nicht nur den Geburtsnamen verdrängte, sondern auch zeitlebens haften blieb, falls der Betreffende nicht imstande war, sich auf dem Kriegspfad einen besseren zu verdienen.

Meist aber erhielt ein Indianer seinen eigentlichen Namen, wenn er alt genug war, den ersten Kampf gegen den Feind mitzumachen. Sein Name für das ganze Leben hing davon ab, wie er sich bei diesem Kampfe bewährte. Nach der Rückkehr vom Kriegspfade kam das gesamte Lager zusammen, um den Feierlichkeiten der Namensverleihung durch den Häuptling des Stammes beizuwohnen. Hatte sich der Jüngling als tüchtig erwiesen, so erhielt er einen guten Namen, wie zum Beispiel: Erkämpft-mit-beiden-Armen, Heranstürmender-Büffel, Sechstöter, Guter-Treffer, Schwerer-Speer, Viele-Häuptlinge. Hatte er sich hingegen schlecht geführt, so mochte er vielleicht heißen: Verrückter-Wolf, Mann-der-sich-vor-einem-Pferde-fürchtet, Rauchendes-altes-Weib. So gibt ein Indianername an, wie sich sein Träger bewährt hat oder welcher Art er ist.

Außerdem hatte ein Mann vielfach Gelegenheit, im Laufe der Zeit seinen Namen zu verbessern. Führte er bei einem späteren Kampf irgendeine besonders tapfere Tat aus, so erhielt er einen besseren Namen. Mancher unserer ruhmvollen Krieger besaß bis zu zwölf Namen — alles gute Namen, und jeder besser als der vorherige. Wie viele er auch der Reihe nach erhalten mochte, jeder seiner alten Namen gehörte ihm, und kein anderer Mensch durfte ihn tragen. Diese Namen waren ein so festes Eigentum, als wären sie gesetzlich geschützt, nicht einmal der Besitzer durfte einen davon verschenken. Indianernamen wurden vom Stamme vergeben, nicht von der Familie; man durfte seinen Namen nicht dem eignen Sohne geben, es sei denn, der Häuptling und der gesamte Stamm hätten in Anerkennung einer besonderen Tapferkeit des Sohnes darum gebeten. Ich weiß von nur drei oder vier Fällen, wo dies geschah; es ist die seltenste Ehre, die einem Menschen zufallen kann, daß er den Namen des eigenen Vaters erhält. Zu meiner Zeit mußte sich jeder Sohn selbst seinen Namen verdienen.

Man wird also verstehen, warum kein erwachsener Indianer einem Fremden den eigenen Namen sagt. Fragt man ihn, so wendet er sich an einen Danebenstehenden und nickt ihm zu, damit der es für ihn sage. Er möchte nicht mit den Taten seiner Kriegszüge prahlen. Seine Namen sind wie die Auszeichnungen, die der Weiße im Kriegsdienste gewinnt; und der Indianer empfindet eine gewisse Scheu davor, durch das Nennen des eignen Namens vor anderen Leuten seine Tapferkeit anzupreisen.

Es gibt ausgesprochene „Häuptlingsnamen" unter den Indianern, die von ihren ersten Trägern solche Bedeutung erhielten, daß sie der Stamm nie aussterben läßt. Diese gehen von einem Menschenalter zum nächsten über und werden nach und nach Häuptlingsbezeichnungen, etwa wie der Name „Ptolemäus" im Stamme der ägyptischen Herrscher.

Einer meiner Namen, Häuptling Büffelkind, gilt unter den Blut-Indianern der Schwarzfüße, die bei Cardston in Alberta leben, als solch eine Häuptlingsbezeichnung. Der erste Häuptling Büffelkind fiel vor mehr als achtzig Jahren in einem Kampfe im heutigen Montana. Als ich vor Jahren ein Häuptling in diesem Dorfe wurde, gaben mir unsere Kriegshäuptlinge Bergpferd und Schwere-Schilde unter Mitwirkung des Missionars unter den Blut-Indianern, des hochwürdigen Domherrn S. Middleton, den Namen zur Wiederbelebung und Erhaltung.

Ich besitze vier weitere Namen: Nachtwanderer, Scheckiges-Kalb, Hält-das-Feuer und Langspeer. Von diesen ist mir der Name Scheckiges-Kalb der teuerste, weil ich ihn von meiner angenommenen Mutter, Scheckiges-Kalb, der Frau von Tönender-Himmel, erhielt. Sie sind die Eltern des weithin berühmten und auch verlästerten Kriegers Allmächtige-Stimme, der als einzelner seinen Kampf gegen die Königliche Berittene Schutzmannschaft des Nordwestens zu Ende führte, — ein ruhmvolles Blatt in der Geschichte des Nordwestens. Diese außergewöhnliche Frau, Scheckiges-Kalb, die Tochter des großen Häuptlings Ein-Pfeil, die bei ihrem Sohne während dessen einzigartiger Belagerung aushielt und ihm durch den Kugelregen Rat und Ermunterung zurief, lebt heute (1928) noch auf dem Ein-Pfeil-Indianer-Schutzgebiet am Entensee in Saskatchewan. Für mich hat ihr Name den Rang eines berühmten Kriegernamens, darum schätze ich ihn so hoch und verehre ihre Mutterschaft an mir.

## 4
## Die sieben Zauberzelte

Während meiner Kinderzeit war das höchste Ziel eines jeden Indianerknaben, Zaubermann zu werden; denn dieses geheimnisvolle Wesen galt oft mehr im Dorfe als selbst der oberste Häuptling – es ist auch heute noch so. Ein Dorf kann mehrere Häuptlinge und eine ganze Anzahl Berater haben, aber es gibt nur einen Zaubermann, und der behütet die Geheimnisse seiner Sonderstellung eifriger als sein Leben. Der Zaubermann hat ein dreifaches Amt im Dorfe, er ist Arzt, Rechtsberater und Priester. Er heilt die Kranken, erteilt Rat und Belehrung in Angelegenheiten des Stammes und über den Gang kommender Geschehnisse und betet für die, die im Sterben liegen – wobei ihm oft durch einen seltsamen geistigen Einfluß, den er ausübt, ganz wunderbare Kuren gelingen.

Ehe ich von einigen unheimlichen Dingen erzähle, die ich den Zaubermann ausführen sah, will ich erklären, wie er im Stamme gewählt wird.

Der Zaubermann hat von jeher seinen Nachfolger selbst bestimmt. Er wählt einen Knaben von etwa zwölf oder dreizehn Jahren, denn die Ausbildung, die dieser durchzumachen hat, ist lang und anstrengend, sie dauert zehn bis fünfzehn Jahre. Der Erkorene muß außergewöhnliche Eigenschaften des Geistes, des Körpers und besonders der Seele erkennen lassen, — meist ist es einer, der unter den Spielgefährten als Führer gilt, dem alles „leicht gelingt“ und der ein scharfes Verständnis für Menschen hat. Der Zaubermann geht zu den Eltern dieses Knaben und bittet um ihre Erlaubnis, ihn mitzunehmen und auszubilden. Da dies als die höchste Ehre gilt, die einem jungen Indianer zuteil werden kann, überlassen ihm die Eltern ihren Knaben gern und stolz.

Der Zaubermann zieht dann mit seinem Schüler weg und bleibt etwa ein halbes Jahr fort. Er führt ihn hinauf in die Wildnis des Felsengebirges oder an einen abgelegenen Ort auf dem gewaltigen Meer der Ebene und unterrichtet ihn dort während der langen Monate dieser ersten Reise in den Anfangsgründen seines geheimnisvollen Berufs.

Das erste Ziel der Ausbildung ist, das Geistige des Knaben stärker als das Körperliche zu entwickeln, — dem Geist die Herrschaft über den Leib zu geben. Dies erreicht der Lehrer dadurch, daß er ihm viele Tage lang nichts zu essen gibt und ihn freiwillig allerlei körperliche Folterungen ohne Zucken ertragen läßt. Wenn der Knabe von der ersten Reise zurückkommt, sieht er anders aus und benimmt sich auch anders als früher; er ist unter seinen Gespielen nie mehr derselbe wie vorher.

Uns Buben schien es immer, als habe ein solcher Knabe irgendein großes Geheimnis gelernt, das er niemandem, auch nicht den Eltern, mitteilt.

Auf späteren Ausflügen in die Berge setzt der Zaubermann die Kräftigung des Geistes fort und fügt nach und nach eine strenge Abhärtung des Körpers hinzu; denn nach seiner Ansicht können ein starker Geist und ein „starkes Herz“ (das ist: Mut) nur in einem starken Leibe gedeihen.

Diese Schulung des Willens und des Körpers dauert etwa drei Jahre. Am Schlusse dieser Zeit ist der Körper des Knaben hart wie Stahl, und sein Wille ist dermaßen erstarkt, daß er die schlimmsten Schmerzen erträgt, ohne sichtbar zu leiden. Der Jüngling benimmt sich nun wie sein Lehrer. Die Bedürfnisse seines Körpers hat er von sich selbst abgelöst, keine körperlichen Empfindungen berühren ihn mehr. Zum Beispiel kratzt er sich nicht, wenn ihn eine Mücke sticht oder wenn es ihn irgendwo juckt; er achtet gar nicht darauf. Das Geistige hat vollkommen die Oberhand errungen über den leiblichen Teil — so erklärt es der Zaubermann. Bald wird er nun auch imstande sein, einzig durch seinen Geist andere Menschen zu beherrschen.

Aber vorher hat er noch eine lange und strenge Schule in der Zaubermacht (Medizin) durchzumachen. Bei dieser „Zauberschulung" lernt er die Kunst der Beschwörung, die Heilkraft der verschiedenen Kräuter, das Erforschen der Zukunft und die „Macht, mit den Geistern in Berührung zu treten" — denn von denen soll der Zaubermann alle Angaben über die Zukunft erhalten.

Der Knabe muß die sieben „Zelte" der Zauberkraft durchwandern, jedes Zelt erfordert ein Jahr Unterricht und vermittelt einen bestimmten Teil der Kunst des Zaubermannes. Für jedes „Zelt" — es heißt Tipi — bereitet sich der Jüngling ein Jahr lang vor, am Ende des Jahres „geht er durch das Zelt". Der Zaubermann baut das Zauberzelt auf und legt alle dazu gehörenden Geräte hinein; dann sitzt er mehrere Tage darin und läßt den Knaben alles ausführen, was er ihm im Lauf des Jahres gezeigt hat. Es ist ähnlich wie die jährliche Schlußprüfung in der Schule des weißen Knaben, wenn auch wahrscheinlich etwas unheimlicher. Wir Buben schlichen uns manchmal von außen an das Zelt heran, und die seltsamen Laute, die wir vernahmen, setzten uns in Schrecken.

Nach den ersten fünf „Zelten“ oder Jahren muß der Knabe zwei „Zelte“ von „böser Zaubermacht“ bestehen, um die Fähigkeit zu erlangen, einen Bann über Menschen zu werfen — sogar, sie durch einen unheimlichen geistigen Vorgang zu töten; dies ist oftmals geschehen, wie ich mit Beweisen zeigen werde. „Böse Zaubermacht“ von der Art, die tötet, wird selten vom Zaubermanne angewendet; wenn er es tut, dann nur zu dem Zwecke, den Stamm von irgendeinem Menschen zu befreien, den der Zaubermann als schädlich für das Allgemeinwohl betrachtet. Aber das „Bannen“ von Menschen wird noch immer bei manchen Stämmen des Nordwestens angewendet.

Nach Vollendung der Lernzeit wird der junge Schüler der Gehilfe seines Lehrers bis zu dessen Tode, danach übernimmt er die Pflichten des Zaubermannes. Um zu verhindern, daß dieser wichtige Posten einmal unbesetzt bliebe, gibt es immer zwei Schüler, einen, der noch lernt, und einen, der als Gehilfe dient.

Gar oft standen wir Buben in einiger Entfernung vom Zauberzelt und horchten auf das Trommeln der großen „Mitijawin“-Zaubertrommel; und wir hofften im stillen, daß eines Tages der Zaubermann unsere Eltern bitten würde, einen von uns in seine Lehre zu geben.

Man sagte uns, „dort drinnen geschähen geheimnisvolle Dinge“. Manchmal sahen wir einen im Lager umhergehen, dem die eine Gesichtshälfte wie geschwollenes Fleisch schlaff über den Kiefer herabhing. Das Unterlid seines Auges zog sich fratzenhaft abwärts, der Mundwinkel hing ganz unten am Rande der Kinnlade. Wir fragten die Mutter, was mit dem Menschen geschehen sei, und sie sagte, „der Zaubermann habe einen bösen Geist in ihn gebannt".

Es gab ein paar alte Frauen im Stamme, die das Werk des Zaubermannes wieder gutmachen konnten. Obwohl sie selbst keinen Bann zu werfen vermochten, verstanden sie, „die bösen Geister herauszutreiben" und den Menschen mit dem verzogenen Gesichte zu heilen. Wir schauten manchmal zu, wenn sie dies taten. Sie nahmen bestimmte Kräuter, taten sie in einen irdenen Topf und stellten ihn auf das Feuer. Dann hießen sie den Leidenden, sich über den Topf zu beugen und die Dämpfe der schwelenden Kräuter einzuatmen. Nach einigen Minuten spürte der Kranke etwas im Munde. Er griff mit dem Finger hinein und zog ein langes Haar heraus, manchmal war es einen halben Meter lang. Dann richtete sich sein Gesicht langsam wieder gerade und nahm die natürlichen Formen an. Woher dies Haar kam, wußte niemand zu sagen. Ein Indianer, der das Ganze durchgemacht hatte, sagte mir, er habe es zwischen dem Gaumen und der Wange gefunden; er meinte, der Zaubermann habe verstohlen ein vergiftetes Haar in seinen Pfeifenstiel getan.

Aber die unheimlichsten und spannendsten Verrichtungen des Zaubermannes waren die Übungen, durch die er „sich mit den Geistern in Verbindung setzte". Wollte er aus der Zukunft voraussagen — wie etwa ein bestimmtes Ereignis sich gestalten würde — oder auch um einen Kranken zu heilen, der schon fast im Sterben lag, so führte er im großen Zauberzelt eine Reihe von ungewöhnlichen, feierlichen Handlungen durch, und der ganze Stamm durfte zusehen. Ich habe als Knabe oft zugeschaut, und das, was ich dort sah, ist mir noch heute rätselhaft. Ich kenne auch keinen unter den alten Indianern, der es erklären könnte.

Etwa eine Stunde vor einer solchen Zaubersitzung schritt der Ausrufer durch das Lager und verkündete, der Zaubermann „bereite sich vor, mit den Geistern zu reden". Dies verursachte große Aufregung im Lager. Der ganze Stamm ging beizeiten nach dem Zauberzelt, um einen guten Platz zu erhalten, denn das Zelt faßte nur etwa hundert Menschen, die übrigen mußten außen stehen und konnten bei der unheimlichen Feier nur zuhören. Meine Mutter nahm uns Kinder mit auf die Frauenseite und wickelte uns dicht an sich.

Während wir dasaßen und mit weit offenen Augen zuschauten, stellte der Gehilfe des Zaubermannes vier Stangen in der Mitte des Zeltes auf und band sie oben nach der Art eines Dreifußes zusammen. Die Fläche unter diesen Stangen hatte etwa vier Meter im Durchmesser. In diesem Raum trieb der Gehilfe mit vier anderen Männern scharfe Pflöcke in die Erde, ungefähr drei Zentimeter auseinander auf der ganzen Fläche. Die Pflöcke waren nach oben derart scharf zugespitzt, daß sie einem Menschen, der sich darauf gestellt hätte, den Fuß durchstochen hätten. Ganz in der Mitte blieb ein kleines Viereck frei, knapp groß genug, daß dort ein Mann stehen konnte. Die einzige Möglichkeit, dies freie Viereck zu erreichen, war, über die scharfen Pflöcke hinwegzuspringen, und das würde, wie es schien, den Tod oder doch schlimme Verwundung bedeuten.

Nun trat der Zaubermann in Begleitung von vier Männern ein. Die Männer zogen ihn bis auf den Lendenschurz aus und legten ihn mit dem Rücken auf die Erde. Sie legten seine Hände aneinander, die Handflächen nach innen gekehrt, und banden mit einem starken, rohledernen Riemen die beiden Daumen so fest zusammen, daß diese manchmal bluteten. Jedes Fingerpaar legten sie zusammen und fesselten es in ähnlicher Weise. Dann nahmen sie die Füße und banden die beiden großen Zehen zusammen, dabei zogen sie den Riemen mit aller Kraft an und knoteten ihn, so fest sie es vermochten.

Nun nahmen sie eine Lederhaut, etwa von der Größe einer Bettdecke, und rollten ihn hinein wie in einen Zigarrenwickler. Um diese Hülle banden sie vom Hals bis zu den Fußgelenken einen starken rohledernen Riemen. In Abständen von drei Zentimetern führten sie den Riemen um den ganzen Menschen, so daß er überall fest verschnürt war. Noch eine Lederhaut wurde darum gewickelt und wieder ein Lederriemen um die bewegungslose Gestalt gebunden. So, hilflos auf der Erde liegend, sah er aus wie eine große braune Zigarre. Buchstäblich keinen Finger konnte er bewegen.

Die Gehilfen hoben jetzt den Zaubermann auf die Füße und brachten ihn auf seinen bloßen Fußsohlen vorsichtig ins Gleichgewicht. Er stand eine Weile wie ein Pfosten. Dann begann er kaum merklich die Knie zu biegen und wieder zu strecken; nach einer Weile wurde jedes Beugen der Knie ein kurzer Sprung. Diese Sprünge vergrößerten sich, bis schließlich die Gestalt mit einer überraschenden Schnelligkeit rund um die vier aufgerichteten Stangen hüpfte. Es sah aus, als hüpfe ein gespensterhafter Pfosten in der Luft auf und ab, so schnell, daß das Auge kaum zu folgen vermochte.

Dann, plötzlich, flog er mit einem gewaltigen Sprung, so rasch ausgeführt, daß niemand sah, wie es geschehen war, durch die Luft und landete dumpf aufschlagend in dem freien Raum innerhalb der spitzen Pflöcke. Er war zwei Meter weit über die gefährlichen Zacken gesprungen und unbeschadet auf der kleinen Fläche gelandet, die gerade knapp Raum für seine beiden Füße bot, — wahrlich an sich schon eine bewundernswerte Leistung.

Jedoch der aufregendste Teil der Zauberhandlung hat noch nicht begonnen.

Während der Zaubermann dort in der Mitte unter den Stangen steht, noch immer fest zusammengebunden, beginnt er sein Zauberlied zu singen; der Gehilfe schlägt dazu die große Trommel.

Was ich nun beschreiben werde, mag seltsam klingen. Es ist auch seltsam, doch ich beschreibe genau, was geschieht; wie und warum es geschieht, weiß niemand.

Nach einer Weile — der Zaubermann steht an seiner Stelle und singt sein unheimliches Lied an die Geister — hören wir fremde Stimmen, sie scheinen von oben durch das Rauchloch des Tipis hereinzudringen. Jeder sieht, daß dort oben nichts ist als Nachtluft und Sterne. Woher diese Stimmen kommen, hat noch kein Indianer zu erklären vermocht. Der Zaubermann sagt, es seien die Stimmen der Geister, der Geister, die gekommen sind, um sich mit ihm in Verbindung zu setzen. Das Geheimnisvolle daran ist, daß niemand beweisen konnte, es wäre etwas anderes.

Die Stimmen reden in einer Sprache, die wir nicht verstehen. Sogar der Zaubermann versteht das meiste nicht.

Er weiß nur, daß sie in fremden Zungen reden und daß es nicht die Geister sind, nach denen er sucht. Es gab nur vier Geister, die unser Zaubermann, Weißer-Hund, verstand. Von einem weiß ich noch den Namen, er hieß „Erster-Weißer-Mann“. Und diesen Namen hatte unser Zaubermann jahrelang gekannt, ehe unser Stamm wußte, daß es wirklich weiße Männer gab.

Die Stimmen rufen in das Zelt herab, aber der Zaubermann weist sie eine nach der anderen zurück und fordert beharrlich einen der vier Geister, die er versteht. Es dauert manchmal viele Minuten, ehe er erreicht, was er will. Ich erinnere mich an eine oder zwei Sitzungen, wo es ihm gar nicht gelang, seine Geister zu beschwören, und die Zauberhandlung ohne Ergebnis abgebrochen werden mußte.

Kam aber endlich jener Geist, den er suchte, so wurde er äußerst erregt und redete so schnell, daß wir kaum folgen konnten. Es schien, als müsse er sich beeilen, um alles vorzubringen, ehe der Geist wieder schwand. Wollte er einen Kranken heilen, so wurde nun der Kranke, der im Zauberzelte dabei lag, ebenfalls sehr erregt; wir sahen schon solch einen todkranken Menschen aufstehen und umhergehen. Wollte der Zaubermann irgendeine Auskunft, so stellte er seine Fragen in kurzen selbsterfundenen Gleichnissen und erhielt die Antworten von den Geistern auch wieder in dunklen Gleichnissen, deren Sinn uns später erst erklärt werden mußte. Es war zwar unsere Sprache, aber sie war so gestellt, daß wir sie trotzdem nicht verstanden. Dazu war es noch die altertümliche Form unserer Sprache, wie sie vor langer Zeit gesprochen worden war; nur die ältesten Leute verstanden einen Teil der Worte und Wendungen.

Aber was uns Buben an der Zauberhandlung erschreckte, kam erst zum Schlusse der Geisterbeschwörung.

Die Beschwörungen endeten auf mancherlei aufregende Weise, immer aber begleitete den letzten Teil ein heulender Wind, der über das Zelt hinfuhr, sowie die Geister zu reden aufhörten. Das große Zauberzelt schwankte und zitterte unter dem Druck dieses Windes. In den Spitzen der Zeltstangen entstand ein Pfeifen und Schreien, daß wir alle vor Angst bebten. Die Aufregung steigerte sich zum Höhepunkt. Ein gewaltiger Wirrwarr von Geräuschen kam von oben herab — von der runden oberen Öffnung des Zeltes, wo die Zeltstangen in die Nacht hinausragten. Seltsame Stimmen kreischten ein grausiges Höllenkonzert mit dem Heulen des Windes. Es klapperte und klirrte, wir wußten nicht wovon. Dann, ein plötzlicher Stoß, der durch das ganze Zelt fuhr, ein Aufflackern der Flamme, ein furchtbarer Schrei des Zaubermannes, und dann —

Dann verschwand er vor unseren Augen. Jedoch im selben Augenblick hörten wir ihn um Hilfe rufen. Wir blickten nach der Richtung, aus der das Rufen kam, und sahen ihn halsgefährlich an einem Bein oben am Zelte hangen, nackt wie bei der Geburt. Sein Fuß schien zwischen der Zeltwand und einer Zeltstange eingeklemmt zu sein. Das war das einzige, was ihn dort hielt, daß er nicht herunterstürzte und sich das Genick brach.

„Kokenaitukischpiuwau! — Beeilt euch!" rief er.

Und die Männer brachten rasch lange Stangen, mit denen holten sie ihn von seinem gefährlichen Pendelsitz am Dache des Zeltes herab.

Wie er dort hinaufkam, weiß kein Mensch; er selbst sagte, die Geister hätten ihn auf ihrem Rückwege dort gelassen. Für uns Buben war das größte Rätsel, wie er alle jene Fesseln abstreifen konnte!

Ich habe bei den Zaubermännern der alten Zeiten wundersame Dinge gesehen. Ich habe gesehen, wie sie Botschaften viele Meilen weit schickten, indem sie in ihr Zelt gingen, sich hinsetzten und die Botschaften nach dem anderen Lager „hindachten". Es gab eine ganze Anzahl alter Indianer, die fähig waren, solche Botschaften „zu empfangen". Ich habe gesehen, wie sterbende Menschen geheilt wurden; und ich weiß von ganz genauem Voraussagen der Zukunft.

Damit man nicht meine, ich als Indianer schenkte den Zaubermännern zuviel Glauben, will ich einen Vorfall erzählen, den vor einiger Zeit der Missionar auf dem Schutzgebiet der Schwarzfuß-Indianer erlebte. Dieser Missionar, der hochwürdige Domherr Stocken, der noch heute die Indianermission auf dem Schutzgebiet der Schwarzfüße bei Gleichen in Alberta innehat, hatte immer angezweifelt, was die Indianer von den seltsamen Taten ihrer Zaubermänner erzählten. Und er hatte jahrelang vor diesen Indianern gegen die Zauberhandlungen gepredigt und ihnen seine eigenen Zweifel an ihrer Wirksamkeit mitzuteilen versucht. Aber dieser ehrwürdige Herr hat mir und einigen anderen Indianern zugeben müssen, daß er das folgende Ereignis, das sich vor seiner Tür abspielte, noch immer nicht zu fassen vermöge.

Eines Tages vor mehreren Jahren, als der Domherr im Studierzimmer bei der Vorbereitung einer Predigt saß, wurde an die Tür geklopft. Er öffnete, und vor ihm stand der berühmte Schwarzfuß-Häuptling Krähenschuh.

In der Sprache der Schwarzfüße, die der Domherr fließend spricht, fragte er den Häuptling:

„Hallo. Was führt dich her zu mir?"

„Ich möchte, daß du ein Bild von mir machst."

Dem geistlichen Herrn schien das sonderbar, denn er war es gewohnt, daß jeder Indianer sich weigerte, eine Aufnahme von sich machen zu lassen — aus Aberglauben.

„Warum denn? Warum soll ich ein Bild von dir machen?“ fragte er erstaunt.

„Ich werde sterben“, erwiderte Krähenschuh mit Gleichmut, „und ich möchte, daß meine Leute ein Bild von mir haben.“

„Du wirst sterben?“

„Ja, Mittwoch früh.“

„Wer sagt, daß du sterben wirst?“

„Ich komme eben von einem Besuch bei den Krie oben am Rothirschfluß. Ihr Zaubermann hielt eine Zauberbesprechung und sagte mir, ein Geist habe einen vergifteten Pfeil durch mich geschossen, und ich würde Mittwoch früh sterben.“

„Du bist einfältig, solch einen Unsinn zu glauben. Geh heim zu deinen Leuten, und denk nicht mehr daran. Du wirst nicht sterben.“

„Doch, ich werde sterben, und ich möchte ein Bild machen lassen, damit meine Leute eine Erinnerung besitzen.“

Krähenschuh sprach mit solcher Bestimmtheit, daß der Domherr nicht wußte, was er tun sollte. Er versuchte jede Art von Überredung, um dem Häuptling den Spruch des Krie-Zaubermannes auszutreiben und ihn nach Hause zu schicken; aber der Häuptling stand fest und ließ sich nicht bewegen. Also, um ihm seinen Wunsch zu erfüllen, holte der Domherr schließlich die Kamera und machte eine Aufnahme von ihm, wie er in der Tür des Missionshauses stand, — eine prachtvolle Gestalt, fast zwei Meter hoch in seinen Mokassins, das schwarze Haar fiel in zwei schimmernden Flechten über das hirschlederne Hemd, die langen sehnigen Arme lagen quer über die Brust gefaltet.

Dann nahm ihn der Domherr bei der Hand und

sprach: „Geh nun heim und vergiß alles, was du mir gesagt hast. Nächste Woche fahre ich hinüber und besuche dich.“

Aber er kam nicht mehr dazu, Krähenschuh zu besuchen; denn der starb drei Tage später — am Mittwochmorgen.

Eines Tages, als wir am Milchfluß lagerten, ritt einer der Halbblut-Tauschhändler, die oft von Fort Benton in Montana zu Tausch und Handel herauf zu den Indianern kamen, ins Dorf und fragte nach unserem Zaubermann. Er sagte, von den Schnapsfässern, die er nach Norden mitnahm, um sie gegen Büffelpelze einzutauschen, sei während der vorigen Nacht eines gestohlen worden, und er fragte, ob ihm der Zaubermann darüber Auskunft geben könne.

Unser Zaubermann, Weißer-Hund, hielt eine Zaubersitzung, dann sagte er dem Händler, er solle neunhundert Schritte nach Westen gehen bis zu einem kleinen Wald. In diesem Wäldchen solle er dreihundert Schritte nach rechts gehen, so käme er zu dem „alten Mann“. Zwischen den Beinen des alten Mannes würde er seinen Schnaps finden. Der Händler ging genau nach der Weisung. Bei der angegebenen Stelle kam er an einen Baum, zwei mächtige Wurzeln, die aus der Erde hervorstanden, sahen aus wie die Beine eines Mannes. Er suchte zwischen diesen Wurzeln und fand dort sein Schnapsfaß unter der Erde verborgen. Daß der Zaubermann den Baum als „alten Mann“ angab, kennzeichnet jene eigenartige Ausdrucksweise, die ich schon andeutete. Der alte Mann war in diesem Falle ein sehr alter Baum, dessen Wurzeln vom Regen bloßgelegt worden waren.

## 5

## Die Andacht vor dem Büffelschädel

Nie werde ich jenes erstemal vergessen, als ich der unheimlichen Beschwörung vor einem Büffelschädel beiwohnte, die als besondere Andacht auf dem Kriegspfade gehalten wird. Ich war noch jung — und mich überkam ein solches Grauen, daß ich davonlief. Wir lagerten am Muschelbach, südlich vom Milchfluß in Montana. Wir hatten einige Tage vorher den Späher einer Krähenbande getötet; darauf waren sie nachts in unser Lager geschlichen und hatten unsere ganzen Pferde davongetrieben. Am nächsten Tag beschloß unser Dorf, die Krähen zu verfolgen und den Überfall zu rächen. Unser Ziel war, die eigenen Pferde zurückzugewinnen und, wenn möglich, auch alle Pferde der Krähen mitzunehmen.

Ehe ein Kriegertrupp mit solcher Absicht aufbrach, befragte der Häuptling den Zaubermann, wie das Unternehmen ausgehen würde. Er ging zu ihm und „bot ihm die Pfeife an". Nahm der Zaubermann die Pfeife, rauchte er sie, so hieß das, daß er die Verantwortung übernehme, für oder gegen den Kriegszug zu raten, und daß er ihn begleiten würde. Der Häuptling nannte die Namen derer, die teilzunehmen wünschten. Darauf sagte der Zaubermann dem Häuptling, er solle ihn in der folgenden Nacht an einem bestimmten Orte treffen, da würde er erfahren, „was die Geister über die Aussichten gesagt hatten".

Nachdem der Häuptling gegangen war, hielt der Zaubermann seine Beschwörungen mit den „Geistern" und erfuhr aus den „Offenbarungen", wie das Unternehmen verlaufen würde. Wenn dann der Häuptling in der nächsten Nacht kam, sagte er ihm, wie viele wir „nehmen" — töten — würden. Durften wir erwarten, mehr als der Feind zu „nehmen", so riet er dem Häuptling, den Plan auszuführen und den Kampf zu wagen.

Der Zaubermann befragte jede vierte Nacht auf dem Kriegspfad die „Geister", ob das Glück noch günstig sei.

Um auf dem Kriegspfade die „Geister" zu erreichen, brauchte der Zaubermann den Kopf eines frisch getöteten Büffels. Ich war sehr jung, als wir diesen Zug gegen die Krähen machten, aber ich erinnere mich deutlich daran, weil mich das, was geschah, so furchtbar erschreckte.

In der vierten Nacht bat der Zaubermann, Weißer-Hund, einige Krieger, sich nach einem Büffel umzuschauen und ihm den Kopf zu bringen. Es war noch früh am Nachmittag. Die Leute blieben einige Stunden aus, aber als sie wiederkamen, sagten sie, sie könnten keine Büffel finden. Der Büffel wurde damals schon sehr selten auf der Prärie, man fand ihn überhaupt nur noch im Norden.

Weißer-Hund vernahm die Kunde ohne jedes Zeichen von Beunruhigung. Er sagte, er würde sich ein wenig in sein Zelt zum Schlafen legen. Aber er blieb gar nicht lange darin. Nach kurzer Zeit erschien er wieder und sagte, er habe einen Traum gehabt. Er sprach: „Ihr Krieger, folgt diesem Flusse aufwärts, etwa ‚sechs Büffelpfeile' weit (ungefähr anderthalb Kilometer), überquert dann den Fluß und steigt auf einen Hügel, den ihr am anderen Ufer finden werdet. Vom Gipfel dieses Hügels werdet ihr in der Ferne eine Antilope grasen sehen. Es wird schon stark dunkeln. Kriecht so nahe wie möglich an diese Antilope heran und haltet scharf Ausblick, ein einzelner Büffel wird etwa ‚zwei Büffelpfeile' entfernt grasen. Schleicht euch unter Deckung der Antilope an ihn heran und treibt sie langsam auf ihn zu. Dann, wenn ihr nahe genug seid, schießt ihr den Büffel."

Die Krieger zogen hinaus; bald nach Anbruch der Dunkelheit kamen sie mit einem bluttropfenden Büffelkopf, den sie an einer langen Stange über den Schultern trugen, zurück.

Sie legten den Büffelkopf außerhalb des Lagers auf die Erde und machten ein großes Feuer. Die Männer saßen im Halbkreis darum, mit dem Gesicht nach der Richtung, in die wir zogen. Später kam der Zaubermann, setzte sich in die Mitte des Halbkreises und begann zu singen. Zugleich mit ihm begannen die Kojoten zu singen, ihr klagendes Geheul schallte den ganzen Fluß entlang. Nachdem der Zaubermann das erste Lied gesungen hatte, hieß er die Männer ihre Augen auf den Büffelkopf halten, „ob sich irgend etwas Ungewöhnliches zeigte". Geschähe das, sagte er, so wäre es gut, und sie müßten Dank sagen.

Dann begann er das zweite Lied, und als er den Teil erreichte, wo der Büffelkopf genannt wird, sprangen Funken aus dem linken Auge, dann aus dem rechten, dann wieder aus dem linken. Darauf begann der Büffelkopf seitwärts hin und her zu schwingen, genau wie ein Büffel, der von der Kugel getroffen wurde. Dampf stieg ihm aus den Nüstern, er keuchte.

Wir jungen Burschen hatten eigentlich schon zu schlafen, aber ich war mit noch zweien aus den Decken gehuscht, und wir standen nun heimlich hinter den Männern.

Als wir die Funken aus den Augen des Büffels stieben sahen, standen wir zuerst ganz steif vor Schreck. Als er aber auch noch schnaubte und sich bewegte, stießen wir einen Schrei aus, machten kehrt und liefen, was wir nur konnten, hinaus in die dunkle Prärie. Ohne zu beachten, wohin wir liefen, stoben wir davon, was das Zeug hielt. Wären die Männer nicht nachgelaufen und hätten uns eingeholt, so hätten wir uns sicher verlaufen.

Als wir an das Lager zurückkamen, sagten die Männer, wir brauchten keine Angst zu haben, der Büffelkopf habe mitgeteilt, daß unser Unternehmen gegen die Krähen Erfolg haben werde. Die Mütter lachten uns aus, daß wir solche Angsthasen waren, und steckten uns wieder ins Bett. Während sie uns mit den Büffelfellen zudeckten, neckten sie uns noch, sie sagten: „Von jetzt an werden wir unsere ‚kleinen Mädchen' besser behüten müssen."

Am nächsten Morgen legte Weißer-Hund dem Stamme die „Offenbarung" aus, die ihm von dem Büffelkopfe gekommen war. Er sprach, die Geister berichteten noch immer günstig von unseren Aussichten gegen die Krähen; wir würden die Feinde am folgenden Tage zu sehen bekommen und würden vier von ihnen „nehmen".

Als wir nun weiterzogen, bemerkten wir auf der Strecke vor uns ein großes Getümmel — viele Dinge, die sich bewegten. Beim Näherkommen erkannten wir eine gewaltige Herde springender Hirsche, mehrere hundert. Sie befanden sich in einem großen Kreis von etwa fünfunddreißig Meter Durchmesser. Innerhalb dieses Kreises war die Erde bis zu einem Meter Tiefe verschlammt. Wir besaßen keine Pferde mehr – die Krähen hatten sie alle genommen –, so mußten wir auf das ursprüngliche indianische Lasttier, den Hund, zurückgreifen. Unser ganzes Lagerzeug war auf den Rücken der Hunde verpackt oder schleifte auf Tragstangen hinterdrein. Es wurde fast unmöglich, die Hunde an dieser verschlammten Strecke durchzubringen. Sie waren so schwer bepackt, daß wir sie an den schlimmsten Stellen förmlich rollen mußten, oder sie wären bis zum Bauche im Morast versunken und steckengeblieben.

Jenseits des Muschelbaches wendeten wir uns den „Hohen Bergen", dem Felsengebirge zu. Wir erreichten den Fuß eines Berges, der in unserer Sprache „Schneeschmilzt-nie" heißt. Hier sagte uns der Zaubermann am Fuße eines Hanges, wir sollten liegenbleiben und uns ruhig verhalten, er sähe einen Jagdzug mit Fleisch daherkommen. Es waren „Sahpos" – Krähen!

Wir lagen still, bis der Jagdzug hinter einem Bergrücken verschwunden war. Gleich danach erschien auf diesem Bergrücken ein Büffelbulle und kam in unsere Richtung. Etwa zweihundert Meter vor uns blieb er stehen, stampfte mit den Füßen und streckte den Schwanz geradeaus. Unter Indianern ist dies ein Zeichen, mit den Pferden hin und her zu reiten. Zweimal tat dies der Büffel und kam dabei bis auf hundert Meter an die Stelle heran, wo wir lagen. Plötzlich verschwand er hinter einem anderen Höhenzuge. „Schießt ihn!" rief Weißer-Hund. Aber es war schon zu spät.

Dieser Büffel war nichts anderes als zwei Krähen-Indianer in einer ihrer „Späherverkleidungen". Indianer verkleiden sich oft als Wölfe, Büffel, Antilopen. Dieser

„Büffel“ wollte erkunden, wer wir seien, welcher Stamm. Und da wir ihnen kein Zeichen gaben, wußten sie, daß wir Feinde waren.

Wir folgten in der Richtung, in der die Jagdgesellschaft gegangen war; als wir meinten, dicht genug herangekommen zu sein, schickte unser Häuptling Gehende-Seele drei Kundschafter aus, um zu erfahren, wo sich die Krähen für die Nacht lagern würden.

Wir machten halt, und Weißer-Hund wies uns an, einen „Schneetanz“ aufzuführen. Immer wenn Indianer die Absicht haben, Pferde zu stehlen, veranstalten sie einen „Regentanz“ oder „Schneetanz“, um Wind und Sturm zur Deckung ihres Raubzuges herbeizurufen.

Wir drängen uns alle so dicht wie möglich um den Zaubermann. Während er seine Beschwörungen macht und um Regen betet, stimmen wir einen endlosen Sang an, der die Wettergottheiten bittet, Regen oder Schnee loszulassen. Dieser Tanz ist nicht sehr laut, aber er dauert mehrere Stunden, und während der ganzen Zeit denkt jeder angespannt bei jedem Trommelschlag an Regen und Schnee. „Ta-plum, ta-plum, ta-plum“, sagt die Trommel. „Gebt Regen, gebt Regen, gebt Regen“, sagen unsere Gedanken.

Die Kundschafter kamen und berichteten, es sei wirklich die Krähenbande, nach der wir suchten. Sie habe sich „zwanzig Büffelpfeile“ von dieser Stelle gelagert — etwa sieben Kilometer — (ein „Büffelpfeil“ hatte ungefähr dreihundertundfünfzig Meter, das ist die größte Entfernung, aus der wir einen Büffel mit dem Pfeile erlegen konnten). Die Kundschafter berichteten weiter, die Krähen seien in einem weiten Kessel am Rande der Vorberge gelagert. Es sei augenscheinlich, meinten sie, daß jene Krähen-Kundschafter glaubten, wir hätten sie in ihrer Büffelverkleidung nicht erkannt, denn das Lager habe keine Wachen ausgestellt.

Da wir aus Furcht, dem Feinde unsere Gegenwart zu verraten, nicht zu jagen wagten, hatten wir an diesem Abend nichts zu essen. Der Häuptling Gehende-Seele befahl uns, ein verlaufenes Pferd, das wir während des Tages aufgegriffen hatten — wahrscheinlich eins, das den Krähen ausgekommen war —, zu töten und ein Pferdemahl zu bereiten. Indianer töteten ungern ihre Pferde, aber sie waren manchmal dazu gezwungen, wenn sie auf der Wanderung keine Nahrung fanden. Wir töteten also das Pferd, und jeder erhielt ein Stück, das er an einem langen grünen Stock vor dem Feuer röstete. Wir bauten die Feuer in einer Schlucht unten am Fluß und spannten auf Stangen Büffelfelle darüber, damit der Rauch beim Aufsteigen keinen Schein abgäbe.

Nach dem Mahl hieß uns der Häuptling die Kleider ausziehen und uns im Flusse tüchtig waschen, wobei wir als Seife den feinen schwarzen Triebsand vom Grunde des Flusses benutzten. Wir scheuerten uns, bis die Haut glühte, um allen Geruch des Pferdefleisches, das wir verzehrt hatten, zu entfernen. Wäre von diesem Geruch etwas haftengeblieben, so hätten es die Pferde des Feindes gewittert und wären durchgegangen. Pferde scheuen vor dem Geruch ihres eigenen Fleisches, besonders des Pferdefettes; sie werden wild, wenn sie es wittern. Da wir uns an das Lager des Feindes heranschleichen und die Pferde nehmen mußten, solange die Menschen schliefen, durften wir es nicht darauf ankommen lassen, die Tiere bei der Arbeit zu schrecken.

In der Nacht folgten wir den Kundschaftern auf einen hohen Hügel, der auf das Lager der Krähen herabsah. Es lag in einer großen Mulde, einer sackartigen Schlucht, und war nach drei Seiten von Hügeln oder Vorbergen eingeschlossen. Wir krochen unter dem Schutze der Dunkelheit herab an das offene Ende des Lagers und blieben dort lange liegen, um zu warten, bis die Krähen fest schliefen. Nahebei war ein Wasserloch, wir sahen, wie die Krähen hin und her gingen und in den Wassersäcken Wasser holten. Einige unserer Männer wollten aus Rache hinunter an das Wasserloch kriechen und sich einen Krähenskalp erschleichen; aber Weißer-Hund und der Häuptling erlaubten es nicht. Sie sagten, wir seien nicht gekommen, um Blut zu vergießen, sondern um unsere Pferde und die der Krähen zu holen und um diesen eine Lehre zu geben.

Nach Mitternacht gab Häuptling Gehende-Seele flüsternd den Befehl, in das Lager der Krähen zu kriechen. Die Krieger ließen die Frauen und uns Kinder, wo wir waren, mit der Weisung, in der entgegengesetzten Richtung zu fliehen, falls wir „einen grauen Wolf zweimal heulen hörten".

Das war unser Zeichen – wir hatten Männer im Stamme, Kundschafter, die den Ruf dieser Tiere so genau nachahmten, daß auch das erfahrenste Ohr keinen Unterschied bemerkt hätte.

Die Mütter erlaubten einigen von uns Buben, hinter den Männern bis an den Rand des Lagers nachzukriechen, damit wir beobachten könnten, was geschah. Als uns die Väter bemerkten, sagten sie, wir sollten uns rechts vom Eingang zum Lager verkriechen und, falls die Pferde dort herabkämen, aufstehen, mit den Armen schwingen und sie so nach der anderen Richtung treiben. Sie sagten auch, wir sollten auf jeden Fall zu unseren Müttern zurückkehren, ehe sie selbst wiederkämen.

Wir lagen dort und sahen, wie unsere Väter auf dem

Bauche davonkrochen, die Vorderladerflinten vor sich her schiebend und ab und zu im Gebüsch leise raschelnd, damit die Pferde es hörten und nicht von ihrem plötzlichen Auftauchen erschrecken würden. Manchmal stand einer auf und blieb ein wenig stehen, um sich den Pferden zu zeigen und auch um die Hunde des Lagers vertrauter zu machen.

Die Krähen hatten ihre Pferde in eine Umzäunung aus Baumstämmen getrieben, die auf allen Seiten außer im Süden vom Lager umgeben war. Also krochen unsere Krieger dort hinüber; wir sahen sie, immer auf der Erde liegend, drüben sachte die Baumstämme entfernen. Einmal begannen die Krähen-Hunde zu bellen, da huben zwei unsrer Kundschafter ein lautes Kojotengekläff an, damit die Krähen meinen sollten, die Hunde bellten wegen der Kojoten. In einem Zelt weinte ein Kind, und es hörte sich an, als legte ihm die Mutter die Hand auf den Mund. Einer unserer Knaben sagte in lautem Flüsterton: „Wenn ich eine Flinte hätte, würde ich in jenes Zelt schießen und den kleinen schlechten Hund von einem Krähen schon zur Ruhe bringen!“ Wir sagten ihm, wenn er nicht die Zunge stillhielte, würden wir ihm Hände und Füße binden und ihn so dort liegenlassen; darauf blieb er still.

Die Indianer pflockten immer ihr liebstes Reitpferd dicht vor dem Eingang des Zeltes an, damit sie rasch aufsitzen und zur Verfolgung ausreiten könnten, falls jemand das Lager beschlichen hatte, und auch, um dies Pferd besonders vor Pferdedieben zu schützen. Unsere Väter waren in jener Nacht über die Maßen kühn, denn wir sahen, wie sie diese Reitpferde neben den Zelteingängen losbanden. Vor dem Zelte des Häuptlings standen zwei prachtvolle schwarz und grau gesprenkelte

Hengste, die erbeuteten sie mitsamt den Zügeln, ganz fertig zum Reiten.

Bald hörten wir den dumpfen Schlag der Pferdehufe herankommen, und jener Knabe, der die Bemerkung über das Krähenkind gemacht hatte, sprang auf und lief davon – er fürchtete, wir würden ihn festbinden. Nur wenige Pferde kamen an uns vorbei, wir warteten noch auf die übrigen – da sahen wir schon die Männer kommen, und wir liefen. Als wir zu unseren Müttern kamen, hörten wir, wie die Männer sagten, die Krähen hätten eine doppelte Umzäunung mit einer Trennungswand durch die Mitte gebaut; dies wäre aber zu spät entdeckt worden, um noch die anderen Pferde, die sich dem Lager zunächst befanden, herauszulassen. Alle guten Pferde waren in jener zweiten Umzäunung, wir hatten nur die schlechten bekommen – und das mußten die Krähen für den Fall eines Raubversuches beabsichtigt haben.

Jedoch unsere Krieger hatten den Krähen auch eins ausgewischt: sie hatten den Mut gehabt, die allerbesten Reitpferde vor den Zelttüren loszubinden und mit Zügel und Sattel mitzunehmen. Hierüber lachte unser Häuptling, er sagte, falls die Krähen wirklich aufwachten und das Fehlen der Pferde bemerkten, würden sie erst Zaumzeug machen müssen, ehe sie uns verfolgen könnten.

Wir hielten uns ohne besondere Eile nach Osten und wanderten, in Anbetracht dessen, was geschehen war, recht sorglos dahin; bei Tagesanbruch befanden wir uns noch gar nicht weit vom Lager der Krähen. In der frühen Dämmerung sahen wir das große Lager hinter uns in der Mulde liegen, das weiche, braune Mondlicht der Halbdämmerung ließ es wie eine Schneebank erscheinen. Als wir einen Hügelrücken erreicht hatten, von dem das Lager sich gut beobachten ließ, machten wir halt, und Weißer-Hund rauchte mit den älteren Männern. Unsere Späher bemerkten keinerlei Bewegung im Krähen-Lager.

Wir verließen den Höhenzug und ritten unten im Flußtale, wo es leichter war, vorwärts zu kommen. Gar nicht weit waren wir gekommen, da vernahmen wir ein Geräusch, und als wir emporblickten, sahen wir die Krähen, die vor uns von der Höhe des Steilufers auf uns herabschossen. Sie waren schlauer gewesen, als wir angenommen hatten. Dicht hinter uns waren sie aus dem Lager geschlichen und hatten uns umgangen; das wenige übriggebliebene Zaumzeug hatten die Führer verwendet, die Pferde der anderen folgten, nach Indianerart mit den Schenkeln gelenkt.

Weißer-Hund rief den Frauen und Kindern zu, sich unter dem Flußufer in Schutz zu stellen; er selbst und die Krieger ritten voran, den Krähen entgegen. An der Spitze reitend, erhielt er einen Schuß gegen die Brust, Blut rann ihm aus dem Munde.

Glücklicherweise waren einige unserer Männer oben auf dem Hang geblieben; das wußten die Krähen nicht, denn sie gerieten in arge Verwirrung, als diese zum Angriff heranritten. Während dieser Teil die Krähen von links angriff, sprengten Weißer-Hund und unser Häuptling um einen Erdrutsch herum und griffen von rechts an. Die Krähen wollten zwar den Kampf aufnehmen, aber ihre Pferde nicht. Das Gewehrschießen schreckte sie, und da die Reiter keine Zügel hatten, um sie festzuhalten, begannen sie sich zu bäumen und auszuschlagen. Sie stiegen steil auf, machten nach allen Richtungen kehrt — und dabei sollten die Krähen mit ihren Vorderladern laden, zielen und feuern. Sie kämpften tapfer, die Krähen, aber ein wild gewordenes Pferd ohne Zügel zurückhalten und dabei noch die Flinte bedienen, war doch zuviel; einer nach dem anderen wurde abgeworfen und mußte zu Fuß den Rückzug antreten.

Die paar Krähen, deren Pferde Zügel hatten, schwenkten auch ab und ritten den anderen nach. Unsere Männer wollten die Verfolgung aufnehmen, aber der Häuptling sprach, es sei genug Blut vergossen worden, er befahl ihnen zu bleiben.

Als die ganze Aufregung vorüber war, lagen drei Krähen tot auf der Uferhöhe, und die Blutspuren zeigten, daß noch mehr getroffen worden waren. Wir trieben die zurückgebliebenen Pferde zusammen und besaßen nun mehr Pferde als vor dem Raubüberfall der Krähen.

Jene Kugel, die Weißen-Hund in die Brust getroffen hatte, war nicht durch die Haut gedrungen, sie hatte gegen die Brustplatte aus runden Elch-Schienbeinknochen geschlagen, hatte sich flachgedrückt und war in seinen Feuerbeutel gefallen. Aber der Schlag gegen die Brust verursachte eine Blutung aus dem Munde, die mehrere Stunden dauerte.

Für den Augenblick waren wir der Gefahr entronnen, doch wir wanderten bis spät in die Nacht weiter; dann schliefen wir den ganzen nächsten Tag. Am darauffolgenden Morgen schossen die Männer einige Antilopen, davon machten wir die erste richtige Mahlzeit, seit wir ausgezogen waren.

Während wir aßen, sagte Weißer-Hund: „Beeilt euch, wir sind nicht die einzigen Menschen in dieser Gegend.“ Wir fühlten, daß irgend etwas nicht stimmte, das Lager wurde abgeschlagen, und wir zogen weiter, ostwärts über die Prärie.

Nach etwa einem Kilometer überquerten wir das Bett

eines ausgetrockneten Baches. An dieser Stelle durchschnitt sein Lauf einen Höhenzug. Weißer-Hund ritt voraus mit zwei anderen, Donnergesicht, einem Kundschafter, und unserem Häuptling Gehende-Seele. Als sie die Anhöhe erreichten, sahen wir, wie Weißer-Hund den anderen beiden das Zeichen gab, zurückzubleiben; dann ging er allein weiter und lugte über den Kamm. Sofort riß er sich wieder zurück und rief den anderen beiden etwas zu. Die schwenkten nach uns ihre Decken hin und her — das Zeichen, daß vorne etwas nicht in Ordnung sei. Dann kamen sie herunter und banden ihre Pferde an Bäume im trockenen Bachbett — für uns ein Zeichen, das gleiche zu tun. Unsere Männer ließen ihre Pferde angebunden stehen und gingen hinüber zu den dreien, die Frauen und Kinder blieben zurück. Bald hörten wir viele Schüsse und wußten, daß ein Kampf im Gange war.

Von Männern, die zurückkamen, erfuhren wir, daß sie einen Trupp von etwa vierzig Krähen, der wahrscheinlich nach uns gefahndet hatte, im Hinterhalt gefangen hatten. Die Krähen waren ganz verwirrt, als unser Feuer sie traf; sie wußten nicht, woher die Schüsse kamen, bis die Hälfte getroffen war. Dann, da sie einsahen, aussichtslos einer Überzahl entgegenzustehen, krochen sie an das Flußufer und verschwanden in der Dunkelheit, denn die Nacht war schon hereingebrochen. Unsere Krieger wollten die Verfolgung aufnehmen, aber der Häuptling sprach: „Nein, laßt sie zurück zu den Krähen gehen und berichten, was mit ihrem Kriegstrupp geschah, damit sie lernen, wir lassen uns nicht in einer Falle fangen."

Weißer-Hund schritt hinaus in das Feld, schleppte vier tote Krähen her und legte sie in einer Reihe vor uns auf. Dann sang er eines seiner Zauberlieder über ihnen. Dabei sagte er, er würde vier Schüsse geben, bei dem vierten sollten wir kehrtmachen und nach Hause ziehen. Wir taten das; eh wir jedoch hundert Meter weit gekommen waren, brach plötzlich ein heftiger Schneesturm los. Wir eilten zurück auf das Schlachtfeld und suchten, was wir an Decken der Krähen finden konnten. Denn obwohl es noch Vorfrühling war, hatten wir uns auf solch einen Sturm nicht vorbereitet. Unsere Männer liefen hinab an das Flußufer und fanden dort die Decken jener Krähen, die geflohen waren. Die hatten ihre Decken und Büffelfelle zusammengelegt und waren über den Fluß geschwommen, wahrscheinlich in der Absicht, sie später wiederzuholen. Wir nahmen alles, auch was wir bei den toten Krähen fanden.

Als wir aufbrachen, kam ein Haufen reiterloser Krähen-Pferde aus dem Dunkel hergelaufen und folgte uns im Wüten des Schneesturmes wie Hunde. Kurz zuvor noch hatten sie wild ausschlagend ihre Herren abgeworfen, nun suchten sie, erschreckt vom kreischenden Sturme, lieber die Gemeinschaft der Menschen, als dem Wüten des Wetters allein ausgesetzt zu sein. Unsere Männer gingen auf sie zu und banden die nachschleifenden Riemen los, damit sie mit den andern Pferden laufen könnten, ohne fortwährend zu stolpern. Sie standen stockstill, mit angstvollen, irren Augen, die Beine steif und zitternd nach vorne geschoben; aber sie blieben vertrauensvoll stehen, während die Männer so sanft wie möglich das Riemenzeug und die Sättel aus Grasmatten entfernten. Dann warfen sie wiehernd die Beine in die Luft und schlossen sich der übrigen Herde an.

Wir wickelten alle Pelze und schweren Decken um

uns und wandten uns dem Winde entgegen, wie uns Weißer-Hund befohlen hatte. Er sagte, es sei der verspätete Sturm, um den er in seinem „Schneetanz“ gebeten hatte; die Geister hätten ihn vielleicht spät geschickt, um uns vor einer unbekannten Gefahr zu schützen. Der schneebeladene Nordwind heulte erbarmungslos auf uns ein und biß uns mit scharfen Schneeklumpen in die Augen, aber wir drangen weiter. Wir wanderten ohne Unterbrechung, bis der frühe Morgen anbrach. Dann hielten wir und schlugen ein notdürftiges Lager auf. Wir gruben uns unsere Betten im Schnee und rollten uns zum Schlafen zusammen; dabei dachten wir noch, ob wohl jene Krähen ohne Decken und ohne Pferde lebendig nach Hause gekommen wären.

Als wir viele Stunden später aufwachten, bemerkten wir, daß einer unserer Krieger, Streifender-Nachtadler, fehlte. Seine Frau sagte, er sei schon während des ganzen Sturmes nicht dabei gewesen, sie habe aber angenommen, er wäre bei den Pferden. Streifender-Nachtadler war der beste Schütze in unserem Stamme, ein gefürchteter Krieger auf dem Kriegspfad. Nun hatten die Krähen ihn geholt. Manche unserer Krieger wurden ärgerlich; sie sagten, Weißer-Hund habe versprochen, wir würden vier von den Feinden „nehmen“ und den Krähen keinen der Unseren „geben“. Weißer-Hund befahl, solches Gerede zu unterlassen, „die Geister hätten ihm nie falsch berichtet“; wenn sie ihm dies mitgeteilt hätten, dann stimme es auch.

Es war das erstemal, daß Weißer-Hund eine Prophezeiung gemacht hatte, die nicht eintraf. Einige der älteren Männer meinten, seine Zauberkraft lasse vielleicht nach, er solle ein paar Monate allein in die Wildnis gehen und seinen Zauber pflegen, damit dieser sich wieder erhole. (Zaubermänner taten das immer, wenn sie spürten, daß ihre Zauberkraft „schwach“ wurde; bei der Rückkehr zu den Menschen waren sie dann schier unüberwindlich.) Aber Weißer-Hund erklärte, die Geister seien „noch bei ihm“ wie immer, und niemand konnte ihn von dieser Überzeugung abbringen.

## 6

## Häuptling Trägt-den-Kessel

Dies war der letzte schwere Schneesturm des Vorfrühlings. Als wir im Weiterwandern den oberen Missourifluß (in Montana) erreichten, brach das Eis schon auf, und wir beschlossen zu warten, bis die Eisschollen abflossen, um nicht die Pferde und das eigene Leben von den Schollen des reißenden Stromes zu gefährden. Weißer-Hund und Gehende-Seele wollten uns noch eine Strecke flußabwärts führen und dort einen guten Lagerplatz suchen. Wir mußten „auf der Höhe“ wandern, unten am Ufer war die Erde zu sehr aufgeweicht; also stiegen wir wieder auf das südliche Hochufer und zogen langsam ostwärts.

Es war mitten im Nachmittag, als Weißer-Hund sein Pferd anhielt und uns das Zeichen zum Halten gab. Er und Donnergesicht, der Kundschafter, kamen nach rückwärts und sagten, ein großes Indianerlager sei vor uns am Flußufer. Ein Rat der Häuptlinge und Ratsmänner wurde berufen, um zu entscheiden, was wir tun sollten. Aus der Bemalung der Zelte ließ sich nicht erkennen, welchem Stamme das Lager angehörte, jedoch der Rat kam zu dem Schluß, wir hätten bestimmt alle feindlichen Krähenbanden im Westen hinter uns gelassen. Also entschieden sie, diese Indianer zu fragen, wer sie seien, ehe man sich weiter näherte.

Darauf ritt Weißer-Hund hinauf auf den Kamm des Hügels und rief: „Ho-h!"

In der Zeichensprache fragte er sie nach dem Zeichen für ihren Stamm. Sie machten das Zeichen für Großbäuche und nördliche Assiniboine, die ein gemeinsames Lager hielten. Sie fragten auch, wer wir seien. Weißer-Hund machte das Zeichen für Schwarzfüße. Dies schien sie nicht zu befriedigen, denn sie machten das weitere Zeichen: „Welche Schwarzfüße?"

Weißer-Hund und Gehende-Seele wußten nicht sogleich, was sie darauf antworten sollten; denn bei uns befanden sich Leute aus allen vier Schwarzfuß-Banden, — den Nördlichen und den Südlichen Schwarzfüßen, den Blut-Schwarzfüßen und den Piganen. Weißer-Hund war sich nicht sicher, welche dieser Banden bei den Assiniboine, die zu den Nördlichen Sioux von Assiniboia (jetzt Saskatchewan) gehörten und hier am oberen Missouri Fremde waren, als Feinde gelten würden. Er verfiel auf eine List. Er stellte sich aufrecht und machte das Zeichen für Krie, dann ging er einige Schritte nach rechts und machte das Zeichen für Kutenai. Darauf stellte er sich zwischen diese beiden Punkte und zeigte so an, daß wir zwischen den beiden Stämmen lebten. Die Großbäuche und Assiniboine sagten durch Zeichen zurück, sie wüßten nichts von Schwarzfüßen, die zwischen diesen beiden Stämmen lebten, also „müßten wir in Ordnung sein". Und sie luden uns ein in ihr Lager.

Wir ritten hinab und zeigten die vielen Pferde, die wir den Krähen abgenommen hatten. Sie sagten, wir seien gute Krieger. Es freute sie, denn sie waren selbst Feinde der Krähen.

Ehe unsere Krieger abgestiegen waren, schritt der Assiniboine-Häuptling hin und her unter ihnen und musterte die Schilde, die an den Schultern der Pferde hingen. Dann trat er zu unserem Häuptling, hielt ihm die Hand entgegen und sprach: „Es scheint, daß wir nicht Feinde sind. Ich habe mir alle Zauberzeichen auf euren Schilden angesehen, und ich erinnere mich nicht, einem davon in unseren Kämpfen mit den Schwarzfüßen begegnet zu sein." Sie schüttelten einander die Hände, und wir fühlten uns alle sogleich als gute Freunde.

Alle Häuptlinge, Ratsmänner und Zaubermänner der drei Stämme kamen zusammen und hielten einen Rat. Danach schickten sie einen „Ausrufer" durch das Lager und verkündeten, es werde ein großes Festessen und ein „Ich-sah"-Tanz gehalten werden. Beim Ich-sah-Tanz erzählen die großen Krieger des Stammes ihre ruhmvollsten Kriegstaten; nach jeder Erzählung fangen die Trommeln an zu schlagen, und der betreffende Krieger gibt den ganzen Kampf handelnd wieder, genau wie er in Wirklichkeit stattgefunden hatte – zu den Rollen seiner Opfer sucht er sich Gegenspieler aus.

Selbstverständlich freuten wir Buben uns ganz besonders auf diesen Tanz, denn in dem gewaltigen Lager befanden sich manche der stolzesten Indianerkrieger der amerikanischen Prärien. Der gefeiertste von allen war der Oberhäuptling der Assiniboine, Trägt-den-Kessel, der damals schon alt war und trotzdem noch weit über die Jahrhundertwende hinaus lebte (er starb erst im Jahre 1923 auf dem Assiniboine-Schutzgebiet bei Sintaluta in Saskatchewan im Alter von hundertundsieben Jahren).

Im Lager befand sich auch der berühmte Assiniboine Läuft-mit-einem-anderen, der Leibkundschafter des Generals Nelson A. Miles im Nez-Perces-Krieg gegen den Häuptling Joseph; er wurde später von Präsident

Grant für seine Tapferkeit ausgezeichnet. Dann noch Atsistamokon, rühmlichst bekannter Schwarzfuß-Häuptling und Zaubermann, der wohl die ungewöhnlichste Kriegslaufbahn hinter sich hatte, die je ein Indianer in historischer Zeit durchlief.

Aber der bemerkenswerteste Mensch in dieser außergewöhnlichen Ansammlung war Gute-Elchsfrau, eine berühmte Assiniboine-Schönheit, die ein paar Jahre vorher in dem Kampfe bei „Ein-Lager", nördlich von Saskatun in Saskatchewan, von den Schwarzfüßen sieben Dolchstiche erhalten hatte. Hier traf sie nun zum ersten Male wieder mit manchen derselben Krieger zusammen, die damals ihre ganzen Angehörigen umgebracht und sie selbst auf jenem denkwürdigen Schlachtfelde als tot liegengelassen hatten. Die Assiniboine wußten anfänglich gar nicht, daß sich in unserer Bande eine Anzahl der Nördlichen Schwarzfüße aus jenem Kampfe gegen die Assiniboine befand. Ja, es war sogar Häuptling Atsistamokon gewesen, der damals als Zaubermann den Vortrupp gegen die Assiniboine geführt hatte.

Gute-Elchsfrau war eine selten schöne Frau, zwei eingeätzte Striche liefen von ihren Mundwinkeln herab bis zum Kinn. Unsere Schwarzfüße erkannten sie sogleich wieder, denn sie war unter allen Stämmen der Prärie wegen ihrer ungewöhnlichen Schönheit berühmt. Als die Schwarzfuß-Krieger sie unter den Assiniboine erspäht hatten, gingen sie hin und umdrängten sie; sie boten ihr den Schwarzfuß-Freudengruß, den man anwendet, wenn man einen guten Freund trifft, den man lange nicht gesehen hat. Sie hoben die rechte Hand und sprachen: „Hei-hei-hei-hei-hei!" Weit entfernt, die Gegenwart ihrer früheren Feinde übelzunehmen, freute sich Gute-Elchsfrau über deren Gruß. Sie schaute einen nach dem anderen an, lächelte und nickte mit dem Kopfe. Dann fragte sie, ob der dabei sei, der ihr die sieben Dolchstiche beigebracht hatte.

„Wie sah der aus?“ fragte Häuptling Atsistamokon.

„O-wehja-waschteh!“ rief sie und führte beide Hände über ihr Gesicht. „Ein schöner starker Kerl!“

„Was würdest du tun, wenn du ihn hier sähest?“ fragte der Häuptling.

„Die Arme um ihn legen und ihm einen Kuß geben“, antwortete sie und machte dazu mit den Armen die begleitende Bewegung.

Aber die Schwester von Gute-Elchsfrau war sehr aufgebracht über die Anwesenheit der Schwarzfüße. Sie ging in ihr Zelt und begann ein großes Büffelmesser zu schärfen. Sie schalt und drohte uns Kindern, als wir mit einigen Assiniboine-Kindern in ihr Zelt traten. Wir sagten darauf unseren Eltern, was sie tat, daß sie ihr Messer schärfte, „um einen Schwarzfuß zu holen für jeden ihrer getöteten Angehörigen“.

Einige Assiniboine hörten dies, sie gingen zu ihr ins Zelt und suchten sie zu einem freundlichen Verhalten gegen die Schwarzfüße zu bereden. Aber sie blieb unversöhnlich, und als ihre Schwester, Gute-Elchsfrau, ins Tipi kam, reichte sie der das Messer und sagte, sie solle es „an ihren Feinden verwenden“. Gute-Elchsfrau band das Messer an ihren Gürtel und trat so heraus aus dem Tipi. Wir Kinder liefen erschreckt auseinander, wir meinten, sie würde nun den Kampf beginnen. Statt dessen ging sie zurück zu der Gruppe von Schwarzfuß-Kriegern und nahm die Unterhaltung mit würdevoller Freundlichkeit wieder auf.

Gute-Elchsfrau heiratete später einen Schwarzfuß-Krieger, sie lebt noch heute – auf dem Assiniboine-

Schutzgebiet bei Sintaluta in Saskatchewan. Trotz ihrer achtzig Jahre sieht sie noch immer schön aus.

Noch ein anderer Assiniboine wütete in seinem Tipi gegen die Anwesenheit der Schwarzfüße. Er hieß I-ah-tschie-tscha, Komischer-Sprecher, und er weigerte sich, das Zelt zu verlassen und uns zu begrüßen. Er lag gegen einen Ballen Felle gelehnt und murmelte halb unterdrückte Drohungen gegen uns Kinder, wenn wir zufällig zu nahe kamen. Es war Komischer-Sprecher gewesen, der in jener Schlacht die verwundeten Schwarzfüße verfolgt und einen nach dem andern erschlagen hatte — und er hegte noch immer den bittersten Haß gegen uns. Häuptling Pfadmacher, ein vornehmer junger Unterhäuptling der Assiniboine (noch heute ein Häuptling seines Stammes), verpflichtete sich freiwillig, diese beiden Assiniboine in die Hand zu nehmen und zu verhüten, daß sie ihren Haß gegen die Schwarzfüße ausbrechen ließen; denn die übrigen Assiniboine begegneten uns alle freundlich.

Wir Kinder waren überglücklich in dem wimmelnden, großen Lager der drei stolzen Stämme. Die Zelte des gewaltigen Lagers standen in einem weiten Kreis von fast einem Kilometer Umfang. Diese Zelte trugen alle Farben des Regenbogens, jedes verschieden und jedes oben mit dem Zauberzeichen der Familie, die darin wohnte, bemalt.

Die Vorfrühlingssonne schien hell auf unser schönes, glückliches Lager, während wir zwischen den Zelten und dem Flusse hin und her liefen, unsere Spiele trieben und untereinander Bekanntschaften machten. Wir konnten zwar nur durch die Zeichensprache miteinander reden, aber wir drückten uns dennoch unsere Freude aus.

Wir Buben hatten so viel von den Kämpfen zwischen

den Schwarzfüßen und den Assiniboine erzählen hören, daß wir einen „Spielkampf" mit den Assiniboine-Buben ausführen wollten. Aber die Eltern erlaubten das nicht; sie fürchteten, wir könnten zufällig einem der Assiniboine-Knaben Schaden antun und dadurch einen Kampf zwischen den Stämmen verursachen. So mußten wir uns zur Ausübung unseres Heldentums auf Ringkämpfe, Steinwerfen und Reiten von wilden Pferden beschränken.

Die Mütter saßen vor ihren Zelten und paßten genau auf, daß wir uns zu den „fremden Indianern" richtig benähmen. Aber wir dachten ja gar nicht an Kämpfen. Wir waren alle so froh, mit anderen Buben zusammenzukommen, daß wir sie wie unsere Brüder behandelten und alles taten, um uns anzufreunden, damit wir über unsere gegenseitigen Späße lachen könnten — woran der Indianerbube eine ganz besondere Freude hat.

Die älteren Krieger schienen auch froh zu sein. Sie bauten ein Riesenversammlungszelt für den Ich-sah-Tanz am Abend. Dazu brachen sie viele kleine Zelte ab und zogen die Zelthäute über Stangen; so überdachten sie eine große Fläche, wo wir alle Platz haben würden, um dem Tanze zuzusehen. Die Mütter und Schwestern — wie alle Indianerfrauen unter allen Verhältnissen sonnig und guter Laune — saßen bei ihren Zelten und genossen in friedlichem Geplauder den außergewöhnlichen Tag, die große Menge und das viele Hin und Her, das jeder Indianer gern hat.

Wir verzehrten an jenem Abend ein Festessen von Büffelpemmikan, den kein anderer Stamm so gut zubereitet wie die Assiniboine. Pemmikan, die Hauptnahrung des Indianers während des Winters, wird aus getrocknetem, gestampftem Büffelfleisch, vermischt mit Saskatunbeeren, hergestellt. Es wird in Büffelblasen gefüllt und mit heißem Fett übergossen, dann hält es sich monate- und selbst jahrelang, ohne zu verderben. Es ist die einzige „Büchsenspeise" des Indianers, die einzige Nahrung, die er für den Winter aufheben kann.

Nach dem Festessen zogen wir alle in das große Versammlungszelt und setzten uns zu dem Ich-sah-Tanz.

Fünf der ersten Krieger aus jedem der drei Stämme waren bestimmt worden, ihre ruhmvollsten Heldentaten auf dem Kriegspfade wiederzugeben. Diese fünfzehn Helden kamen in das Zelt, nachdem wir anderen schon versammelt waren, und nahmen ihre Plätze links und rechts von den Häuptlingen ein, die uns gegenüber am hinteren Ende des Zeltes im Halbkreis saßen.

Alle diese Krieger waren nackt bis auf den Lendenschurz und den Federschmuck. Jeder hatte seine alten Kriegswunden frisch aufgemalt, wie es bei festlichen Gelegenheiten unter den Indianern Sitte war. Manche dieser Wunden waren so geschickt nachgemacht, daß man sie kaum von den ursprünglichen klaffenden Wunden, an deren Stelle sie gemalt waren, unterscheiden konnte. Sie hatten auch die furchtbaren Narben aus dem Sonnentanz in allen blutigen Einzelheiten auf die Brust aufgetragen.

Es war eine ehrfurchtgebietende Versammlung von Kriegern aus der „alten Zeit". Da waren: „Drei-Feder-Männer", „Vier-Feder-Männer", „Kriegsfederhut-Männer" und zahlreiche Hauptlinge und Zaubermänner. Ein „Drei-Feder-Mann" war einer, der drei Männer im Kampfe getötet hatte und darum drei Adlerfedern mit roten Roßhaarwimpeln im Haare tragen durfte. Wer mehr als vier Männer auf dem Kriegspfade getötet hatte, trug den Kriegsfederhut, einen kunstvollen Kopfputz aus vielen Adlerfedern. Wieder andere Federn zeigten, wie oft der Betreffende verwundet worden war. Eine Adlerfeder, durch die Mitte herabgespalten, trug der, der einmal durch einen Pfeil verwundet worden war. Eine Adlerfeder, mit einem roten Kreis bemalt, zeigte an, daß der Betreffende einmal durch eine Kugel verwundet worden war. Krieger, die häufig verwundet worden waren, trugen viele solche Federn.

Alle fünfzehn Krieger, die beim Ich-sah-Tanz mitwirken sollten, trugen viele solche „Verwundungs"- und „Skalp"-Federn auf dem Kopfe, ihre Körper waren ganz bedeckt von alten Wunden. Wir Knaben saßen und zählten sie und versuchten, unter uns auszurechnen, wer der größte Held sei. Die Indianer ließen immer ihre Knaben bei den kriegerischen Vorführungen zusehen, damit es sie anfeuere, den Vätern an Tapferkeit nachzustreben, und sie ermutige, große Krieger zu werden.

Häuptling Trägt-den-Kessel, als der älteste unter den anwesenden Kriegern, wurde als erster aufgefordert, seine Taten im Ich-sah-Tanze wiederzugeben. Nie werde ich die eindrucksvolle Würde dieses gewaltigen Häuptlings der Prärie vergessen. Er, der Held in zahllosen Abenteuern, deren jedes die wildesten Träume beschämen würde, er, der sein Volk in den Krieg führte zu einer Zeit, als Sitzender-Bulle, Krähenfuß und Pfundmacher noch in den Kinderschuhen steckten, und der dennoch lebte bis zum Jahre 1923, da Sitzender-Bulle und die übrigen Häuptlinge des „Frontiers" (des Grenzgebietes zwischen wildem und „zivilisiertem" Leben) nur noch sagenhafte Gestalten der Geschichte waren.

Obwohl Häuptling Trägt-den-Kessel mehr als hundert Männer auf dem Kriegspfade erschlagen hatte, trugen seine Züge einen wahrhaft geistigen Ausdruck, einen auffallenden Glanz menschlicher Güte, der ihm in meinen Augen mehr Größe verlieh als irgendeinem Menschen, den ich jemals sah. Wenn er die blutigen Taten seiner Kriegszüge erwähnen mußte, tat er es mit einem halbverlegenen Ausdruck, als wolle er sich entschuldigen; woran man erkannte, daß es ihm peinlich war. Trotz dieser Laufbahn der Vernichtung war Häuptling Trägt-den-Kessel einer jener Männer, in deren furchtlose Hände man gerne sein Leben legt, wenn man ein ehrliches Urteil und menschliche Güte sucht.

Dieser große Häuptling der Assiniboine war in den alten Tagen auf der ganzen Prärie als Meisterläufer bekannt. Wir hatten oftmals die Mär vernommen, wie er durch seine Schnellfüßigkeit die Blut-Bande der Schwarzfüße wähnen ließ, sie sei von einer großen Schar Assiniboine umringt. Unter dem Schutze der Präriehügel lief er rings um einen Trupp von Blut-Indianern und tauchte dabei immer in Abständen auf, um sich sehen zu lassen. Durch diese List brachte er die Blut-Indianer zu der Überzeugung, sie seien vollkommen umringt von den Assiniboine, und wendete so zum Sieg, was sonst die gänzliche Vernichtung seiner Handvoll Assiniboine geworden wäre. Wir hatten am Lagerfeuer die Geschichte oft gehört, wie die Assiniboine einmal unseren Stamm durch Schlauheit besiegten. Nun war zufällig der große Häuptling selbst da, um uns zu erzählen, wie er es fertiggebracht hatte. Lassen wir ihn also erzählen.

Während die Kriegstrommeln leise als Begleitung zu den vier Stammessängern tönten, die in der Mitte des Zeltes saßen und die klagende Weise des Ich-sah-Tanzes sangen, erhob sich Häuptling Trägt-den-Kessel, pflanzte den langen befiederten Skalpstock vor sich in die Erde und hielt ihn so mit der rechten Hand. Einige Augenblicke lang stand er schweigend und blickte nachdenklich auf den Skalp, der in der Mitte des Stabes hing. Dann hob er den Kopf, sah hinüber zu den Schwarzfüßen und begann:

„Hanh-h! Ich will euch etwas erzählen, was euch selbst hier unten in eurem Lande geschah, euch, dem Stamme Wee-wintschasta Siehasapa (Blut-Schwarzfüße). Es ist die Geschichte, um die ihr mich gebeten habt – die Geschichte, wie ich euch mit Hilfe meines Laufens überlistete. Ihr kennt sie ja, Schwarzfüße!"

„Agh, agh, agh!" (ja, ja, ja) stimmten die Schwarzfuß-Krieger zu, neigten sich vorwärts und wendeten die Köpfe, um zuzuhören.

„Dies geschah vor vielen Jahren, als ich ein Häuptling von zweiundzwanzig Wintern war", fuhr Trägt-den-Kessel fort. „Ich führte meine Leute auf den Kriegspfad, um an den Schwarzfüßen Rache zu nehmen für einen Angriff, den sie kurz vorher gegen uns in Assiniboia ausgeführt hatten. Wir zogen hier herab und hatten den Milchfluß (in Montana) gekreuzt, als wir euch eines Morgens in Sicht bekamen. Ich ritt meinem Trupp ein wenig voraus, mein Bruder Fellschabsel war bei mir, da bemerkten wir vor uns viele Gegenstände in Bewegung. Es war ein dunstiger Morgen, die Gegenstände tanzten auf und ab und veränderten fortwährend ihre Gestalt wie in einem ‚Itowapi' (Luftspiegelung). Wir erkannten nicht, was es war, aber es sah weder wie Büffel noch wie Antilopen aus. Wir hielten an; während ich versuchte, die Gegenstände zu entziffern, sah ich zwei Büffel in etwa zweihundert Meter Entfernung, die langsam, grasend, einem niederen Hügel zustrebten. Mein Bruder wollte einen schießen, damit wir ein Mahl von rohen

Büffelnieren hätten, aber ich hielt ihn davon ab. Ich warnte ihn, jene Gegenstände in der Ferne könnten Feinde sein.

Ich bat meinen Bruder, jene Dinge weiter zu beobachten, während ich unter Deckung der beiden Büffel hinaus auf die Ebene kriechen wollte, um den Hügel vor uns zu erreichen, von dem ich einen besseren Blick auf jene eigenartigen hüpfenden Dinge haben würde. Nach langem beschwerlichen Kriechen erreichte ich die Höhe des Hügels. Vorsichtig spähte ich über den Gipfel – und zuckte sogleich wieder zurück. Ich kroch herab außer Sicht, schwenkte meine Decke und gab meinem Bruder das Zeichen, daß es der Feind sei, der auf der offenen Prärie einen seiner Tänze aufführte.

Mein Bruder gab das Zeichen nach rückwärts weiter, denn unser kleiner Trupp kam ahnungslos dahergewandert. Sie liefen nun alle zu meinem Bruder und fragten, was es denn gäbe. Ich hörte sie laut reden und versuchte, sie durch Zeichen zum Schweigen zu bringen. Aber ich erhaschte ihren Blick nicht, bis ich schon dicht vor ihnen war. Ich hörte einen meiner Krieger, einen Mann von gutem Rat, sagen, daß ich, der Häuptling, den Kampf nicht aufnehmen werde, weil unser Trupp so klein sei.

Ein anderer Krieger, ein Mann von großem Munde und schlechtem Rat, bedrängte sie, sich in den Angriff zu stürzen, ohne auf meine Rückkehr zu warten.

Sie bemerkten mich erst, als ich bei ihnen stand. Dann blickten sie auf mich, was ich befehlen würde. Ich sagte, sie sollten aufhören zu reden und eine Strecke zurückgehen, damit wir in Sicherheit einen Kriegsrat halten könnten.

Wir gingen zurück in eine seichte Mulde. Dann fragte

der Mann mit dem großen Munde, warum jener andere nicht kämpfen wolle. Ich sagte, ich würde die Frage beantworten, und ich sprach:

‚Ihr stammt alle von angesehenen Eltern, und ich möchte nicht die Verantwortung tragen, daß manche von euch getötet werden. Wir sind nur acht, drüben stehen fast hundert. Euer Häuptling hat gesprochen.'

Dann wendete sich der mit dem großen Munde zu mir und sprach:

‚Wozu sind wir hierhergekommen? Sind wir nicht gekommen, um zu kämpfen? Willst du dich jetzt der Gefahr entziehen?'

Ich antwortete: ‚Nein, das will ich nicht. Ich will, daß ihr alle wie Krieger sterbt — im Kampf, nicht auf der Flucht. Und das werden wir tun. Euer Häuptling hat zum letzten Male gesprochen.'

Der mit dem großen Munde sagte nichts mehr. Ich befahl meinen Kriegern, sich für den Kampf auszuziehen, sich den Körper zu bemalen und sich in der Mulde im Hinterhalte aufzustellen; das übrige sollten sie mir überlassen.

Ihr wißt es, Assiniboine!" rief der Häuptling, sich zu seinen Leuten wendend.

„Hau, hau, hau!" kam die Antwort.

„Dann warf ich die Kleider ab und begann zu laufen", fuhr der Häuptling fort. „Ich lief etwa dreiviertel Kilometer unten in der Mulde, dann stellte ich mich oben auf den Kamm, in voller Sicht vor den Feinden. Sie häuteten eben eine Antilope, und sie sahen mich.

Ihr wißt es, Schwarzfüße!"

„Agh, agh, agh!"

„Rasch sprang ich herab außer Sicht und lief vorgebeugt so schnell ich konnte etwa einen halben Kilometer weiter. Stand wieder oben und blickte herab auf die Schwarzfüße. Ich bemerkte, daß sie sich beobachtet wußten, denn sie hielten alle die Waffen unter den Mänteln verborgen und standen eng beisammen, damit man sie nicht zählen könne.

Ihr wißt es, Schwarzfüße!"

„Agh, agh, agh!"

„Dann duckte ich mich wieder und lief, diesmal bis zu einer Stelle viele hundert Meter entfernt. Wieder hinauf. Wieder gelaufen. Und wieder hinauf. Dreimal lief ich um sie herum und erschien dabei so rasch jedesmal in Sicht, daß sie glaubten, es seien viele Krieger, die von allen Seiten auf sie herabsähen.

Ihr wißt es, Schwarzfüße!"

„Agh – Ak-sie! (Ja, bravo!)"

„Als ich das letztemal auf sie herüberschaute, kam ich so nahe, daß ich sie ganz deutlich sah. Es waren alles große starke Kerle mit Büffelfelljacken – ich wußte, es waren Blut-Schwarzfüße. Sie begannen nun unruhig zu werden, denn sie meinten, sie seien von den Assiniboine umzingelt. Aber sie waren tapfer und zeigten keine Furcht. Sie begannen ihren Kriegstanz.

Die Sonne stand nicht weit vom Untergang, also lief ich schnell zu meinen Kriegern und sagte ihnen, sie würden bald kämpfen müssen, denn die Blut-Schwarzfüße hätten schon ihren Kriegstanz begonnen. Ich sagte, sie sollten die Manteldecken abwerfen und in der Mulde liegenbleiben, bis ich schösse.

Bald hörten wir, wie die Blut-Bande sich zum Angriff rüstete. Sie wendete sich dorthin, wo ich sie wollte: nach einer Scheinfront, wo ich ihnen vorgetäuscht hatte, daß die meisten von uns lägen. Als sie über den Hügel und an den Ausgang einer neuen Mulde gekommen waren, genau wie ich es mir gewünscht hatte, zielte ich auf den führenden Häuptling und schoß.

Aber wenn ich die Schwarzfüße irregeführt hatte, so hatten sie uns ebenfalls gefoppt. Ich hatte nur zehn Gewehre bei ihnen gezählt, aber jeder einzelne besaß eine Feuerwaffe; sie waren schlau genug gewesen, die meisten unter den Mänteln versteckt zu halten. Sie sandten einen Regen von Kugeln und Pfeilen nach uns. Ich sah einen Pfeil genau auf meinen Bruder zufliegen, der neben mir lag; aber wie ich ihn warnen wollte, vergrub sich der Pfeil schon in seinem Rücken.

Unser Feuer aus dieser unerwarteten Richtung verwirrte die Schwarzfüße derart, daß sie sich nach Südwesten zurückzogen. Sie meinten, wir seien zu Hunderten, und erwarteten, angegriffen und verfolgt zu werden. Aber wir Assiniboine hatten erreicht, was wir wollten: wir hatten unser Leben gerettet und unsere Ehre gewahrt.

Nachdem die Schwarzfüße sich über die Höhe zurückgezogen hatten, stürzten sich alle Assiniboine nach vorn, um den einen, der gefallen war, zu berühren und so die erste, zweite und dritte Auszeichnung zu gewinnen. Dann gaben wir unserem gefallenen Assiniboine, meinem Bruder, an Ort und Stelle die letzten Ehren eines Kriegers. Wir gruben ein rundes Loch und setzten ihn hinein mit dem Gesicht nach der aufgehenden Sonne, wie es bei den Assiniboine Sitte ist.

Wir waren quitt. Wir hatten einen Schwarzfuß ‚genommen', und sie hatten einen Assiniboine ‚genommen'", sprach der Häuptling und sah wieder nachdenklich auf den Skalp in der Mitte seines Stabes. Dann fuhr er in gemessenem Tone fort: „Hier ist der Skalp, den ich von den Euren nahm. Wir sind nun Freunde. Ich gebe ihn euch, bewahrt ihn, bis ihr heimkommt, und gebt ihm dort die Beerdigung eines Kriegers.

Trägt-den-Kessel hat gesprochen. Trägt-den-Kessel hat gesagt, daß wir Freunde sind, solange die Sonne scheint und das Wasser fließt. Trägt-den-Kessel hat nie sein Wort gebrochen.

Ihr wißt es, Schwarzfüße!"

„Agh, agh, agh! – Soka-psi! Akai-soka-psi! (Ja, ja, ja. Gut! Sehr gut!)"

Die Trommeln, die bis dahin leise die Erzählung des Häuptlings begleitet hatten, gingen nun plötzlich zu einem wilden Tanze über. Dann führten der Häuptling und seine Begleiter den berühmten Vorfall, den er eben erzählt hatte, handelnd durch; einige der Blut-Schwarzfüße, die das wirkliche Gefecht mitgemacht hatten, sahen stumm zu.

Als sein Ich-sah-Tanz zu Ende war, trat Häuptling Trägt-den-Kessel vor die Schwarzfuß-Häuptlinge und sprach:

„Ich werde schon ein alter Mann. Vielleicht sehe ich keinen von euch wieder. Ehe wir dies Lager abbrechen, will ich euch die Geschichte erzählen, wie einer eurer Häuptlinge mir das Leben rettete; denn ohne seine Tat könnte ich heute abend nicht hier bei euch sein. Ich sehe ihn unter euch nicht, aber manche von euch werden ihn kennen. Wenn ihr wieder in euer Nördliches Schwarzfuß-Land zurückkehrt, müßt ihr ihm diese Geschichte mitteilen, die ich nun erzählen will.

Dies geschah im Jahre meines sechsundzwanzigsten Winters. Ihr wart am Milchfluß gelagert, im Lande der Nördlichen Schwarzfüße (jetziges Alberta). Alle Schwarzfuß-Banden waren dort vereinigt: Blut-Indianer, Pigane und Siksikau (eigentliche Schwarzfüße).

Ich war damals ein junger Häuptling und war nicht weise. Mit meinem Halbbruder Nompa Wintschasta (Zwei-Männer) führte ich die Assiniboine gegen euch, um eure Pferde zu stehlen.

Wir fanden eines Nachts euer Lager am Milchfluß, nachdem wir sieben Tage nach euch gesucht hatten.

Dicht bei dem Lager befand sich eine kleine Mulde, mit Gebüsch bewachsen. Ich sagte meinem Halbbruder, wir sollten lieber den Haupttrupp eine Strecke weit zurücklassen, in diese Mulde kriechen und euch eine Weile beobachten, ehe wir den Anschlag auf eure Pferde unternähmen.

Wir krochen auf dem Bauche bis etwa hundert Meter vor euer Lager und legten uns dort ins Versteck, wir suchten, von welcher Seite wir am besten unseren Trupp heranführen könnten, ohne bemerkt zu werden. Es war sehr dunkel geworden; wir wollten eben zurückkriechen, um den Angriff anzuordnen, als eines eurer Pferde ausbrach und gerade auf uns zugelaufen kam. Wir machten kleine Geräusche, um es in eine andere Richtung zu scheuchen, aber es hörte uns nicht. Dann sahen wir einen großen Blut-Indianer daherkommen, er suchte nach dem Pferde, uns bemerkte er in der Dunkelheit nicht. Mein Bruder, der neben mir lag, zielte mit dem Pfeile nach ihm und wollte losdrücken, aber der Mut versagte ihm. Im Dunkeln stieß der Blut-Krieger gegen ihn, ich hörte ein Grunzen und ein gewaltiges Ringen. Der große Kerl hatte meinen Bruder bald überwältigt, ich sah, wie er ihn in das Lager führte und ihm dabei die Hände hinten festhielt. Ich beobachtete sie genau, mein Bruder wurde in ein Zelt mitten im Lager gebracht, es sah aus wie ein Häuptlingszelt.

Ich wußte nicht, was ich tun sollte. Nur das eine

wußte ich, daß ich meinen Bruder retten müßte. Ich zog meine Kleider aus, wickelte mich in meine Decke und verbarg das Gewehr darunter. Ich zog die Decke über mein Gesicht und kroch so auf das Zelt zu. Ich sah einen Mann, der am Eingang gegen etwas lehnte. Ich hatte große Angst, aber ich dachte, einmal würde ich doch sterben müssen, – und ich dachte auch immer, was wohl mit meinem Bruder geschähe. Also mußte ich irgend etwas tun.

Ich kam so dicht an den Mann heran, daß ich sein Gesicht hätte berühren können. Er tat einen Sprung, als er mich sah. Ich fragte, was er mit meinem Bruder getan habe. Er ergriff mich und zog mich nach seinem Zelt. Ich hatte jetzt alle Furcht verloren. Ich wußte, daß ich zu sterben hatte, also warf ich mein Gewehr fort.

Der Mann brachte mich an ein Zelt, in dem ein Feuer brannte; er schob mich durch die Tür und trat hinter mir ein. Drinnen sagte er etwas zu seiner Frau, und sie nahm Fleisch und begann es auf der Glut zu rösten. Ich hatte seit sieben Tagen nichts gegessen – so lange war ich auf dem Kriegspfad gewesen, und ich zitterte auch vor Kälte.

Als seine Frau das Fleisch vor mich setzte, ergriff ich es wie ein Hund mit beiden Händen und aß gierig. Nachdem ich gegessen hatte, kamen zwei andere herein und sagten etwas. Dann nahmen mich diese zwei Fremden hinaus und führten mich durch das Dunkel an ein anderes Zelt. Als sie mich hineinschoben, sah ich dort meinen Bruder sitzen. Es waren noch einige andere im Zelt, sie schienen alle sehr zornig zu sein. Sie wollten uns rasch abtun, und mir war es auch recht, gleich getötet zu werden.

Während sie besprachen, auf welche Weise sie uns töten sollten, kam ein Mann in das Zelt und setzte sich neben mich. Es war ein amerikanischer Pigan (Schwarzfuß), der die Sprache der Assiniboine kannte. Er sagte mir, in der letzten Zeit seien durch die Sioux und die Assiniboine viele Pferde gestohlen worden, und die Schwarzfüße seien erbost darüber, wir würden in Kürze vor dem ganzen Stamme getötet werden. Er sagte, man habe schon bekanntgegeben, daß zwei Assiniboine zu töten da seien, und überall herrsche große Aufregung

Bald gingen alle Männer bis auf den, der mir zu essen gegeben hatte, aus dem Zelt. Er gab mir meine Steinschloßflinte mit einer Kugel im Lauf, aber ohne Pulver. Ich setzte mich zu meinem Bruder.

Während wir miteinander sprachen, hörten wir, wie der Stamm sich außen versammelte; sie machten viel Lärm, so, als seien sie sehr böse.

Dieser große Mann führte meinen Bruder hinaus und ließ mich allein zurück. Ich lud meine Steinschloßflinte mit Pulver, das ich nahe bei der Türe fand, und war entschlossen, einen Häuptling zu schießen, falls ich einem begegnete. Ich machte mich zum Sprunge bereit, meine Absicht war, mitten in die Menge zu laufen und so viele von ihnen wie möglich zu ‚kriegen', ehe sie mich ‚kriegten'. Aber als ich eben durch die Türe lief, griffen mich zwei starke Kerle und hielten mich, daß ich nichts tun konnte. Alle drei Banden der Schwarzfüße standen vor mir mit entblößten Dolchen, sie begannen zu schreien und zu johlen, als sie mich sahen. Ich verstand nicht, was sie sagten.

Diese beiden Kerle führten mich in eine tiefe Mulde und dann in ein Gestrüpp. Dort sah ich den großen Mann, der mir zu essen gegeben hatte, er hielt meinen

Bruder fest. Dann übergab er meinen Bruder einem anderen, bestieg sein Pferd und trieb die Menge zurück. Ich sah nun, wer er war — der erste Häuptling.

Nachdem er die Leute fortgejagt hatte, wendete er und trieb mich und meinen Bruder in einen kleinen Busch. Er trug einen prachtvollen hirschledernen Anzug, mit Stachelschweinkielen verziert. Den zog er aus, gab ihn mir und hieß mich ihn anziehen — es war kalt, ich hatte meine Kleider im Gebüsch zurückgelassen und zitterte vor Kälte. Der Häuptling nahm meine Decke und warf sie um sich. Dann ergriff er meinen Arm und sprach:

‚Du wirst zwei Pferde am Ausgang dieser Schlucht angebunden finden. Gehe nun! Wenn du lange genug lebst und ein alter Mann wirst, magst du einmal die Geschichte von dem Schwarzfuß-Häuptling erzählen, der dich laufen ließ, wo du eigentlich hättest getötet werden sollen.‘

Dies ist die Geschichte, die ich zu erzählen hatte“, sagte Häuptling Trägt-den-Kessel und sah dabei freundlich nach den Schwarzfuß-Häuptlingen hinüber. „Ich bin nun ein alter Mann; falls jener Häuptling noch lebt, möchte ich, daß ihr ihm sagt, ich habe diese Geschichte erzählt. Und obwohl er und die Seinen immer die Feinde der Meinen waren, möchte ich ihn jetzt auch wissen lassen, daß ich bei jedem Sonnentanz, den die Assiniboine seit jener Nacht abhielten, für ihn gebetet habe. Ambawastehtsch Siehasapa — Lebt wohl, Schwarzfüße! Das ist alles, was ich zu sagen habe.“

Als Trägt-den-Kessel sich gesetzt hatte, erhob sich einer unserer Häuptlinge, Niokskatas, und sprach:

„Jener Häuptling, der dir das Leben rettete, war mein Vater. Wir waren damals Knaben, aber jeder unserer

Häuptlinge hier hat die Geschichte von den Lippen meines Vaters vernommen, und wir erinnern uns sehr wohl an jene Nacht am Milchflusse. Du verdankst dein Leben deiner eigenen Tapferkeit. Mein Vater sagte, er habe dich im Zelte mit dem Schießpulver und der Kugel in deinem Gewehr allein gelassen, um zu sehen, was du tun würdest. Du warst tapfer genug gewesen, dein Leben für deinen Bruder opfern zu wollen; als er sah, daß du kämpfen wolltest, ganz gleich, ob du dabei sterben würdest, sagte er sich, du seiest zu gut, um getötet zu werden. Es ist ein Gesetz unter den Schwarzfüßen, daß man das eigene Leben geben muß, um einen Verwandten zu retten. Das tatest du, Häuptling Trägt-den-Kessel, tapferer Krieger und Häuptling aller Assiniboine."

Häuptling Niokskatas schritt hinüber und redete eine Weile mit den Schwarzfuß-Häuptlingen. Dann erhob er sich wieder und sprach:

„Wenn mein Vater hier wäre, so weiß ich, was er tun würde: er würde dir seinen Namen geben wollen, Niokskatas, den höchsten Namen im Stamm der Schwarzfüße. Du hast einen Sohn bei dir. Wir, die Schwarzfüße, geben diesen Namen deinem Sohne; denn selbst die Schwarzfüße meinen, daß sie nicht deinen eigenen Namen verbessern könnten, den du berühmt gemacht hast unter allen Stämmen der Prärie."

„Hanh-h-h-h-h-h-h", kam das tiefe Beifallsgrunzen von allen Assiniboine, sie lächelten und blickten sich an mit frohen Mienen. Es war klar zu erkennen, daß ihnen dieser Ausdruck von freundlicher Gesinnung seitens der Schwarzfüße tiefes Gefallen bereitete und sie rührte. Häuptling Trägt-den-Kessels Sohn, der auf dem Assiniboine-Schutzgebiet bei Sintaluta in Saskatchewan lebt, trägt noch immer den Namen Niokskatas — Krähenfuß.

Es war im Jahre 1922, als ich Häuptling Trägt-den-Kessel wieder traf, auf dem Assiniboine-Schutzgebiet. Er war damals hundertundsechs Jahre alt und völlig erblindet. Obwohl er krank auf seinem Lager im Zelte lag, ließ er sich nicht abhalten, aufzustehen und heraus in die Sonne zu treten, um mir zu begegnen — auf beiden Füßen stehend, wie es einem Häuptling geziemt, wenn er einen anderen Häuptling vom Stamm der früheren Feinde begrüßt. Er warf die Greisenschultern stolz zurück und hob mir das erblindete Antlitz mit aller Würde seiner früheren Tage entgegen. Und er sprach: „Tatonka Wahunkesa-honska (Häuptling Langspeer), ich grüße dich im Namen der Assiniboine. Du bist der erste deines Stammes, dem ich begegne, seit ich vor vielen Jahren in eurem Lande war. Euer großer Häuptling Niokskatas ist tot, ich habe es erfahren. Auch Mekasto, euer anderer großer Häuptling, ist tot. Als sie geboren wurden, führte ich schon als Häuptling die Assiniboine. Sie sind gekommen und sind gegangen, und ich bleibe noch immer am Leben. Ich weiß nicht, warum ich verschont werde. Ich war ein schlimmer Kerl in meiner Jugend. Ich erschlug viele Krieger. Wir waren alle töricht damals —“, der Häuptling sann eine Weile, dann fuhr er fort: „aber ich meine, es war eben unsere Art so damals.“

Vier Monate später, am 23. Februar 1923, ging Häuptling Trägt-den-Kessel hinüber in das Große Unbekannte. Er wurde durch die Königliche Berittene Schutzmannschaft des Nordwestens mit allen kriegerischen Ehren zur Ruhe gebracht. Wenn es einen Himmel gibt, und Häuptling Trägt-den-Kessel wäre nicht dorthin gegangen, dann will ich auch dahin gehen, wohin er ging.

## 7

## Ein Pfeil aus Weißen-Hunds Köcher

Nachdem wir mit den Assiniboine und den Großbäuchen den Ich-sah-Tanz abgehalten hatten, verließen wir sie am nächsten Tage „mit guten Gefühlen in unser aller Herzen“ — wie es unser Häuptling in seiner Abschiedsrede an das Lager ausdrückte — und zogen flußabwärts an eine Stelle, von der uns die Assiniboine gesagt hatten, der Fluß sei dort ohne Schwierigkeit zu durchschreiten. Wir setzten über den Missouri und wandten unsere Schritte nordwärts, um zu sehen, ob wir in den „Tschinuuk Winden“ Büffel fänden.

Wir waren drei Tage nach Norden gezogen, da weckte uns alle in der Nacht ein sonderbarer Laut. Bestürzt richteten wir uns auf und horchten eine Weile lautlos, dann wandten wir uns im unsicheren Lichte des flackernden Feuers einander zu und sagten uns unsere Verwunderung. Es war ein eigenartiger, unheimlicher Laut, — dennoch kannten wir ihn. Es war ein Sang, ein Sterbelied! „Wer mag es sein?“ fragten wir in angstvollem Geflüster. „Was kann es bedeuten? Was ist geschehen, während wir schliefen?“

„Ho! Es ist Weißer-Hund — unser Zaubermann!“ sagte mein Vater, indem er sich auf die Füße riß und das Ohr lauschend nach der Zelttüre wandte.

Dann schwang er seine Decke um sich, stürzte aus dem Zelt und verschwand im Dunkel.

Wir hörten den weichen Schritt von Mokassinfüßen, die außen im Lager hin und her eilten, und wir wußten, daß etwas Trauriges sich abspielte.

Etwa zehn Minuten lang saßen wir still — niemand sprach. Dann zog mein Vater die Türklappe zurück, bückte sich und trat ein. Er reckte sich mit ernstem Angesicht und faltete die Arme über der Brust. Wir sahen, daß er mit einem starken Gefühle rang, daß dies Gefühl sich in ihm ausdehnte, und daß seine äußere Ruhe nur von der Beherrschung unserer Rasse herstammte.

Meine Mutter warf einen Holzspan auf die Glut und sprach:

„Tsanistapi? Tsanistapi? (Was? Was?)"

Ohne die Augen vom Feuer zu heben, sprach mein Vater mit einer Stimme, die ich noch nie bei ihm gehört hatte:

„Weißer-Hund ist tot."

Meine Mutter öffnete den Mund weit und klappte die Hand darüber — die indianische Gebärde des Entsetzens.

„Ja — er ist tot", wiederholte mein Vater, als wolle er sich selbst überzeugen, daß er die Wahrheit sage.

Meiner Mutter hob sich die Brust vor Bewegung, aber sie sagte eine Weile nichts. Dann wandte sie die Augen nach der dunklen Türöffnung, die mein Vater offengelassen hatte, und sagte:

„Wie?"

„Seine Frau weiß es nicht", sprach mein Vater. „Sie wachte auf, und er sang sein Sterbelied — Blut rann ihm aus dem Munde. Er redete keine Worte ... Er starb singend."

Dann, als erinnerte er sich plötzlich an etwas Furchtbares und Ruchloses, sprach mein Vater zwei Worte:

„Sahpo! Sahpo!"

Es waren die Krähen. Mein Vater hatte recht.

Weißer-Hund war an jener Krähen-Kugel gestorben, die sich gegen seine Brust flach geschlagen hatte.

Die beiden Worte waren kaum den Lippen meines Vaters entronnen, als ein langgezogener Klageton — wie das Heulen eines Wolfes — durch das Lager klang. Es war die Witwe von Weißer-Hund. Die Klage wurde von hundert Frauenstimmen aufgenommen, bis Sonnenaufgang erscholl das Lager von dieser Kundgebung ursprünglichen Trauerns — dem Urausdruck von Leid unter den Indianerfrauen beim Tode eines Verwandten oder eines großen Kriegers.

Als wir Buben dann früh am Morgen aufstehen durften, hatten sich alle Frauen im Lager die Gesichter schwarz bemalt — zur Trauer —, und ein Dutzend weibliche Verwandte von Weißer-Hund hatten sich einen Finger abgehackt und in einen großen Topf geworfen, oder sie hatten sich mit Büffelmessern in die Oberschenkel geschnitten. Dies entsprach alles dem Gebrauch des Stammes und war ein Ausdruck von Trauer über den Verlust eines seiner bedeutendsten Führer; denn obwohl Weißer-Hund dem Namen nach nur der Zaubermann hieß, war er doch in Wirklichkeit ein großer Führer seines Volkes, mächtiger im Stamme als die meisten Häuptlinge. Wie Sitzender-Bulle war er durch seine Zauberkräfte zu einer Höhe und Bedeutung gestiegen, daß sein Volk ihn als seinen eigentlichen ersten Häuptling betrachtete.

Es war Sitte bei uns, die Toten rasch zu bestatten und das Sterbezelt zu verbrennen, sobald der Tote zur

Beerdigung herausgetragen war. Dies geschah, um die bösen Geister, die den Tod verursacht hatten, daran zu verhindern, sich lange im Lager aufzuhalten.

Darum wurde früh am Morgen schon der Leib von Weißer-Hund in seine schönsten Festgewänder gekleidet und auf einer großen Anzahl von Häuten und Büffelfellen aufgebahrt. Seine Flinte und sein bester Bogen und Pfeil wurden zerbrochen und neben ihn gelegt — sie wurden zerbrochen, damit sie auch „sterben“ und ihre Geister ihn nach den Jagdgründen begleiten konnten. Alle Gegenstände, die er am liebsten hatte, wurden neben ihn gelegt und das Ganze mit Fellen und Häuten fest umwickelt und dann mit Rohlederriemen verschnürt.

Wir gingen eine Strecke weit hinaus auf die Prärie und bauten ein Gerüst auf dem höchsten Ort des umliegenden Landes, einem Hügel, den wir aus der ganzen Umgebung zu sehen vermochten. Ehe wir ihn verließen, führten zwei Männer das Lieblingspferd von Weißer-Hund, eines der beiden grau und schwarz gesprenkelten Pferde, die wir vor dem Zelte des Krähenhäuptlings genommen hatten, heran an den Toten und erschossen es. Das Pferd fürchtete sich vor dem toten Körper und wollte nicht in die Nähe gehen, die Männer mußten ihm einen Feuersack um die Augen binden, damit es nichts sah.

Das war das traurige Ende unseres großen Zaubermannes Weißer-Hund. Nie wieder würde er uns mit seinem geheimen Zauber berücken, nie wieder würden wir seine tiefen Kehllaute hören, wenn er den Geistern rief, die nun so unerwartet gekommen waren, um ihn von uns zu nehmen. Aber er fand einen würdigen Nachfolger in dem wunderbaren Schwarzfuß Mokuji-Kinasi, der nun bald durch seinen berühmten „Donnerzauber“

über uns herrschen sollte; und dieser Zauber gewann eine besondere Bedeutung in der Geschichte der Schwarzfüße. Die Köpfe noch immer vor Trauer geneigt, nahmen wir unsere Wanderung wieder auf und suchten weiter nach den Büffeln, von denen uns gesagt worden war.

Einige Tage später fanden wir auf unserem Zuge nordwärts einen „Büffelstein", und wir beschlossen, an der Stelle einen Büffeltanz abzuhalten, ob er uns Glück brächte auf unserer Suche nach diesen Tieren. Der Büffel wurde mit jedem Tage seltener auf der Prärie des fernen Nordwestens, und dabei war das hier oben schon seine letzte Zuflucht vor dem Abschlachten, das in den südlicheren Prärien gegen ihn wütete. Wir wußten selbst wenig von jenem Lande im Süden, aber durch die vereinzelten Halbblut-Tauschhändler, die mit ihren Schnapsfässern zu uns kamen, erfuhren wir mancherlei. Sie boten den Indianern einen halben Liter Schnaps für jedes Büffelfell, das sie brächten, bald hieß ein Büffelfell unter den Indianern nur noch „ein halber Liter Schnaps". Aber unsere Häuptlinge waren sehr gegen dies „Feuerwasser"; sie ermahnten die Krieger, nichts davon anzunehmen, da es „ihre Herzen zerstören und sie zu Feiglingen machen würde".

Früher saßen wir auf der sonnigen Prärie und sahen den Büffeln zu, wie sie zu Tausenden grasten — jetzt mußten wir tagelang wandern, ehe wir einen oder zwei vereinzelte Büffel fanden, die sich scheu in den Mulden verbargen. Manchmal sahen wir bis zu zehn in einer Herde, aber mehr nie. Häuptling Apa-anistau der Pigan-Bande der Schwarzfüße hatte unserem Häuptling gesagt, daß die verängsteten Büffel jenes Jahr hoch im Norden gewintert hätten und daß wir sie finden würden, wenn wir weit genug nach jener Richtung zögen.

Wir Buben mochten den Büffeltanz, weil wir alle daran teilnehmen durften. Der „Büffelstein" – ein eigenartig geformter roter Stein – war schon immer äußerst selten auf der Prärie. Niemand wußte, woher diese Steine kamen. Man fand sie auf der Prärie, etwa einen Fuß lang und von der ungefähren Form eines Büffels, nur durch die Hand der Natur so gebildet. Immer, wenn die Indianer einen davon fanden, machten sie an Ort und Stelle halt und führten einen Tanz darüber auf, denn der Stein galt als bestimmtes Zeichen dafür, daß Büffel gefunden werden würden. Eine besondere Eigenart des Büffeltanzes war dies: nahmen mehr Frauen als Männer daran teil, so würden wir mehr Büffelkühe als Bullen finden – und das Fleisch der Kühe galt als das bessere.

Fünf Tage, nachdem wir den Büffeltanz abgehalten hatten – wir waren schon hoch oben im Norden –, bemerkte einer unserer Krieger, Kitsiponista, rechter Hand Büffelvögel, die fortwährend aufflogen und dann wieder in einer Vertiefung verschwanden. Diese Vögel lebten gewohnheitsmäßig in der Nähe der Büffel, sie fanden ihre Nahrung, indem sie den Tieren auf den Rücken saßen und ihnen die Zecken abfraßen. Also machte Kitsiponista unseren Häuptling auf die Vögel aufmerksam, er sagte, nach seiner Ansicht befänden sich dort drüben Büffel.

Der Häuptling hieß uns so lange warten, bis er mit zwei Kundschaftern hinübergeritten wäre, um zu sehen, was hinter jenen Hügeln sei. Nach einer Weile kamen sie aus einer anderen Richtung – von Norden – zurückgesprengt und berichteten, sie hätten die größte Büffelherde seit Jahren gefunden. Die Tiere hätten sie gewittert und zögen nun nordwärts das Tal hinauf.

Der Häuptling befahl sogleich, das Lager zu einer großen Jagd vorzubereiten. Unsere Mütter nahmen die Tragstangen von den Pferden und sagten uns Kindern, wir müßten jetzt auch reiten. Viele Kinder waren noch so klein, daß sie auf den Pferden angebunden werden mußten, und wir größeren setzten uns zu ihnen, um aufzupassen.

Wir hatten in jenen Tagen keine richtigen Sättel, nur Indianersättel, das waren einfache Fellsäcke mit Gras oder Büffelwolle ausgestopft. Solch ein Reitsack war eher ein Kissen als ein Sattel, er hatte keine Steigbügel und wurde einfach mit zwei Lederriemen, die um den Bauch des Pferdes liefen, festgebunden. Unser Zügel bestand in einer langen Schleife von Rohleder, die am unteren Kiefer des Pferdes befestigt war, er sollte nur dazu dienen, das Pferd zurückzuhalten, gelenkt wurde mit den Knien.

Unsere besten Krieger benutzten diese Sättel nicht. Sie sagten, die seien nur für Frauen, sie ritten lieber ohne Sattel.

Alle kleineren Kinder, außer denen in den Tragsäcken, wurden nun auf die Pferde gesetzt; wir Buben mußten sie festbinden, während die Frauen die Büffelmesser hervorholten und für die Jagd wetzten. Wir schoben die Füße der Kleinen unter den Bauchgurt des Pferdes, so daß sie gegen die Seiten des Pferdes eingeklemmt waren, dann banden wir sie noch mit einem Lederriemen fest, so fielen sie nicht herunter, selbst wenn das Pferd trabte.

Die Väter gaben uns eine Anzahl Pferde, die wir von den Krähen erbeutet hatten, und sagten, wir sollten uns Zügel machen und reiten. Als wir aufsaßen, schlugen die Tiere aus und warfen uns ab. Wir kletterten immer wieder hinauf und flogen immer wieder ab, dabei versuchten die Pferde auch gern, uns mit den Hufen eins zu versetzen. Unsere Väter, die schon mit den Flinten aufgesessen waren, riefen uns zu:

„Akakimat! Akakimat! – Bleibt fest! Bleibt fest!"

Überall hopsten Pferde auf und ab, und überall flogen wir Buben durch die Luft und schlugen mit einem Knurren und einem Lachen auf der Erde auf. Es war ein großer Spaß. Aber die Mädchen begannen uns auszulachen und zu rufen: „Kipitakkieks! Kipitakkieks! – Alte Weiber! Alte Weiber!" Das ärgerte uns denn doch, „alte Weiber" genannt zu werden, und wir riefen den Mädchen zurück, sie seien alle nichts als „böse junge Hunde". Darüber machten wiederum unsere Väter strenge Gesichter, sie sagten, wenn wir nicht aufhörten, solche Ausdrücke gegen unsere Schwestern im Munde zu führen, so würden sie ohne uns davonreiten, und wir bekämen nichts von der Jagd zu sehen.

„Die Mädchen haben ganz recht", sagten sie, „ihr seid ein Haufen ‚kleine alte Weiber', sonst hättet ihr jene fremden Pferde schon eingeritten, während wir am Flusse lagerten."

Da hatten wir's nun; denn unseren Vätern widersprechen zu wollen, solche Unart wäre uns nie eingefallen. Wir bekamen einen Zorn, und mit dem blieben wir auch auf den Pferden sitzen.

Nachdem sich die Pferde beruhigt hatten, sammelten wir uns in einer Gruppe und banden uns das Haar unter dem Kinn fest; dabei sahen wir noch grimmig hinüber zu den Mädchen, die bei den Frauen standen. Wir blickten zwar grimmig, aber wenn wir zufällig einander ansahen, kam uns doch immer wieder das Lachen, denn unsere Magen hüpften noch von den komischen Streichen, die uns unsere bösen Pferde gespielt hatten. Junger-Adler-Sprecher, der da drüben scheinbar so teilnahmslos auf einem bösartigen kleinen Flintauge saß, war verkehrt heruntergeflogen — vorne über sein Pferd und auf alle viere; da hatte der boshafte Gaul nach ihm gebissen und ihm den ganzen Lendengurt abgerissen, den er jetzt möglichst unauffällig zu befestigen suchte, ohne die Aufmerksamkeit jener bösen kleinen Mädchen zu wecken. Manch ein anderer hatte kleine Blutrinnsel, Kratzer und Schürfungen zu verbergen. Mir war mein Pferd auf den rechten Mittelfinger getreten und hatte ihn flach wie einen Entenschnabel gequetscht; er war gänzlich gefühllos, aber er blutete stark — er ist heute noch abgeflacht und narbig.

Die Männer lachten untereinander über uns, und als wir losziehen sollten, sagte der Häuptling, so daß alle Mädchen es hörten:

„Kommt, ihr jungen Krieger, reitet vorne mit den Jägern, wir wollen jenen Frauen zeigen, wie man Büffel erlegt."

Diese Einladung regte uns derart auf, daß wir ganz vergaßen, wie wild unsere Pferde waren, und als wir ihnen mit den Absätzen in die Rippen schlugen, begannen sie von neuem zu bäumen und zu hopsen; aber diesmal saßen wir fest und ritten bald stolz neben den Vätern dahin.

Wir ritten nordöstlich und stießen nach etwa einer Stunde auf die Herde. Die Büffel liefen schon jetzt rasch, aber als sie uns bemerkten, gingen sie in Trab über, der bald ein voller Galopp wurde. Nun trieben auch die Jäger ihre Pferde zum schärfsten Galopp an, sie sprengten mit wilden Rufen auf die Büffel ein, um die Herde zu erschrecken und durcheinanderzubringen.

„Terump, terump, terump" — die Erde zitterte förmlich unter den Schlägen der klopfenden Pferdehufe. Die Jäger zogen sich allmählich in eine lange schräge Linie, die von links die fliehende Herde zu umgehen begann. Die schweren wolligen Schultern der wütend blickenden Tiere stiegen beim Laufen hoch in die Luft. Ich erinnere mich, daß mir der Gedanke kam, wie es wohl wäre, auf einem von ihnen zu reiten. Wir hörten sie keuchen.

Als wir dicht an die Herde herangekommen waren, zogen wir Buben die Pferde ein und hielten uns hinter unseren Vätern, jede ihrer Bewegungen beobachtend. Wir sahen, wie jeder Jäger vorsichtig eine fette Büffelkuh wählte und dann seine Schnelligkeit vergrößerte, um vor dem Schusse noch so nahe wie möglich heranzukommen. Die meisten benutzten ihre Bogen und Pfeile, und sie zogen die Bogenschnur nicht an, bis sie dicht neben der linken Schulter des Büffels dahinsprengten. Dann, „Flack!" — ein langer, stahlgespitzter Pfeil vergrub sich tief in die zottige Seite des Tieres. Es tat noch ein paar Schritte und schlug dann vornüber, durch das Herz geschossen. Aber die Büffel sterben schwer; sie rollten und brüllten und kämpften eine oder zwei Sekunden, ehe sie vom letzten Todesstoß erbebten und sich steif streckten.

Einer unserer Knaben, Schüttelt-den-anderen, hätte fast das Leben eingebüßt, weil er zu dicht hinter seinem Vater einherritt. Sein Vater, Pitanina, hatte eine fette Kuh gewählt und versuchte sie von zwei Bullen abzutrennen, zwischen denen sie zum Schutze lief. Einer der Bullen, der schon etwas alt und fett war, wurde so müde, daß er plötzlich stehenblieb, wendete und den Kopf dicht vor Pitaninas Pferd senkte, das hinter seinen Fersen gelaufen war. Das Pferd sprang wild nach links und vermied mit genauer Not, den Büffel anzurennen. Dies erschreckte den Büffel derart, daß er wieder scharf umkehrte, um weiter zu laufen. Dabei stieß er gegen die anderen beiden Büffel und brachte sie irgendwie zu Fall, so daß sich alle drei auf der Erde wälzten. Das Ganze geschah innerhalb einer Sekunde, und Pitaninas Sohn, der dicht hinter ihm ritt, krachte mitten hinein in den Haufen der übereinanderrollenden Büffel.

Es war ein spannender Augenblick: drei Büffel, ein Pferd und ein Knabe, die sich alle untereinander auf der Erde in einem großen Haufen von Wolle wälzten. Schüttelt-den-anderen geriet bei dem Gebalge mit den Büffeln dermaßen in Aufregung, daß er beide Hände tief in die Rückenwolle eines der Tiere schob und sich krampfhaft festhielt. Im Nu stand der Büffel wieder auf den Füßen und lief wild davon, während der Knabe, die Hände tief in der Wolle verkrampft, ihm auf dem Rücken saß. Einige Jäger sahen dies und sprengten dem erschreckten Büffel nach. Er lief über einen halben Kilometer, ehe sie nahe genug kamen, um es zu wagen, ihm eine Kugel in den Kopf zu jagen.

Viermal schossen sie ihn, ehe er mit einem furchtbaren Krach zur Erde stürzte; dabei wurde der junge Schüttelt-den-anderen mit solcher Wucht zu Boden geschleudert, daß er besinnungslos liegenblieb. Er kam bald wieder zu sich und war zwar schlimm erschreckt, aber nicht verletzt. Nach diesem Vorfall gaben wir Buben ihm einen neuen Namen in der Sioux-Sprache. Wir nannten ihn Wahsuk-Kiena — Fallender-Schnee —, weil er so weit gefallen war und die Erde so sanft berührt hatte.

Wegen dieses Unfalls wiesen die Väter uns Buben

nach rückwärts, während sie weitersprengten, um womöglich noch die wenigen übriggebliebenen Büffel zu erlegen.

Als wir nach der Stelle zurücktrabten, an der die Jagd begonnen hatte, waren die Frauen schon fleißig mit ihrem Teil der Büffeljagd beschäftigt. Sie knieten auf der Erde und häuteten und zerlegten die Tiere. Jede Frau erkannte an den Pfeilen, welche Büffel ihr Mann geschossen hatte. Denn jeder Indianer bemalte seine Pfeile nach einer besonderen Art, so daß leicht festzustellen war, was er geschossen hatte. Hatte er einen Büffel mit der Kugel geschossen, so wendete er und warf einen Pfeil auf das tote Tier, damit seine Frau erkennen würde, daß es ihm gehörte.

Der junge Sohn unseres verstorbenen Zaubermannes saß auf seinem Pferde unter uns Buben. Er trug auf dem Rücken einen Köcher voll von Pfeilen seines toten Vaters, die ihm die Mutter zum Spielen gegeben hatte. Eine der Frauen kam herüber zu diesem Knaben, nahm einen von Weißen-Hunds Pfeilen aus dem Köcher und schritt wieder hinaus auf die Prärie. Sie zog den Pfeil ihres Mannes aus einem Büffelbullen und steckte den Pfeil Weißen-Hunds in das Loch. Sie sagte niemandem etwas, doch später sahen wir Weißen-Hunds Witwe neben dem Tiere hocken und es abhäuten — sie schluchzte dabei leise.

## 8

## Das Werden eines Kriegers

Wir kehrten zurück an die Stelle, wo wir die alten Männer und Frauen gelassen hatten, dort waren wir mehrere Wochen lang beschäftigt, das Fleisch und die Büffelfelle zu trocknen und Pemmikan für den Winter zuzubereiten. Die Männer nahmen die besten Stücke des Fleisches, die Brüste, und verteilten sie unter den alten Leuten, wie es in jenen Tagen Brauch war. Unsere beliebteste Speise war damals Büffelhirn und Nieren, wir machten ein Festessen daraus. Das meiste Fleisch verzehrten wir roh; brieten wir es, so hielten wir es nur am Ende eines Stockes über das Feuer.

Immer wenn wir viel frisches Büffelfleisch gegessen hatten, kam uns ein Verlangen nach Saskatunbeeren — unser einziges Obst — oder wilden Rüben, fast das einzige Gemüse, das wir kannten; manchmal fanden wir noch auf der inneren Hochebene des nördlichen Felsengebirges wilde Kartoffeln von der Größe einer Nuß. Wenn wir im Sommer auf der Prärie waren, zu weit entfernt von den Büschen, wo die Saskatunbeere wuchs, schickten uns die Mütter auf die Suche nach wilden Rüben. Die fanden wir am leichtesten in den Mäusenestern.

Wir gingen mit einem langen Stock über die Prärie und klopften im Gehen auf die Erde. Wo es hohl klang, gruben wir fünf bis zehn Zentimeter tief und fanden dort das Nest einer Feldmaus voll wilder Rüben, alle geschält und fertig zum Essen. Wir nahmen oft einen ganzen Eimer voll aus einem einzigen Nest. Die Mäuse waren äußerst saubere kleine Tiere, und da sie nie in dem Teil des Nestes lebten, wo sie ihre Nahrung aufbewahrten, so waren die kleinen Rüben so sauber und nett verpackt, als hätte sie irgendein sorgfältiger Mensch dahin getan.

Nachdem wir einige Wochen in diesem Lager zugebracht hatten, holten eines Abends die Väter ihre „Zeitstöcke" — Kalender — hervor und verglichen sie miteinander, um zu bestimmen, „in welcher ‚Sonne' und welchem ‚Monde' wir lebten"; denn zu einer bestimmten „Sonne" mußten wir nach Norden aufbrechen, um zu dem großen jährlichen Sonnentanz aller Schwarzfuß-Banden mit den Siksikau-Schwarzfüßen zusammenzutreffen.

Wir nannten einen Tag eine „Sonne", einen Monat einen „Mond" und ein Jahr eine „große Sonne". Die Väter hatten lange Stöcke, auf denen sie den Kalender führten. Jeder Tag wurde auf diesen Stöcken eingekerbt, am Anfang jedes Mondes wurde eine andere Kerbe geschnitten, um den Monat zu kennzeichnen; jeder der zwölf Monate oder zwölf Mondzeiten hatte ein anderes Zeichen, an dem er zu erkennen war. Am Ende des Jahres wurde ein neuer Kerbschnitt erfunden, je nach dem Namen, den wir dem Jahre gaben. Das Jahr erhielt seinen Namen nach irgendeinem wichtigen Ereignis, das es gebracht hatte; war nichts Wichtiges geschehen, so zählte man nach einem besonderen Geschehen in der Vergangenheit. Wochen gab es nicht.

Der „Zeitrat" beschloß, daß wir nach vier „Sonnen"

unsere Wanderung nordwärts aufzunehmen hätten, um die Siksikau beizeiten für den Sonnentanz, der immer in der ersten Hälfte des August abgehalten wird, zu erreichen.

Wir zogen viele Tage nordostwärts. Dann, eines Tages, als wir an einem Flusse, dem Namaka, entlang ritten, sahen wir vor uns das große Lager des Sonnentanzes in wunderschönem Farbenbilde ausgebreitet, hoch auf der weiten, sonnigen Fläche der berühmten Talgebenen, wo seit undenklichen Zeiten die Schwarzfüße ihre Jünglinge die furchtbaren Qualen des „Kriegerwerdens" bestehen lassen.

Das gewaltige Lager vor uns war etwa drei Kilometer lang. Hunderte von schön bemalten Zelten standen in einem großen Kreis, der in der Mitte ein weites, rundes Feld offen ließ, wo alle Tänze stattfinden sollten. In der Mitte dieses Feldes sahen wir schon das Gerüst des Sonnentanz-Zeltes stehen; das sollte am Tanztage ringsum mit Tannenzweigen zugebaut werden, nur nach oben blieb es offen, damit Natose, die Sonne, herabschauen könne auf „die Seinen".

Beim Anblick des Sonnentanz-Lagers, wie es sich dort in der hellen Sonne des Nordens ausbreitete, sprangen unsere Knabenherzen in Erwartung der vielen Freuden, die wir nun erleben würden. Es würde Hunderte von Buben geben aus all den Schwarzfuß-Banden und auch aus befreundeten Stämmen, die sich alljährlich am Außenrande des Sonnentanz-Lagers ansiedelten, um diese sehenswürdige Feier der Schwarzfüße mitzumachen.

Wir zogen nun durch Hunderte, wirklich Hunderte von schlanken, wildäugigen Indianerpferden, die rings um das Lager auf der offenen Prärie frei grasten, manche mit gefesselten Vorderfüßen. Wenn sie uns kommen sahen, wieherten sie, warfen die Hinterhufe hoch in die Luft, liefen her zu uns und taten spielend, als wollten sie nach uns ausschlagen. Dann tänzelten sie steifbeinig mit hochgehobenem Schweif und Kopf im Kreis umher und führten so ihre wilde Schönheit stolz den Fremden vor. Sie benahmen sich ganz wie Kinder und freuten sich, uns zu sehen. Wir Buben begannen schon jetzt diejenigen Pferde auszusuchen, die wir gegen die unsrigen eintauschen wollten.

Als uns das große Lager aus der Ferne kommen sah, sprangen manche der Krieger auf die Pferde und ritten zur Begrüßung heraus. „Hei, hei, hei, hei, hei!" riefen sie, während sie heranritten – das hieß, sie freuten sich sehr über unser Kommen. Sie führten uns an die Stelle, die für unser Lager offen gelassen worden war. Nachdem wir dort angelangt waren und die Pferde freigelassen hatten, verließen wir Buben rasch unsere Eltern und mischten uns in das lustige Treiben der Kinder, die durch das große Lager schwärmten wie Vögel auf einem Beerenstrauch.

Wir fragten die Siksikau-Knaben, ob ihre Bande irgendwelche Kämpfe gehabt habe, seit wir uns gesehen hatten, und sie sagten: „Ja, einen." Sie fragten uns nach unseren Erlebnissen, und wir erzählten von dem Kampf mit den Krähen, und wie unsere Väter uns erlaubt hatten, bis an das Lager mit ihnen heranzuschleichen; auch wie sie uns auf die Büffeljagd mitgenommen hatten. Die Siksikau-Knaben sagten, ihr Häuptling würde ihnen so etwas nicht erlauben. Sie beneideten uns, manche von ihnen sagten, sie würden davonlaufen und mit uns gehen, wenn wir wieder aufbrächen. Sie sagten auch, es kämen jetzt weiße Menschen in ihr Land, die hätten eine Frau als Häuptling, die sie die „Große Weiße Mutter" nannten, und diese Leute unter dem „Frauenhäuptling" hätten die Indianer überredet, nicht mehr zu kämpfen. Der oberste Häuptling meinte, dies sei gut für die Indianer — so sagten die Knaben —, aber den Kriegern gefalle es nicht.

Sie fragten uns aus über den Krähenkampf. Nachdem wir die Geschichte erzählt hatten, beschlossen sie, „nach dem Muster dieses Kampfes einen großen Spielkampf mit uns auszuführen".

Zwei Wochen lang gab es Wettkämpfe in Kraft und Geschicklichkeit, wir spielten unsere Kriegsspiele und tauschten Pferde aus. Während der ganzen Zeit führten unsere Väter die verschiedenen Tänze auf, die dem großen Sonnentanze vorausgehen. Das Tamtam schlug zu jeder Stunde des Tages. Die Männer sammelten sich in Gruppen, die an verschiedenen Stellen im Lager die Tänze ihrer „Geheimbünde" abhielten.

Nachts gingen Krieger, zu zweien in eine Decke gehüllt, die Arme um die Schultern geschlungen, hinaus auf die dunkle Prärie und sangen die klagende Weise des Sonnentanz-Liedes. Sie waren „Blutsbrüder" und beteten füreinander. Jeder Indianerkrieger hat einen „Blutsbruder", dem er sich anschließt, während er noch jung ist. Diese Brüder halten ihr Leben lang zusammen, auf dem Kriegspfad und im Lager, beide sind zu jeder Zeit bereit, das Leben für den anderen einzusetzen. Zwischen ihnen gibt es keine Geheimnisse, sie stehen sich viel näher als wirkliche Brüder. Diese „Blutsbrüderschaft" ist wohl das edelste, uneigennützigste, aufopferndste und reinste Verhältnis, das je zwischen Menschen bestanden hat.

„Heh-h-h, heh-h-h, heh, hei, ho, hei-h-h!" Durch die

ganze lange Sternennacht dringt die klagende Weise von weit außen auf der Prärie an unser Ohr — das Lied des Sonnentanzes. Wir Kinder schlafen wenig in diesen Nächten, denn überall im Lager gehen geheimnisvolle heilige Handlungen vor sich. Einige der feierlichen Verrichtungen, die dem Sonnentanze vorangehen, dürfen nur nach Mitternacht ausgeführt werden, wie zum Beispiel das „Richten“ der großen Saam Okuuinuns — der Zauberpfeifen — große Pfeifen, wie Leichname in viele Hüllen eingewickelt, seit mehr als vierhundert Jahren sind sie nicht dem Tageslichte ausgesetzt gewesen. Denn sie werden nur im tiefsten Nachtdunkel ausgewickelt, keiner als der Zaubermann darf sie berühren. Wenn die Pfeife einem neuen Hüter auf ein Jahr anvertraut werden soll, so schleicht der Zaubermann mit seinem Gehilfen zu dem Betreffenden, während dieser schläft; sie tragen ihn schlafend aus seinem Zelt in ein geheimes Zauberzelt, wo die uralte Pfeife ausgewickelt, geraucht und ihm dann zur Verwahrung übergeben wird.

Es gilt als hohe Auszeichnung für den, dem eine dieser geheiligten Pfeifen anvertraut wird, denn sie soll Glück bringen.

Während all dieser Nächte hörten wir den weichen Tritt von Mokassinfüßen, — Geheimbünde der Krieger gingen im Dunkeln zu irgendeiner heiligen Handlung. Nie fiel ein Wort dabei. Manchmal lupften wir Buben die Zeltwand und lugten hinaus; wir mochten dann etwa sechs dieser hohen, in Decken gehüllten Gestalten sehen, wie sie leise durch das dunkle Lager schlichen und irgendeinen geheimnisvollen Gegenstand trugen. Der Wind blies leise durch die Zelttüre, wir lagen hell wach auf dem Rücken und blickten durch die runde Öffnung oben im Zelte hinauf zu den Sternen — da schauerte es uns wohl ein wenig wegen der vielen Geheimnisse, die unser Leben in jenen Tagen umwoben.

Die letzte Nacht vor dem wirklichen Beginn des Sonnentanzes war uns die liebste. Das große Lager sprühte von Licht, in jedem Zelt brannte ein hochflackerndes Feuer. Ging man eine Strecke hinaus auf die Prärie und sah nach dem Lager zurück, so hätte man meinen können, es säßen mehrere hundert große farbige Laternen auf der Ebene. In den Zelten ging es laut her. Überall herrschte Frohsinn, jeder war glücklich. Es war wie der Heilige Abend vor des Weißen Mannes Weihnacht.

Der Vater trat in das Zelt und sagte etwas Freundliches zu der Mutter, dann setzte er sich, um seinen Sonnentanzschmuck für morgen zu richten, dabei blickte er hinüber zu uns Kindern und sprach: „Hah! Morgen ist der große Tag. Niemand schläft heute nacht in diesem Lager. Hah-h-h! Ein großer Tag, morgen!“ Dann, während sein Antlitz von Frohsinn glänzte, begann er sein Zauberlied zu singen und legte dabei seinen Schmuck an; die Mutter flickte ihm dies und das und rieb das Hirschleder mit Bimsstein weiß.

Wir Kinder blieben wach, solange wir es vermochten, endlich sanken wir doch in Schlaf, das Knattern des Lagerfeuers noch in den Ohren. Kaum spähte das erste Tageslicht von oben in das Zelt, da wurden wir schon geweckt, und zwar von der schönsten Musik, die ich in jenen Tagen kannte, — mein Vater stimmte leise sein Zauberlied an. Wir wendeten uns auf dem Lager und sahen, noch immer verschlafen, hinüber, was es wohl gäbe. Dort vor dem frisch prasselnden Morgenfeuer saß der Vater, zupfte noch manchmal an den Hermelinschwänzen und Stachelschweinkielen seines Kleides und lächelte still heiter vor sich hin. Ich lag dann gern eine Weile und schaute unter meiner Decke hinüber zu ihm; jenes Lächeln verließ ihn nie, auch nicht, wenn er den Schmuck hinlegte und sein langes Haar flocht. Er war glücklich.

Dann stieg in unsere Nasen der wohlriechende Duft von bratendem Hirschfleisch, das die Mutter über dem Feuer bereitete. Leise richtete sie manchmal ein paar Worte an den Vater, und er antwortete ihr in den würdevollen tiefen Kehlkopflauten unserer Sprache, die die seltsame Eigenart besitzt, daß sie sehr rauh und auch sehr zart verwendet werden kann. Die edle Färbung von Stimme und Tonfall, mit der der Vater zur Mutter sprach, wenn er so allein mit ihr war, wird mir nie aus der Erinnerung schwinden.

Nachdem wir langsam wacher wurden und unsere Ohren auch die ferneren Geräusche aufnahmen, erkannten wir, daß das ganze Lager von Lärm förmlich schwirrte. Aus jedem Zelt kam der taktmäßige Klang eines Zauberliedes. In manchen Zelten hatten sich kleine Gruppen schon um ein Tamtam gesammelt, auf dem sie leise trommelten und dazu sangen. Dabei wurde überall im Lager das Frühstück bereitet.

Aus all diesem Lärm heraus drang die rauhe, tiefe Bruststimme des „Ausrufers", der die Runde im Lager machte und die Befehle des Häuptlings und des Zaubermannes verkündete.

Kurz vor Mittag entstand ein lautes Durcheinander, dann kamen zwölf junge Krieger zu Pferd in das Lager gestürmt; sie schleppten hinter sich die frisch geschnittenen Tannen, die bei einem bestimmten Zeichen des Zaubermannes über das Gerüst des Sonnentanz-Zeltes gelegt werden sollten. Etwas später kamen zwei weitere

Männer in besonderer Festkleidung mit einem Adlernest in das Lager gesprengt; das sollte auf der Spitze der Sonnentanz-Stange befestigt werden.

Genau um Mittag, wenn die Sonne gerade über uns stand, gab der Zaubermann das Zeichen zum Errichten des Zeltes.

Das war das Freilassen des allgemeinen Aufruhrs. Niemals hat man solch Lärmen gehört wie das Getöse, das nun die nächste Viertelstunde lang tobt, bis das Zelt fertig ist. Während ein halbes Hundert Männer eifrigst die Wände aus Tannengrün aufbaut, kommen hundert Krieger schießend und schreiend herangesprengt und reiten wie wahnsinnig um und um das Zelt. Viele hundert andere verursachen einen Höllenlärm mit Klappern, Glocken, Pfeifen, Schreien, Singen. Kinder laufen hin und her, um den fliegenden Pferdehufen auszuweichen. Die Eltern haben uns vollkommen vergessen, sie haben sich selbst verloren in der Aufregung dieses größten Augenblicks des ganzen Jahres. Der Geruch von Pulverdampf und Pferdeschweiß sticht förmlich in die Nasen.

Mitten in diesem Aufruhr kommt die Sonnentanz-Frau, die in einem besonderen Zelt fünf Tage lang gefastet hat, hervor und setzt sich neben den Zaubermann, gerade hinter dem großen Zelt, das nun mit Windeseile entsteht. Vor diese Frau treten alle jene Jünglinge, die die Qualen des Sonnentanzes bestehen sollen, und verneigen sich, um sich Gesicht und Handgelenke mit schwarzer Farbe bemalen zu lassen.

Dann steht plötzlich der Zaubermann auf, läuft in das Zelt und ergreift das Adlernest. Er tritt an den Fuß der Sonnentanz-Stange, die noch auf der Erde neben einem tiefen Loche liegt, und malt mit der Handfläche eine Reihe von schwarzen Ringen darum. Wenn er die Spitze der Stange erreicht, zieht er die Manteldecke gänzlich über sich, kauert nieder und befestigt so — vor allen verborgen — das Nest auf der Stangenspitze. Dann kommt der letzte Teil der Errichtung des Zeltes: Fünf Krieger stürzen heran, ergreifen die große Stange, an deren Spitze der Zaubermann sich noch immer festklammert, und stellen sie aufrecht in das Loch. Der Zaubermann schwebt nun etwa fünf Meter über der Erde; sollte er herabfallen, so wäre das das Zeichen, daß die Sonne nicht gnädig auf den Tanz sähe, und alle Feierlichkeiten müßten sogleich abgebrochen werden. Aber wir sahen nie, daß das geschah.

Nun kommt der spannende Teil des Sonnentanzes. Alle Jünglinge, die „Krieger" werden wollen, treten in das Zelt, nackt bis auf den Lendenschurz. Der Zaubermann läßt sich von seiner gefährlichen Stelle an der Spitze der Stange herabfallen, geht zu seinen Zaubergeräten und nimmt ein langes, scharfes Messer und etwa hundert Meter rohlederne Riemen. Er stellt sich neben dem kleinen Zauberfeuer auf, und die jungen Männer knien einer nach dem anderen vor ihm hin.

Der Zaubermann stößt das scharfe Messer in die linke Brust des Mannes, der vor ihm kniet, und macht einen langen tiefen Schnitt. Dann zieht er es heraus und macht einen zweiten Schnitt etwa fünf Zentimeter von dem ersten. Nun fährt er mit dem Messer unter das Fleisch zwischen diesen zwei Schnitten, und während er den Finger in die verbindende Öffnung hält, zieht er einen starken Lederriemen von etwa einem Meter Länge durch das Loch. Er bindet einen festen Knoten über das Fleisch und macht dann auf der rechten Brust die gleichen Schnitte, dort bindet er das andere Ende des Riemens fest. Wenn dies geschehen ist, hat der Jüngling – der noch keinen Laut von sich gab – einen Lederriemen an beiden Enden in seiner Brust „eingenäht". Der Zaubermann nimmt nun einen stärkeren Riemen, viele Meter lang, und bindet das eine Ende an den Riemen in der Brust des Mannes, das andere an die Sonnentanz-Stange.

Und jetzt beginnt der, der sich in den Stand des Kriegers erheben will, seinen Tanz. Er steht auf und wirbelt sich um die hohe Stange, – dabei tritt schon der nächste heran und kniet vor dem Zaubermanne hin. Die Trommeln dröhnen zu dem Singen des Sonnentanz-Liedes, und der Jüngling tanzt und zerrt an dem langen Riemen, um das Fleisch, das ihn hält, durchzureißen und sich so zu befreien. Wilder und wilder tanzt er und reißt mit aller Kraft.

Manchmal tanzten sie stundenlang, bis sie sich befreit hatten. Hielt der Jüngling die ganze Zeit aus, ohne ohnmächtig zu werden, so rief der Zaubermann einen berittenen Krieger in das Zelt; er band dann den Riemen von der Stange los und befestigte ihn an dem Pferde. Der Krieger sprengte nun rund um das Zelt, den Jüngling hinterdreinschleppend, um so das Fleisch loszureißen.

Wir Kinder liefen hinzu und sprangen auf den Rücken des Jünglings, um das Gewicht zu vergrößern. Befreite ihn das noch immer nicht, so ließ der Krieger sein Pferd einige Schritte zurücktreten und trieb es dann in einem plötzlichen Sprung vorwärts. „Swisch" – der widrige Ton von zerreißendem Fleisch, und der Jüngling stand auf, wenn er dazu noch fähig war, die ganze Brust zerfetzt und blutig herabhangend. Der Zaubermann „heilte" ihn kurz mit Kräutern, dann ging der Jüngling seines Weges – ein voller Krieger. Er hatte sich würdig erwiesen, der Stamm ließ ihn von nun an als anerkannten Krieger auf den Kriegspfad gehen. Ehe ein Jüngling diese Probe bestanden hatte, durfte er nicht gegen einen Feind ziehen, damit er dem Stamme nicht etwa durch Feigheit Schande brächte. Wer den Tanz nicht bestand, bis er das Fleisch losgerissen hatte, oder wer vorher ohnmächtig umsank, durfte nie als Krieger auftreten, noch als Krieger kämpfen.

Am Tage nach dem Sonnentanz — dem letzten Tag im Lager — wurde ein Tanz abgehalten, der etwas Ähnlichkeit mit dem Ich-sah-Tanz hatte, nur daß er viel größer war. Zwei der ersten Krieger des Stammes wurden gebeten, ihre gefährlichste Begegnung mit dem Feinde handelnd wiederzugeben.

Bei diesem Tanze wäre fast ein Unglück geschehen, da einer der Krieger, Häuptling Atsistamokon, ein wenig zu viel Wirklichkeit in seine Wiedergabe mischte.

Unter den fremden Stämmen, die gekommen waren, um dem Sonnentanze zuzusehen, war eine Bande Krie unter Häuptling Hübscher-Jüngling. Unser Häuptling Atsistamokon hatte vor zehn Jahren unten im heutigen Montana einen ganz berühmten Kampf mit Hübscher-Jüngling bestanden, wobei sie sich gegenseitig fast umgebracht hätten. Als der oberste Schwarzfuß-Häuptling Atsistamokon bat, diesen Kampf aufzuführen, meinte der, das Spiel würde sich noch spannender gestalten, wenn Hübscher-Jüngling selbst die Rolle übernähme, die er in der Wirklichkeit gespielt hatte. Hübscher-Jüngling wurde darüber befragt und willigte ein. Also luden die Schwarzfüße aller Krie unter Hübscher-Jüngling ein, herüberzukommen und diesem eigenartigen Kampfe zuzusehen. Die Krie hatten sich ein wenig außerhalb des Sonnentanz-Lagers niedergelassen, nun zogen sie alle herüber und stellten ihre Zelte unter denen der Schwarzfüße auf.

Atsistamokon hatte einen Schwarzfuß-Kriegstrupp gegen die Krie unter Häuptling Hübscher-Jüngling geführt. Sie stießen südlich von den Zypressenbergen in Montana aufeinander. In dem blutigen Kampf, der folgte, gelang es Hübscher-Jüngling, Atsistamokon so geschickt in eine Falle zu locken, daß dieser weder heraus noch zurück zu seinen Kriegern kommen konnte.

Es blieb ihm nur eine einzige Möglichkeit: tollkühn durch das große Krie-Lager zu jagen und auf sein Glück zu vertrauen, daß er lebendig durchkäme. Er hatte schon zwei Krie getötet, die zu Pferd ausgerückt waren, um ihn in seiner Falle abzutun, und er war sich der Gefahr des kühnen Versuchs voll bewußt.

Er schwang Bogen und Pfeile über die Schulter und sprang auf das Pferd des einen gefallenen Krie. Sein gewaltiges Kriegsbeil schwingend, gab er seinen Kriegsruf und trieb das Pferd vorwärts, so schnell es konnte, gerade auf das Lager der Krie zu. Die Krie-Krieger hörten seinen Ruf, und als sie ihn kommen sahen, sprangen sie auf ihre Pferde, bereit zu seinem Empfang. Er ritt durch einen wahren Regen von Pfeilen und Kugeln. Daß er nicht fiel, verblüffte die Krie derart, daß sie untätig standen, offenbar zu sehr überrascht, um die Lage voll zu erfassen und die sofortige Verfolgung ihres schon entschwindenden Opfers aufzunehmen.

Aber Häuptling Hübscher-Jüngling sprengte ihm auf dem schnellsten Pferd des Stammes nach. Er überholte ihn, ritt neben ihm her, hob den Vorderlader und schoß aus nächster Nähe. Atsistamokon duckte sich, ergriff mit einer Hand den Vorderlader und versetzte seinem Gegner mit der Streitaxt einen furchtbaren Schlag über den Kopf. Als Hübscher-Jüngling zusammensackte, warf Atsistamokon die Kriegsaxt fort, ergriff die Mähne des galoppierenden feindlichen Pferdes, schob mit einem Fuß die leblose Gestalt von dessen Rücken herab und schwang sich selbst darauf.

Er hörte die Krie hinter sich kommen. Seine einzigen Waffen waren nun Pfeil und Bogen, aber er wußte, daß er die nicht mehr brauchen würde. Denn er ritt auf dem schnellsten Pferde, das die Krie besaßen.

Er ließ sie hinter sich wie ein Pfeil. Als er das Schwarzfuß-Lager erreichte, kamen alle Leute gelaufen und fragten, wo er das prachtvolle Pferd her habe. Sie umstanden ihn gaffend, da trat sein Bruder, Viele-Schwäne, heran und zog ihm drei Pfeile aus dem Rücken.

Dies war das Treffen, das Atsistamokon und Hübscher-Jüngling nun „vorführen sollten, um den Leuten zu zeigen, wie alles geschah".

Alle fünf Stämme versammelten sich zu dem Schauspiel, dessen Erzählung sie so oft vernommen hatten. Indessen ging Hübscher-Jüngling in sein Zelt, um sich für seine Rolle auszuziehen.

Dabei sprach er zu seiner Frau:

„Ich habe in meinem Herzen noch nicht Frieden geschlossen mit Atsistamokon, und ich werde ihn töten."

Während er diese Worte sprach, sah sie ihn seinen Vorderlader nehmen und mit wirklichem Blei laden statt mit der Rolle Büffelhaar, die sie ihm bereitgelegt hatte.

Das erschreckte die Frau; als Hübscher-Jüngling einen Augenblick das Zelt verließ, lief sie rasch zum Oberhäuptling und erzählte, was ihr Mann gesagt hatte. Der Oberhäuptling ging mit ihr zurück. Er trat in das Zelt, nahm das Gewehr und entfernte daraus zwei große runde Bleikugeln; statt ihrer stopfte er einen Pfropfen von Büffelhaar in den Lauf.

Die Schwarzfüße hatten von all diesem nichts gewußt.

Die Krie kamen herüber nach dem Sonnentanz-Zelt, wo schon zwanzig Krie-Krieger zu Pferd saßen, bereit, ihren Teil des Treffens zu spielen.

Wir Knaben saßen vorn, daß wir jede Einzelheit genau sehen und nachher in unseren Spielen bei der ersten Gelegenheit wiederholen könnten.

Atsistamokon saß auf seinem Pferd und unterhielt sich mit den Krie-Kriegern, da kam Hübscher-Jüngling hereingesprengt auf einem wunderschönen kleinen buntscheckigen Hengst, der genau so aussah wie der, den ihm Atsistamokon genommen hatte. Als unsere alten Krieger die Ähnlichkeit sahen, brachen sie in nicht gelinde Verwunderung aus:

„Hanh-h-h-h“, machten sie, legten beide Zeigefinger nebeneinander, sahen zu den Krie hinüber und sprachen auf krie: „Peguin-Tapiskuts-mist-atim! Genau das gleiche — das Pferd!“

Die Krie legten die Zeigefinger ineinander (dies bedeutet in der Zeichensprache „das gleiche“), sahen hinüber zu den Schwarzfüßen und nickten mit freundlichem Lächeln.

Hübscher-Jüngling schenkte Atsistamokon gar keine Beachtung, er ritt zu den wartenden Krie-Kriegern und erklärte ihnen, was sie zu tun hatten. Dann, in einer Weise, die erkennen ließ, daß er darauf brannte anzufangen, schickte er einen Boten zu Atsistamokon und ließ ihm sagen, er möge sich an das untere Ende des Kampfplatzes begeben, die beiden Krie-Krieger, die er zu „töten“ habe, würden nun aufbrechen.

Alles lief gut ab, bis der Kampf jenen Abschnitt erreichte, wo Hübscher-Jüngling die Verfolgung von Atsistamokon bei dessen wildem Durchbruch durch das Krie-Lager aufnahm. Da geschah etwas, das uns den Atem raubte.

Als Hübscher-Jüngling an Atsistamokon vorbeisprengte, riß er mit einem Ruck sein Pferd herum und befand sich im Augenblick neben unserem Schwarzfuß-Helden. Er ließ sein Pferd knapp vor Atsistamokons laufen, drehte sich im Sattel, hob die Flinte mit der Mündung dicht vor Atsistamokon — und zog den Drücker. „Krach!" Mitten ins Gesicht schoß er ihm!

Wir sahen Blut von unseres Helden Gesicht tropfen, aber zu unserem Erstaunen führte er den Kampf weiter, als sei gar nichts geschehen. Er hob sich nur im Sitz, schwang die schwere Kriegsaxt und ließ sie mit derselben furchtbaren Wucht auf den Kopf von Hübscher-Jüngling niedersausen wie in jenem wirklichen Kampfe. Und — plink! — schlug Hübscher-Jüngling auf die Erde auf und lag dort besinnungslos und still, wie er vor zehn Jahren auch gelegen hatte.

Als wir dies sahen, meinten wir, ein allgemeiner Kampf würde losbrechen. Aber die Krie sprangen auf die Füße und riefen:

„Mewasin! Mewasin! — Es ist gut! Es ist gut!"

Und ihr Oberhäuptling kam herüber, reichte Atsistamokon und unseren anderen Häuptlingen die Hand und sagte zu Atsistamokon, „er habe recht gehandelt". Er sagte dann zu den Schwarzfüßen, daß die Krie am selben Abend einen großen Tanz zu Ehren der Schwarzfüße halten würden, und lud uns alle ein hinüberzukommen.

Atsistamokons Gesicht war nur vom Pulver verbrannt, und obwohl er die blauen Pulverzeichen für den

Rest seines Lebens trägt, hat es ihm sonst nicht geschadet.

In jener Nacht beim Krie-Tanze erhob sich Hübscher-Jüngling und kam herüber, wo Atsistamokon saß. Er stand einen Augenblick vor ihm, dann hielt er ihm die Hand hin und sprach:

„Es scheint, als sollten wir nun nicht mehr miteinander kämpfen, Atsistamokon; also meine ich, müssen wir eben Freunde sein."

Atsistamokon nahm die Hand und sprach: „So scheint es mir auch."

Damit endete die Fehde.

Eine kleine Gruppe befreundeter Krähen war dies Jahr vom Missourifluß heraufgekommen, um bei unserem Sonnentanz zuzusehen. Am Abend des Krie-Tanzes trat der Häuptling unserer Bande hinüber zu dem Häuptling der Krähen und fragte, ob er in der letzten Zeit etwas von den Okotoks Isahpo — der Stein-Bande der Krähen —, unseren Feinden, gesehen habe. Der Krähen-Häuptling sagte, sie hätten vor kurzem zusammen am oberen Missouri gelagert. Unser Häuptling fragte weiter, ob er bei denen etwas gesehen oder gehört habe von einem Schwarzfuß-Krieger namens Streifender-Nachtadler, den wir seit unserem letzten Kampfe mit den Okotoks Isahpo vermißten. Der Krähen-Häuptling sagte, sie hätten ihm alles von jenem Kampfe erzählt, aber von einem Gefangenen sei nichts erwähnt worden.

Darauf nahm unser Häuptling an, daß Streifender-Nachtadler umgekommen sein müsse, und er benachrichtigte die Verwandten von dessen Tode.

Am nächsten Tage hielten wir eine Kriegertotenfeier für Streifender-Nachtadler. Seine Frau und seine Brüder erhielten das beste Pferd des Stammes, um es „für den toten Krieger in die Geisterwelt zu schicken". Sie führten das Pferd einige hundert Meter weit auf die Prärie und erschossen es. Dann zerbrachen sie einen Bogen, einen Köcher voll Pfeile und eine Flinte, wickelten sie in einen Büffelpelz und legten alles neben das tote Pferd. Wir verbrannten auch gute Speisen. Die Geister der Speisen und der anderen zerstörten Gegenstände sollten als Gaben für den abgeschiedenen Krieger nach dem Lande der Toten wandern.

Seine Witwe hieb sich mit einem scharfen Büffelmesser große Schnittwunden in die Oberschenkel, als Zeichen der Trauer um ihren Gatten; alle anderen Frauen bemalten sich die Gesichter schwarz. Wir wußten nun, daß wir noch einmal mit den Isahpos kämpfen müßten, um den Tod eines der besten Krieger unseres Stammes zu rächen. Es war ein unwandelbares Gesetz, daß jeder Gefallene irgend einmal durch einen Verwandten des Toten gerächt werden müßte, selbst wenn dieser Verwandte wußte, er würde selbst bei dem Versuche umkommen. Wir hatten gemeint, daß wir mit den Isahpos quitt seien und vielleicht nicht mehr mit ihnen kämpfen würden, aber das Schicksal hatte nun anders entschieden. Der Tod von Streifender-Nachtadler mußte gerächt werden!

## 9

## Weiße-Stirnen

Die Nördliche Siksikau-Bande der Schwarzfüße sagte, die Apekwan — die Hudson-Bai-Gesellschaft — habe eine Handelsniederlassung drüben im Felsengebirge errichtet, wo sie Schießpulver und „Nahrung des weißen Mannes" gegen Büffelfelle austauschten. Da wir von der letzten Jagd viele Büffelfelle besaßen, empfahlen sie uns, dorthin zu gehen und „einen Tauschhandel zu machen". Und unser Häuptling beschloß, dies zu tun.

Als dann am nächsten Tage das Sonnentanz-Lager abgebrochen wurde und alle Stämme nach ihren Jagdgründen zogen, wandten wir uns westwärts nach dem Felsengebirge, dessen Schneespitzen wir schon von den Sonnentanz-Ebenen aus sahen.

Wir Kinder erwarteten mit Spannung die Begegnung mit den Weißen. Bisher hatten wir nur wenige solche Männer gesehen und nie nahe herankommen können, um sie richtig zu betrachten. Und wir brannten darauf zu wissen, wie ihre Knaben aussähen und ihre Frauen, denn diese hatten wir noch nie zu Gesicht bekommen.

Die meisten Tauschhändler, die wir gesehen hatten, waren Halbblut-Indianer gewesen, wir nannten sie mit dem Sioux-Worte Iti-skada, das heißt „Weiße-Stirnen". Diesen Namen hatten ihnen die Indianer gegeben, weil in ihren braunen Gesichtern die Stirnen immer weiß waren. Das kam wohl daher, daß sie Hüte trugen, und darum die Sonne die Indianerbräune nur dort hervorbrachte, wo die Haut frei blieb.

Wir zogen den Namaka entlang, bis wir in die Vorberge des Felsengebirges kamen; hier trafen wir zusammen mit den Suksisioketuk-Indianern — der Felsengebirgsbande der Assiniboine —, deren Jagdgründe sich in diesen Vorbergen befanden. Ihr Häuptling Wandert-gegen-den-Wind fragte uns, wer wir seien.

„Wir sind umherstreifende Siha-sapa von der Prärie, unser einziger Feind sind die Okotoks Isahpo — die Stein-Bande der Krähen —", antwortete unser Häuptling.

Der Suksisioketuk-Häuptling sagte dann:

„Wir kommen nicht mehr herab in eure Prärien, um Büffel zu jagen. Warum kommt ihr in unsere Berge, um unsere Bergschafe, Bergziegen und Riesenelche zu jagen?"

„Unser Fleisch für den Winter", erwiderte unser Häuptling, „ist schon in jenen Säcken verpackt, die ihr dort bei den Frauen seht (Pemmikan). Wir kommen nicht, um eure Bergschafe zu jagen. Eure Wa-schi-tschu — Weißen Männer — wollen wir jagen, von denen ihr die schönen weißen Decken mit den roten und schwarzen Streifen tragt."

„Ha! Nina-waschtee-waschteedo. Amba wasteetsch, Siha-sapa! — Oh! Sehr gut — außerordentlich gut. Seid uns gegrüßt, Schwarzfüße", sagte der Suksisioketuk-Häuptling.

Dann lud er unseren Häuptling ein, mit seinen Stammesleuten abzusteigen und sich zu setzen, die Suksisioketuk-Frauen würden uns etwas vom Minni-siha des Weißen Mannes — „schwarzen Wasser", das ist

Tee — bereiten. Und während wir tränken, würde er uns von den Weißen Männern erzählen.

Wir hatten noch nie Tee getrunken, und wir Buben mochten ihn gar nicht, er schmeckte bitter. Der Häuptling sagte, die Hudson-Bai-Gesellschaft habe ihnen den Tee für Pelze gegeben, und sie schienen ihn gern zu trinken.

Unsere alten Leute mochten ihn auch.

Uns Buben aber fesselte, was der Häuptling von dem Weißen Manne erzählte. Er warnte uns vor seinen Speisen, die Zähne würden uns davon ausfallen. Er erzählte von dem Brot und den Süßigkeiten, die der Weiße aß, dabei zog er die Oberlippe hoch und sagte:

„Wambadaaka — seht — meine Zähne sind gut, und so sind auch die Zähne unserer anderen alten Leute. Aber seht hier", dabei schritt er zu einem Knaben und zog dessen Lippe hinauf, „die Zähne der Jungen sind nicht gut — zuviel Speise des Weißen Mannes. Unsere Leute, wie euere auch, starben sonst nie, bis sie über hundert Jahre alt waren. Nun, da wir anfingen die Speise des Weißen Mannes zu essen, sind wir immer krank. Es geht dauernd schlimmer mit uns, bald werden wir alle davon umkommen."

Der Häuptling ergriff einen Haarschopf auf seinem Kopfe und sagte:

„Pahie — Haar — der Weiße Mann hat nichts davon oben auf seinem Kopfe. Sein Schädel ist glatt wie die Nase eines Büffels. Jedesmal, wenn der Indianer ißt, wischt er sich das Fett ins Haar. Der Weiße Mann wäscht sich mit einem schlimmen Zaubermittel — Seife —, das entfernt alles Fett, und davon fällt ihm das Haar aus. Tauscht eure Büffelfelle gegen die Decken und das Schießpulver des Weißen Mannes, aber hütet euch vor seinen Speisen, und nehmt auch nichts von dem ‚schlimmen Zaubermittel' zum Waschen des Haares."

Dann wies er mit der Hand nach den hohen Gipfeln der Schneeberge im Felsengebirge und sprach:

„Wir Nakota-Indianer (der Name, mit dem sie sich selbst nennen, er bedeutet ‚Freunde') wurden oben auf jenen Bergen erzogen, und die Prärie lag tief unter uns. Die Prärie-Indianer nennen uns ‚das hohe Volk'. Sie sagen: ‚Die Nakota sind weise wie die Tiere, sie bleiben oben in den hohen Bergen, wo die klaren, gesunden Winde blasen.'"

„Ho!" Dieser Ausruf kam von einem anderen Suksisioketuk-Häuptling, er stand auf und sagte:

„Wenn auch die Nakota manchmal Furcht in die Herzen der Prärie-Indianer jagen, sind sie nicht weise. Ihr Schwarzfüße seid weise. Wir Nakota, wenn wir hinunter auf die Prärie zu den Feinden gehen, kommen so dahergelaufen —", dabei machte er ein paar Schritte wie ein leichtsinniger Mensch. „Aber ihr Schwarzfüße seid weise. Ihr geht so", — dabei ahmte er einen weichen, geduckten Gang nach — „gerade wie der Kojot", fügte er hinzu und zwinkerte mit dem Auge. „Ihr Schwarzfüße seht alles, aber ihr laßt euch von niemandem sehen."

Unsere Krieger lachten hierüber, und die Nakota lachten mit, wir lachten alle herzlich über die Schlauheit und die Schliche unserer Krieger.

Der Suksisioketuk-Häuptling sagte, wenn wir diese Nacht auf dem flachen Grunde jenseits des Flusses lagern wollten, so würde er uns am nächsten Tage eine Anzahl seiner Stammesleute schicken, damit diese uns nach der „Langen Fahnenstange" führten, — so hieß bei ihnen die Handelsniederlassung, weil davor eine hohe

Stange mit einer Fahne stand. Unser Häuptling nahm den Vorschlag an, und wir schlugen an der angewiesenen Stelle unser Nachtlager auf.

Am nächsten Tag zogen wir nordwärts, begleitet von etwa fünfzig Suksisioketuk-Kriegern. Wir wanderten sechs Tage lang, immer am Rande der Vorberge. Am sechsten Tage hießen uns die Suksisioketuk unser Lager schon am späten Nachmittag aufschlagen; sie wollten einen Boten vorausschicken, um den Leuten bei der Handelsniederlassung unser Kommen anzuzeigen.

Nachdem wir das Lager aufgeschlagen hatten, zogen einige unserer Krieger aus, um nach Ottern zu suchen, die es in jenem Teil des Nordlandes noch recht zahlreich gab. Beim Umherstreifen kamen sie an eine Hütte und sahen sechs langhaarige Menschen mit heller Hautfarbe ein und aus gehen. Die Krieger beobachteten sie und suchten herauszufinden, was es für Menschen wären, denn sie hatten noch keine ähnlichen gesehen. Es waren keine Indianer und waren auch keine Weißen Männer. Einer unserer Krieger, Großes-Dunkel, sagte, es müßten die Frauen der Weißen sein — weiße Frauen! Sie hatten noch nie weiße Frauen gesehen, also stimmten sie alle ein, es müsse so sein.

Aber als sie ins Lager kamen und davon erzählten, sagte ein anderer Krieger, Sonnenkalb, der die Leute auch gesehen hatte, er habe es sich überlegt und glaube nun nicht mehr, daß es weiße Frauen seien; es müßten „irgendwelche andere Menschen sein", meinte er.

Darüber wurde viel hin und her geredet, und es ging so hitzig zu, daß unser Häuptling fürchtete, eine Balgerei würde daraus entstehen. Darum sagte er, die einfachste Art, den Streit zu schlichten, wäre, daß zwei Krieger eine Wette machten und eines dieser „seltsamen

Geschöpfe" einfingen; dann würden wir im Lager bestimmen, was es für Menschen seien.

Die Männer stellten jeder fünf Pferde als Einsatz zu ihrer Wette. Als es dann dunkel war, schlichen zehn Krieger, darunter auch Großes-Dunkel und Sonnenkalb, hinüber nach der Blockhütte, überfielen eines der „seltsamen Geschöpfe" und brachten es ins Lager.

Wir saßen am Lagerfeuer und warteten auf sie, laut singend, damit die Leute in der Handelsniederlassung nichts von dem Lärm des Überfalles bemerken würden. Ein erschreckt aussehendes „Geschöpf" wurde an den Rand des Feuers geführt, und Großes-Dunkel rief:

„Seht selbst. Es ist keine Frau!"

Die eine Hälfte meinte, es sei eine Frau, die andere, es sei keine Frau. Das Für und Wider wurde so lärmend, daß einige der Suksisioketuk-Krieger, die ihr Lager etwa hundert Meter weiter aufgeschlagen hatten, davon erwachten; sie kamen herüber, um zu sehen, was es gäbe.

Sie hörten sich den Streit an, dann begannen sie zu lachen. Sie lachten lange weiter, ehe sie uns erklärten, worüber sie lachten. Schließlich sagte einer von ihnen:

„Ihr unerfahrenen Schwarzfüße! Es ist weder eine weiße Frau noch sonst ein Geschöpf, das ihr je gesehen habt. Es ist ein Mann von jenseits des Minni-Tonka", dabei führte er den Arm nach dem Stillen Meere zu.

Es war ein Chinese! Einer der Chinesen, die als Köche für die weißen Goldsucher arbeiteten.

Am nächsten Morgen schickte der weiße Prediger von der Hudson-Bai-Niederlassung einen Boten und ließ ausrichten, er käme zu einem Besuche herüber. Die Suksisioketuk sagten uns, er würde von dem Wakantonka, dem Großen Geiste der Weißen, reden.

Als die Indianer die Nachricht von dem Besuch des

Predigers erfuhren, bemalten sie ihre Gesichter und legten ihre schönsten Zauberkleider an. Der Zaubermann packte seine Trommel aus — bald waren wir alle zum Empfange bereit.

Sowie wir den Prediger von weitem kommen sahen, begann der Zaubermann sein Tamtam zu schlagen und eines seiner Zauberlieder zu singen; denn er meinte, das würde den Besucher freuen, der des Weißen Mannes „Zauber" und Großen Geist vertrat. Unser Häuptling ging dem Prediger entgegen, er gab ihm die Hand und führte ihn zu unserem Prediger, dem Zaubermanne.

Nachdem sie sich die Hände gereicht hatten, hielt der Prediger eine Rede.

Er sagte: das, was unser Zaubermann vertrete, sei gänzlich wertlos. Er sprach:

„Ich wollte nicht, daß ihr euch so herrichtet. Ich möchte, daß ihr eure Gesichter abwascht und eure Zaubertrommeln wegstellt. Es gibt nur einen Gott im Himmel, und ich bin gekommen, um euch von ihm zu erzählen."

Ein Indianer unterbricht nie einen Sprechenden, selbst wenn der den ganzen Tag weitersprӓche — dies ist eine alte Höflichkeitsform unter uns Indianern —, also blieb jeder still stehen und hörte zu, während der Prediger von dem Gott der Weißen sprach. Er hielt eine sehr lange Rede.

Er sagte, die Indianer müßten ihre Waffen ablegen und friedlich neben den Weißen leben, die nun in dieses Land kämen.

Als der Missionar seine Rede beendet hatte, stand unser Häuptling auf und antwortete ihm. Er sprach:

„Warum sagst du, wir sollten gut sein? Wir Indianer sind nicht schlecht, ihr Weißen mögt das sein, aber wir sind es nicht. Wir stehlen nicht, ausgenommen, unsere Pferde sind uns gestohlen worden. Wir lügen auch nicht. Wir pflegen unsere Alten und Armen, wenn sie hilflos sind. Wir brauchen das nicht, von dem du uns erzählst."

„Aber", entgegnete der Missionar, „es gibt nur einen Gott, und ihr müßt ihn anbeten."

„Wenn das wahr ist, was du sagst", antwortete unser Häuptling, „dann beten wir Indianer denselben Gott an, dem du auch dienst — nur auf eine andere Art. Als der Große Geist, Gott, die Welt schuf, gab er dem Indianer eine Art ihn anzubeten, und dem Weißen eine andere, weil wir verschiedene Menschen sind und unser Leben verschieden führen. Der Indianer soll seine Art behalten und der Weiße die seine, alle sollen miteinander Gott huldigen, nicht gegeneinander. Der Indianer sagt dir nicht, wie du Gott dienen sollst. Wir haben es gern, wenn ihr ihn nach eurer Art anbetet, weil wir wissen, daß ihr diese Art am besten versteht."

„Aber der Große Geist, von dem du sprichst, ist nicht derselbe, den wir anbeten", sagte der Missionar.

„Dann muß es zwei Götter geben", antwortete der Häuptling. „Dein Gott machte ein Land für dich jenseits des ‚Großen Wassers'. Er gab euch Häuser, worin ihr lebt, gute Dinge zu essen und rasche Dinge zum Wandern. Er gab dem Indianer das Tipi, in dem er lebt, und den Büffel, der ihn nährt. Aber euch weißen Menschen gefiel es nicht in dem Lande, das euch Gott gab; ihr kamt hier herüber, um das Land des Indianers zu nehmen. Da ihr dies tatet, wie sollen wir wissen, falls wir eurem Gott folgten, daß er uns nicht auch nach dem Tode in euren ewigen Jagdgründen alles nähme?"

„Aber der Indianer muß beten lernen."

„Wir beten doch. Dies ist unser Gebet bei unserem Sonnentanze (Danksagungsfest):

‚Großer Geist, unser Vater, hilf uns, und zeige uns den Pfad der Wahrheit. Halte mich und die Meinen sowie den ganzen Stamm im Pfade Unseres Wahren Vaters, auf daß wir stark und gesund bleiben im Geiste und im Körper. Lehre die Kleinen deinen Pfad gehen. Schaffe auf der ganzen Welt Frieden. Wir danken dir für die Sonne und das gute Sommerwetter, das du uns wieder gabst. Und wir hoffen, sie werden gutes Gras für alle Tiere bringen und Nahrung für alle Menschen.‘ “

Während wir so redeten, kam ein Weißer und sagte, die Hudson-Bai-Leute seien bereit, uns zu empfangen, wir sollten nun herüberkommen und unsere Tauschgegenstände mitbringen. Also gaben unser Häuptling und unser Zaubermann dem Prediger die Hand und dankten ihm, daß er gekommen war und mit uns gesprochen hatte. Dann bestiegen wir alle unsere Pferde und ritten die drei Kilometer hinüber.

Auf dem Wege kamen wir an Ställen mit Kühen vorbei. Wir waren noch nie in der Nähe dieser Tiere gewesen, und von dem Geruch wurde uns schlecht. Wir mußten die Hände über die Nasen halten, während wir an den Ställen vorbeiritten. Wir Buben hatten immer gemeint, Kühe müßten stark riechen wie die Büffel, aber sie rochen nun süß wie Milch, und davon wurde uns übel zum Brechen.

Als wir bei der Niederlassung ankamen, traten die Tauschhändler heraus, um uns zu begrüßen. Die Weißen Männer kamen heran zu unseren Vätern und begannen mittels eines Dolmetschers, eines Suksisioketuk, eine Unterhaltung mit ihnen. Wir Knaben waren noch nie nahe an weiße Menschen herangekommen; während sie nun mit unseren Vätern sprachen, gingen wir und einige Krieger hinter ihnen vorbei und schnüffelten, was sie wohl für einen Geruch hätten. Sie rochen anders als die Indianer, sie rochen wie jene Kühe, und wir vertrugen den Geruch nicht.

Sie luden uns zu einem Festessen ein. Viele Speisen wurden gebracht, aber wir konnten nichts davon essen. Alles schmeckte so, wie jene Kühe gerochen hatten. In ihrem Tee war Kuhmilch, auf ihrem Brot war Kuhbutter, auf ihrem Kuchen war Kuhrahm. Selbst das Fleisch, das sie uns gaben, war Kuhfleisch. Alles Kuh! Einigen unserer Krieger wurde so schlecht, daß sie hinaus in die Büsche gehen mußten. Wir erinnerten uns, daß der Suksisioketuk-Häuptling gesagt hatte, wir sollten die Speise des Weißen meiden; und wir meinten in diesem Augenblick, schon der Geschmack genüge, um die Indianer abzutöten. Er drehte uns den Magen um, wir konnten nichts darin behalten.

Nach diesem „Festessen", das nicht lange dauerte, begannen die Weißen ihre Sachen hereinzubringen, die sie gegen Büffel- und Hermelinfelle tauschen wollten. Sie brachten viele Dinge, die wir noch nie gesehen hatten: Mehl, braunen Sirup, Brot, Äxte, Werkzeug und so weiter.

Unser Häuptling meinte, der Sirup sei Fett. Als ein Faß davon vor ihm aufgestellt wurde, griff er hinein, brachte zwei Handvoll heraus und rieb es sich ins Haar. Dabei sagte er: „Ah, dies wird gutes Fett für das Haar sein." Wir hielten das Mehl für Schnee und das Brot für einen Baumschwamm — wir hatten wenig Lust, unsere Felle gegen diese Dinge zu vertauschen.

Was unsere Krieger wollten, war Pulver und Blei

für ihre Flinten. Sie fragten fortwährend danach, aber die Händler schleppten immer wieder andere Sachen heraus. Schließlich fragte einer unserer Krieger den Suksisioketuk-Dolmetscher, wo das Pulver und die Kugeln aufbewahrt seien, und der deutete nach einem Schuppen. Darauf sagte dieser Krieger: „Kommt, wir gehen hinüber und zeigen ihnen, was wir wollen."

Alle Krieger gingen hinüber und drängten sich in diesen Schuppen. Ein Weißer war darinnen, der bekam Angst, er meinte, die Indianer wollten Schießbedarf, um das Fort anzugreifen. Er schritt zu einem großen Haufen schwarzen, glänzenden Zeugs, nahm eine Handvoll, reichte sie unserem Häuptling und sprach durch den Dolmetscher:

„Weißt du, was das ist?"

Unser Häuptling antwortete: „Nein, was ist es für Zeug?"

„Das ist Schießpulver."

„Schießpulver?"

„Ja, Schießpulver. Überzeuge dich, befühle es." Dabei reichte er es dem Häuptling.

Der Häuptling hielt beide Hände hin und ließ es sich in die Handflächen rinnen. Der Händler sprach, auf den großen Haufen deutend:

„Das ist ziemlich viel Pulver, nicht wahr?"

Der Häuptling nickte mit dem Kopfe.

„Du weißt, daß drei Zentimeter Pulver genug ist, um einen Hirsch zu töten, nicht wahr?"

„Ja."

„Nun, du kannst dir denken, was geschehen würde, wenn ich den ganzen Haufen ansteckte. Und das werde ich tun, wenn ihr hier Händel anfangt. Ich gebe einen einzigen Schuß und vernichte die ganze Gesellschaft."

„Tsumahts", sprach der Häuptling, sich zu dem Dolmetscher wendend.

„Was sagt er?" fragte der Händler.

„Er will eins von euren Zündhölzern", sagte der Dolmetscher.

„Wozu?" fragte der Händler.

„Er sagt, er wolle eine Handvoll Pulver auf den Boden legen und anzünden, um zu sehen, ob es gutes Pulver ist, ehe er dafür seine Büffelfelle gibt."

Das Gesicht des Händlers wurde aschgrau. Er warf seine Schachtel Zündhölzer dem Dolmetscher zu und rief: „Lauf! Und laß dich von niemandem aufhalten, bis du sie in den Bach geworfen hast!"

Aber ehe der Suksisioketuk etwas sagen konnte, hob unser Häuptling die Hand nach dem Dolmetscher und sprach mit einem leisen Kichern:

„Bleib! Sag dem weißen Manne, daß der Schwarzfuß auch gern einmal einen kleinen Witz macht. Sag ihm, wenn der Schwarzfuß auf den Kriegspfad geht, zieht er die Kleider aus und bemalt sich. Nun soll er uns sagen, wieviel Pulver er für jeden Büffelpelz geben will — und Decken möchten wir auch einige."

Mit einem kümmerlichen Lächeln sprach der Händler:

„Wir hörten gestern abend, daß ihr plündernde Indianer wärt. Einige Goldsucher erzählten, ihr hättet ihr Kochhaus ausgeraubt. Aber es scheint wohl ein Irrtum zu sein."

Da lachte der Suksisioketuk-Dolmetscher und erzählte dem Händler, was mit dem chinesischen Koche geschehen war. Der lachte lange über diesen heiteren Vorfall. Dann sprach er:

„Nun hab' ich den ganzen Haufen Schießpulver umsonst hier herausschaffen lassen. Kommt her mit euren

Fellen, Freunde, wir wollen einen guten Handel miteinander machen.“

Als wir die Niederlassung verließen, besaßen wir genug Pulver, um alle Tiere auf der ganzen Prärie zu schießen. Jedes freie Pferd war mit Pulver und Blei und Decken beladen.

## 10

## Bergschafe, Bergziegen, Berglöwen

Da wir nun fast alle unsere Büffelfelle für Schießstoff, Flinten und Decken hergegeben hatten, meinte unser Häuptling, der Winter, der bald fällig war, würde uns ohne genügend Felle antreffen; er begann darum, sich nach einem guten Jagdgebiet umzusehen. Die „Decken des Weißen Mannes“ gefielen ihm wegen ihres Aussehens, aber er glaubte nicht, daß sie uns bei der strengen Kälte, der wir entgegengingen, sobald wir wieder auf die Prärie kämen, warm halten würden. Er fragte die Suksisioketuk-Krieger, ob es im Felsengebirge Jagdgründe gäbe, wo wir jagen könnten, ohne unser Wort an den Ersten Häuptling zu brechen. Sie sagten, wir würden genügend Bergschafe, Bergziegen, Luchse, Bären, Füchse, Wölfe und Berglöwen finden, wenn wir eine Strecke ins Innere des Gebirges zögen. Sie rieten ihm, hinunter in das Gebiet der Kutenai und Flachköpfe (der nördliche Teil des heutigen Idaho) zu gehen; denn jene Stämme seien ihre Feinde, und den Suksisioketuk wäre es gleich, wieviel wir in jenem Teil der Berge jagten; so sagten sie.

Sie gaben uns zwei ihrer Führer, die uns über die Große Wasserscheide des Felsengebirges bringen sollten. Als sie uns über das Felsengebirge und auf ein großes Hochland zwischen diesem und dem Küstengebirge gebracht hatten, verließen sie uns und sagten, wir sollten nur immer nach Süden wandern, da würden wir vollauf genügend Wild finden.

Es war das erstemal, daß wir Buben ins Innere des Felsengebirges kamen, und wir bestaunten die hohen Felsenwände, die uns nach allen Seiten umgaben, während wir lagerten, wanderten und wieder lagerten. Obwohl es noch Spätsommer war, lag der Schnee auf manchen hohen Jochen so tief, daß wir öfters Pferde verloren. Sie blieben bis zum Bauche im Schnee stecken, wir mußten andere Pferde vorspannen und ziehen lassen, bis sie wieder Fuß faßten. Aber als wir auf die Hochebene kamen, war es sehr heiß und trocken, es gab auch genügend Bündelgras für die Pferde.

Eines Tages durchschritten wir einen Fluß und gerieten auf dem anderen Ufer mitten in das Lager eines fremden Indianerstammes. Wir wußten nicht, wer sie waren, und sie kannten uns auch nicht. Sie waren nicht wie andere Indianer, wir hatten noch keine solchen gesehen. Sie waren sehr klein im Vergleich zu unseren Kriegern, die meist zwei Meter maßen. Sie hatten große Köpfe und kurze Beine, ihre Kleider waren anders — ganz ohne Federschmuck —, und sie lebten in Tipis aus trockenen Grasmatten. Ihre Gesichter waren auch nicht so dunkel und rot wie unsere.

Als sie uns sahen, benahmen sie sich nicht wie andere Indianer: sie lächelten und blickten sogleich freundlich. Ihre Kinder blieben nicht abseits stehen und starrten uns nicht teilnahmslos an, wie es die „fremden Indianer“ auf der Prärie taten; sie kamen gleich auf uns zu und redeten uns an, obwohl wir sie nicht verstanden.

Unser Häuptling begann mit der Zeichensprache, aber einer ihrer Männer, der der Häuptling zu sein schien, winkte mit der Hand, er verstehe diese Sprache nicht. Er ging jedoch in ein Tipi und brachte einen verkrüppelten Kerl mit einem verbogenen Bein, den führte er zu unserem Häuptling und machte mit den Händen Zeichen, nun wieder zu reden. Dieser Krüppel verstand die Zeichensprache. Er sagte, dies sei ein Lager der Schuswap-Indianer, er selbst sei ein Kutenai, der eine ihrer Frauen geheiratet habe, darum verstünde er die Zeichensprache. Die Kutenai waren unsere Feinde, wir hatten oft mit ihnen gekämpft.

Wir brauchten ihm nicht zu sagen, daß wir Schwarzfüße von der Prärie waren, denn er erkannte das an unseren Mokassins, deren Sohlen nicht in einem Stück mit dem übrigen Teil des Schuhes zusammenhingen wie bei den Bergindianern; er bemerkte auch, wie wir das Haar kämmten -- gerade nach hinten und auf beiden Seiten geflochten. An unserer Haartracht erkannten alle Indianer, daß wir keine Sioux waren, obwohl wir diesen sonst körperlich sehr ähnlich sahen. Der Unterschied bestand darin, daß die Sioux-Krieger ihr Haar in der Mitte scheitelten wie unsere Frauen, ohne einen Teil oben zum Zurückkämmen zu lassen. Darum nannten wir die Sioux Kah-es-pah, das heißt, „die, die das Haar in der Mitte scheiteln".

Der Kutenai sagte:

„Ich sehe an eurer Haartracht und euren Mokassins, daß ihr keine Sioux seid. Wäret ihr Sioux, so könnten wir euch nicht im Lager der Schuswap willkommen heißen. Sie sind nicht Freunde der Suksisioketuk." Die Suksisioketuk waren ein Ausläufer des Stammes der Sioux.

Er fragte, was wir wollten, und unser Häuptling sagte ihm, wir wollten jagen. Dann wandte sich dieser Kutenai zu dem Schuswap-Häuptling und sagte etwas. Wieder zu unserem Häuptling gewandt, sprach er:

„Der Häuptling der Schuswap sagt dies: Wir sind mit den Kutenais verbündet. Uns und den Kutenais gehört das Gebiet südlich von hier, so weit ein Mensch in fünfzehn Tagen wandern kann. Wir bitten euch, nicht in unserem Gebiete zu jagen. Aber wir wollen euch zeigen, wo ihr nördlich von hier genug Wild finden werdet. Sagt, was ihr sucht, und wir werden euch beschreiben, wohin ihr am besten geht."

Unser Häuptling erklärte es ihm, dann rief er unsere drei Kundschafter herbei, damit sie den Weisungen des Schuswap-Häuptlings zuhörten.

Danach setzte uns der Schuswap-Häuptling auseinander, wir brauchten Schneeschuhe, wenn wir nördlich zögen, denn wir würden auf der Rückkehr durch tiefen Schnee kommen. Also wurde ein Handel verabredet: wir gaben eine Anzahl unserer guten Pferde für alle Schneeschuhe, die die Schuswap besaßen.

Einen Tag ruhten wir, dann zogen wir nordwärts über die gebirgige Hochebene in ein Land, das noch keiner von uns gesehen hatte.

Nachdem wir etwa zehn Tage gewandert waren, fanden wir viele Bergschafe und Bergziegen. Die Schafe waren leicht zu jagen und zu töten, aber den Ziegen kam man fast nicht nach. Während die Schafe in Herden auf den Berghängen grasten, standen die Ziegen einzeln Hunderte von Metern über uns auf den steilsten Wänden. Sie erschienen uns, da wir unten an den Bergen entlang zogen, wie kleine weiße Punkte, so hoch standen sie. Sie fraßen das Moos, das auf den Felsen wuchs, während die Schafe gern in den tieferen Lagen grasten. Das Schaffleisch war zwar gut, aber wir wollten den

Pelz der Ziegen; denn die Bergziege trägt Wolle, während das Bergschaf keine hat — gerade umgekehrt wie bei zahmen Schafen und Ziegen.

Wir füllten jedoch unseren Vorrat an schweren Pelzen etwas auf, indem wir eine Anzahl Griselbären erbeuteten. Sie waren zu dieser Jahreszeit leichter zu jagen, denn sie waren schon fett und faul vor ihrem Winterschlaf. Wir blieben immer einige Tage im Lager, während unsere Krieger auf die Jagd zogen.

Die Mütter hatten vollauf zu tun, die Pelze herzurichten und sie zu Mänteln, Kleidern und Leder zu verarbeiten; wir Buben vertrieben uns die Zeit damit, Murmeltiere und Berg-Erdeichhörnchen zu jagen. Das große, fette, pfeifende Murmeltier konnten wir im Laufe fangen, aber das Berg-Erdeichhörnchen, ein größerer Bruder unseres Präriehundes, war schlauer, wir mußten ihm Fallen stellen. Es war so argwöhnisch, daß es jedesmal, ehe es aus seinem Loche kam, erst den Kopf herausstreckte und nach allen Seiten spähte, dann erst hüpfte es heraus. Also machten wir lange Schlingen aus hirschledernen Riemen und ließen am einen Ende eine lockere Schleife. Die Schleife legten wir über das Loch des Erdeichhörnchens und warteten, bis es den Kopf herausstreckte. Dann zogen wir den Riemen rasch an und fingen den Burschen mit der Schlinge um den Hals. Nachdem wir so eine Anzahl Erdeichhörnchen gefangen hatten, schleppten wir sie ins Lager und ließen sie mit unseren Hunden kämpfen.

Eines Tages erlebten wir eine große Überraschung, die uns fast das Leben gekostet hätte. Wir fanden ein größeres Loch und meinten, es sei die Höhle eines Murmeltieres. Also legten wir unsere Schlinge und warteten. Nach einer Weile kam ein großer, brauner, zottiger

Kopf aus dem Loch, und wir rissen den Riemen an. Es gab einen furchtbaren Schrei, der klang mehr menschlich als irgend etwas, das ich noch je von einem Tiere vernahm, und —

Bei dem ersten Blick auf das Ding, das wir aus dem Loche gezogen hatten, fielen wir fast um vor Schreck. Noch nie hatten wir so etwas gesehen. Mit furchtbaren Zähnen und Krallen kam ein dunkelbraunes, zottiges Ding auf uns zugeschossen, flink wie geschmierter Blitz. Glücklicherweise hatten wir drei große Wolfshunde dabei, die stürzten sich sogleich auf das Tier. Allem Anscheine nach hatte auch dies Tier noch nie Hunde gesehen; denn es ließ von uns ab und ging stracks auf diese wilden, knurrenden Ungetüme los — das hatten wir noch nie gesehen, kein Tier hatte bisher den Mut gehabt, unsere Wolfshunde anzugreifen. Im Nu hatte das Ungeheuer den einen Hund bei der Gurgel erfaßt, es kugelte sich auf den Rücken und riß ihm förmlich den Kopf ab, ehe es die anderen Hunde erreichen konnten.

Die beiden anderen Hunde, Ponoka und Nisitsi-Stumiks (Elch und Fünf-Bullen) warfen sich mit peitschenden Schweifen in den Kampf, wir standen nur und schauten auf das Gewirbel, zu erschrocken, um uns von der Stelle zu rühren. Es war der aufregendste Kampf, den ich je gesehen hatte, — nichts als eine wirbelnde Masse von gelblichbraunem Haar und brauner Wolle. Blut spritzte nach allen Seiten, und immer wieder stieß das furchtbare Waldungeheuer jene unheimlichen, menschenähnlichen Klagerufe aus. Es rollte, sprang und kämpfte wie ein halbes Dutzend wilder Tiere in einem vereinigt — und war doch nicht halb so groß wie einer unserer gewaltigen Wolfshunde.

Als wir unsere Sinne langsam wieder gesammelt

hatten, zogen wir sachte nach rückwärts ab und kletterten auf einen kleinen Felsen, jeden Augenblick bereit, die Flucht zu ergreifen. Doch da hörten wir etwas, wie wenn ein Mann grunze, wendeten und sahen Ponoka, den Hund, der einen vollerwachsenen Elch im Lauf eingeholt und getötet hatte, die langen weißen Fangzähne in den krausen Hals des sterbenden Tieres versenken. Wild knurrend peitschte der große Wolfshund mit dem Tier die Erde, er schwankte förmlich von einer Seite zur anderen, seine Augen glänzten vor Mordlust und Rachebegierde.

Als sich das Tier schließlich trotz allen Schüttelns nicht mehr bewegte, mochte er es nur ungern loslassen, sein Rachedurst war noch gar nicht gestillt. Er ließ es fallen, hoffend, es würde sich noch einmal regen. Aber es blieb tot liegen. Noch einmal stürzte er sich darauf und schlitzte es mit einem langen Riß seiner blitzend weißen Zähne von unten bis oben auf. Dann hinkte er hinüber zu seinem toten Freunde, beroch ihn, heulte, leckte das Blut, das ihm selbst von den Beinen tropfte, und heulte wieder. Wir vernahmen einen neuen fremden Laut und sahen unseren Hund Ponoka über einen Hang hinabspringen. Als wir ihm nachliefen, lag dort in einer Schlucht Fünf-Bullen, zerrissen, zerfetzt — toll geworden vor Schmerz.

Seine Augen überglasten sich bereits. Ponoka wollte zu ihm gehen, aber er biß in seiner Verwirrung wild nach ihm. Dabei sah sein verstümmelter Kopf eher aus wie der Kopf einer Klapperschlange als der eines Hundes. Ponoka begriff wohl, wie es stand. Er blickte ihn an und heulte, dann drehte er sich um und sah schmerzhaft auf uns. Wir riefen ihn ab. Er kam mit uns den Hang hinauf, aber als er das häßliche, zottige Ungetüm wieder sah, stürzte er sich noch einmal darauf und schleppte es dann grimmig knurrend mit den Zähnen den ganzen Weg zurück ins Lager.

Bestürzung ergriff das Lager, als man erfuhr, was wir — ohne Waffen — erbeutet hatten.

Es war ein Wulverin (brauner Vielfraß)! Der Wulverin, der tolle König des Felsengebirges, der Töter des Elchs und des Bären und des Riesenelchs — das gefährlichste Tier, das der Indianer kennt!

Unsere Väter bestraften uns dafür, daß wir Dinge aus der Erde zogen, von denen wir nichts wußten. Sie drohten uns mit dem Rohlederriemen, falls wir noch einmal in jener fremden Gegend „jagen" gingen.

Nördlich von der Stelle, wo wir jetzt lagerten, war eine glatte Felsenwand von etwa siebenhundert Meter Höhe; sie begann hier und verlief nach Norden weiter, so weit man sehen konnte. Unsere Väter sagten, dieser steile, graugelbe Höhenzug sei ein Berglöwengelände; sie beschlossen, das Lager näher heranzuholen und zu versuchen, einige dieser großen Tiere zu erbeuten, damit wir uns aus den gelben Pelzen Lederstrümpfe machen könnten.

Wir zogen also alle dicht an die Felsenwand heran und blieben einige Tage dort, während die Jäger hoch oben auf den schwindligen Felsblöcken nach Berglöwen jagten. Sie kletterten die schmalen Pfade der Bergziege hinauf, die meist lebensgefährlich am Rande des Abgrunds laufen; dort pirschten sie nach dem listigen Berglöwen, der gern neben dem Pfad auf eine ahnungslose Bergziege lauert.

Am zwei en Tag der Jagd „bearbeiteten" zwei junge Krieger zugleich zwei dieser Bergziegenpfade. Die Pfade liefen hoch oben in der Wand, einer etwa zwanzig Meter über dem anderen. Der eine Krieger, Wandernder-Wolf,

„beging" den oberen Pfad, während der andere, Gestreifter-Hund, den unteren nahm; dabei suchten sie sich gegenseitig im Auge zu behalten. Sie befanden sich etwa hundert Meter auseinander, Gestreifter-Hund ging auf dem unteren Pfade ein Stück voraus.

Einmal, als Wandernder-Wolf nach unten spähte, sah er gerade über dem unteren Pfade etwas liegen, das nicht wie Felsen aussah — es war gelber und brauner als die umgebende Wand von grauem Stein. Es lag kaum zehn Meter vor seinem Freunde, und obwohl es sich nicht bewegte, sah er doch, daß es ein Tier war. Er rief eine Warnung herab zu Gestreifter-Hund, aber ehe er dessen Ohr erreichte, war der schon dicht an die Stelle gekommen, wo das fremdartige Ding lag. Und eben als Gestreifter-Hund den Kopf nach seinem rufenden Begleiter wandte, machte das Tier einen Sprung — wie es schien, genau auf die Schultern des nichtsahnenden Mannes.

Mit aller Geschwindigkeit, die er sich auf der steilen Wand getraute, eilte Wandernder-Wolf zurück an die Gabelung, von der die beiden Pfade auseinandergingen, und dann weiter an die Stelle, wo er seinen Freund zuletzt gesehen hatte. Als er ankam, hockte Gestreifter-Hund im Pfade und zog einem Berglöwen das Fell ab.

Der Löwe war etwa zwei Meter vor ihm herabgesprungen, wahrscheinlich in der Meinung, eine Bergziege käme daher. Als er seinen Irrtum bemerkte, stand er vor Überraschung einen Augenblick regungslos still. Und während er so kauerte, hatte Gestreifter-Hund die Flinte gehoben und ihn durchs Herz geschossen. Der Löwe, ein großes männliches Tier, maß fast dreiundeinenhalben Meter von der Nase bis zur Schwanzspitze.

Eines Tages, als die Frauen an den paar erbeuteten Berglöwenfellen arbeiteten, kam vom Gletscher vor uns ein schwerer Windstoß herab; der Sturmwind fegte eine Viertelstunde lang durch unser Lager und riß die Zelte um, als wären sie aus Papier. Bäume stürzten übereinander wie Streichhölzer. Zwei Zelte gerieten in Flammen, dabei wurden drei Frauen schlimm verbrannt, ehe sie hervorkriechen konnten. Die Stangen des Pferdepferchs flogen um, und unsere Pferde jagten in wilder Flucht das Tal hinab. Wir Kinder wurden umhergewirbelt wie kleine Stücke Holz. Kaum hatten wir uns auf die Füße gearbeitet, so schlugen wir wieder gegen die Erde. Zuerst johlten wir und hielten es für einen Hauptspaß, aber als wir das Feuer und die davonjagenden Pferde sahen, kriegten wir Angst und legten uns platt auf den Bauch. Die Pferde donnerten über uns hinweg, sie wichen dabei aus mit einer Geschicklichkeit, als wären sie Hunde; manche sprangen quer über uns, aber keins berührte irgendeinen von uns.

Nachdem der Wind etwa eine Viertelstunde lang getobt hatte, schlugen dicke Klumpen von nassem Schnee uns gegen das Gesicht, und bald befanden wir uns mitten in einem gewaltigen Schneesturm. Der Winter war in das Felsengebirge eingebrochen. Je mehr der Wind nachließ, um so dichter fiel der Schnee.

Es schneite den ganzen Tag und die ganze Nacht und auch noch den folgenden Tag. Unsere Väter suchten auf ihren Schneeschuhen nach den Pferden, aber diese mußten mit dem Sturm immer weiter gelaufen sein; wir bekamen kein einziges wieder zu sehen. Vielleicht streifen jetzt ihre Nachkommen unter den Herden von wilden Pferden im Felsengebirge umher.

## II

## Felsen-Donners Sterbelied

Nun hieß es, entweder den Winter über hierbleiben, oder versuchen, auf Schneeschuhen unsere ferne Heimat in der Prärie zu erreichen.

Die Frauen machten sich sogleich an die Arbeit, Schneeschuhe anzufertigen, sie benutzten dabei die, welche wir von den Schuswap erhalten hatten, als Vorbilder. Zuerst machten sie für uns Knaben Schneeschuhe, damit wir uns üben konnten. Das gab großen Spaß. Die Väter gingen mit und zeigten uns, wie man darauf lief: Knie steif halten und die Beine von der Hüfte aus schwingen. Bald hielten wir schon Wettläufe über hundert Meter und mehr auf Schneeschuhen ab und kamen zur großen Zufriedenheit der Eltern ganz gut vorwärts. Dann lernten wir kleine Hänge hinabrutschen, wenn man zufällig an solche kam. Dies gefiel uns so gut, daß die Väter uns verbieten mußten, es im Übermaß zu „üben", denn wir hätten dabei unsere Schneeschuhe abgenutzt.

Bald hatten wir so viel Schneeschuhe, wie wir brauchten, und noch einige Paar darüber, die unsere Mütter mit jener Berechnung und Vorsorge angefertigt hatten, die beim Indianer hauptsächlich den Frauen angehört.

Es war schon bald so weit, daß wir dies Lager verlassen sollten, da fragten uns eines Morgens unsere Väter, ob wir während der Nacht auf den Schneeschuhen draußen gewesen seien. Wir sagten: „Nein." Sie fragten, ob wir „bei dem Horn schwören würden", nicht draußen gewesen zu sein. Wir antworteten: „Ja." Sie glaubten uns und riefen uns nicht vor das Horn; aber sie begriffen nun nicht, woher die Schneeschuhspuren um unser Lager kämen, denn es war in der Nacht frischer Schnee gefallen. Die Kundschafter untersuchten die Spuren und verfolgten sie eine Strecke. Als sie zurückkamen, sagten sie, die Spuren kämen nicht von der Art Schneeschuhe, die wir trugen, sie seien länger und schmäler.

Während noch das ganze Lager sich über diese Spuren den Kopf zerbrach, kam eine alte Frau namens Wolfsweib in das Lager gelaufen und hielt die Hand über den Mund zum Zeichen, daß sie etwas Schlimmes mitzuteilen habe.

„Tsumah-tsi-tsi? Nino? — Wo ist er, der Häuptling?" sagte sie atemlos, noch immer die Hand über den Mund haltend.

Alle Frauen hielten nun die linke Hand über den Mund und warteten sprachlos, was kommen würde.

Die Alte lief hinüber zu einem der Unterhäuptlinge und sagte mit zitternder Stimme:

„Alle sind dahin in Roter-Hunds Lager — umgebracht!"

„Hanh-h-h-h-h-h-h-h!" riefen die Frauen.

„Hai-jah-h-h-h-h-h!" Ein tiefer, bellender Kriegsruf sprang aus der Brust unserer Krieger und durchdrang das Lager wie ein Trompetenstoß.

Alle gingen schnellen Schrittes nach dem Lager von Roter-Hund, der mit seiner Familie von sieben Köpfen sein Zelt weiter unten im Tal, abseits vom Hauptlager, aufgebaut hatte.

Als wir dort ankamen, fanden wir fünf Menschen tot. Es war kein Blut zu sehen, ihre Körper zeigten keine Wunden, aber ihre Hälse waren blau angeschwollen. Sie waren im Schlaf erdrosselt worden, einer nach dem anderen.

Wir liefen im Schnee umher und suchten die anderen zwei, fanden aber keine Zeichen von ihnen. Es waren die beiden Töchter von Roter-Hund, siebzehn und achtzehn Jahre alt. Stundenlanges Suchen brachte keinen Anhalt über ihren Verbleib.

Schließlich befahl der Häuptling, das Lager abzubrechen und der geheimnisvollen Schneeschuhspur nachzugehen, die unsere Kundschafter schon eine Strecke weit verfolgt hatten. Die alten Leute mit den Frauen und Kindern sollten nachfolgen, damit die Krieger mit voller Geschwindigkeit vorwärts kämen. Die Krieger nahmen nichts mit, auch nichts zu essen, nur ihre Flinten und Schneeschuhe. Sie ließen einen jungen Pfadfinder bei uns, der uns auf der rechten Spur halten sollte, dann zogen sie im raschen Hundetrab los.

Glücklicherweise war der Schnee stark verharscht, das half ihnen schnell vorwärtskommen, denn der Schneeschuh schlitterte immer eine Strecke, wenn sie ihn vorwärtsschoben. Der harte Schnee ermöglichte es uns auch, die Hunde als Packtiere zu verwenden — ihre Füße brachen nicht ein.

Am Abend des dritten Tages kam ein schneller Läufer zurück zu uns, um uns zu sagen, daß der Feind, den wir verfolgten, die Assinahs — Nördliche Krie — seien, die uns jedenfalls für Schuswap gehalten hatten. Der Bote sagte, unsere Leute hätten schon mehrmals den Krie-Lagerplatz vom Abend vorher erreicht, sie gewännen einen Vorteil dadurch, daß sie von dem Biberfleisch lebten, das die Krie in ihren Lagern zurückließen. Daß es Krie waren, erkannten sie an einem aufgefundenen Mokassin, der mit Kreisbildern verziert war, nach der Art der Nördlichen Busch-Krie.

Der Bote sagte, es sei offenbar, daß die Krie keine Angst vor einer Verfolgung hatten, denn ihre Schneeschuhe waren die schnellsten im ganzen Nordwesten. Sie dachten gar nicht an die Möglichkeit, von den langsamen Schuswap-Schneeschuhen eingeholt zu werden; denn obwohl sie leicht und rasch wanderten, ließen sie sich jede Nacht Zeit zum Schlafen.

Wir lebten von unseren Pemmikanvorräten und zogen ohne Hast den dahineilenden Kriegern nach. Es ging uns ganz erträglich, aber die Hunde hatten von Tag zu Tag schlimmer zu leiden. Unter dem Druck ihrer schweren Lasten begannen sie zu bluten. Ihre Füße waren von dem eisigen Harsch so zerschnitten und blutig, daß wir halten mußten, um ihnen „Mokassins" zu machen. Die Frauen nahmen viereckige Stücke Hirschleder, füllten sie mit Büffelhaar und banden sie ihnen über die Pfoten. Nachdem sie so alle „beschlagen" waren, sahen die Hunde aus, als trügen sie Boxhandschuhe an den Pfoten.

Unsere Hunde hatten mehr Wolfs- als Hundeblut — es waren gewaltige Kerle, groß wie zweijährige Kälber —, aber ich lernte in jenen Tagen von ihnen etwas über Hundeart, das ich noch nicht gewußt hatte, etwas, das ich durch all die Jahre nicht vergaß, und das mir eine freundliche Einstellung zu diesem Tiere gab. Ich hatte vorher nicht gewußt, daß der Hund auch ein Gefühl besitzt, daß er dankbarer und selbstloser sein kann als die meisten Menschen.

Einer unserer Hunde war kleiner als die anderen, er

hatte weniger vom Wolfe erhalten. Sein wildes Blut stammte vom kleinen Kojoten, dem Präriewolfe, seine Mutter war ein grauer Mischling gewesen. Wahrscheinlich aus diesem Grunde waren alle Hunde im Lager gegen ihn — alle bis auf einen: ein großer dunkelgrauer Sproß von Hirschhund und Waldwolf, der unter den anderen Hunden richtig Würde besaß. Dieser große Kerl „schnupperte sich" immer freundlich mit dem kleinen Ausgestoßenen, er war nie so schlecht aufgelegt, daß er den kleinen Kerl vertrieben hätte, wenn dieser mit ihm spielen wollte, er ließ sich von ihm sogar in die Beine beißen. Wir Knaben hatten dies schon immer bemerkt, und wir warfen den anderen Hunden oft ein Stück Holz nach, wenn sie diesen kleinen Knirps bissen.

Dieser Kojotenmischling war so klein, daß ihm die Frauen nichts auf den Rücken packen konnten, er durfte als einziger Hund des ganzen Lagers auf diesem denkwürdigen Zuge frei laufen. Als den Hunden die Füße wund wurden, ging es dem großen Hirsch- und Wolfshund, der Bullenkopf hieß, schlimmer als den meisten anderen. Seine Füße waren derart zerschnitten, daß sie stellenweise erfroren, er hinkte erbärmlich unter seiner Last.

Wir Buben gingen hinter den Hunden her, und ich hatte Bullenkopf den ganzen Tag beobachtet. Ich dachte mir, wenn er ein Mensch wäre, so wäre er ein großer Häuptling geworden, denn so würdevoll wie er war kein anderer von unseren vielen Lagerhunden. Während die anderen Hunde trotz ihrer Lasten manchmal zu spielen versuchten und mit heraushängender Zunge sich nach jedem kleinsten Geräusch umsahen, wendete der alte Bullenkopf niemals das Haupt oder machte auch nur die geringste unnötige Bewegung. Seine Schultern bewegten sich kaum bei dem leichten, schwingenden Paßgang, den er mit seinen geschwollenen Füßen sicher nur schwer und mit Schmerzen einhielt. Weiter und weiter trabte er, das Maul kaum geöffnet, die Zunge hoch im Rachen, anstatt sie heraushängen zu lassen — dazu war er viel zu sehr Waldwolf.

Gegen den späten Nachmittag wurde es ihm so mühsam, daß er öfters stolperte, der große dunkelgraue Körper schwankte sichtbar unter der aufgeladenen Last. Seine erfrorenen Füße bluteten durch die Hirschhaut und ließen kleine rote Flecken in seiner Spur. Der kleine Kojotenmischling hatte sich längst müde gespielt, er hatte links und rechts nach irgend etwas zum Anschnüffeln gesucht, nun trottete er mit uns Buben — bei den anderen Hunden zu gehen, fürchtete er sich.

Ich wurde auf den kleinen Kerl aufmerksam, als er plötzlich stehenblieb, daß ich über ihn stolpern mußte. Er schnüffelte an der Erde — an den kleinen roten Blutspuren. Er mußte den Geruch erkannt haben, denn er stieß ein tiefes rauhes Bellen aus und lief schnell nach vorne. Ganz zielsicher lief er sogleich zu Bullenkopf, — und dann lehnte er seinen Körper schwer gegen den großen Freund und schob mit seiner vollen Zwergenkraft vorwärts. Eine der Frauen kam und versetzte ihm einen Fußtritt; aber kaum hatte sie den Rücken gedreht, da lehnte und schob er schon wieder gegen den schmerzenden Körper seines einzigen Freundes. Als die Frau wiederkam, diesmal mit einem Stock in der Hand, schaute der kleine Kerl in großer Angst hinauf zu ihr, aber er wich nicht von der Stelle. Die Augen kugelten ihm vor Angst, aber er blieb an seinem Posten und schob nur noch mehr, obwohl er wußte, daß er einen schweren Schlag auf die Rippen kriegen würde.

Ich konnte nicht zusehen, daß die Frau ihn noch einmal schlug. Ich bat sie, nicht zu schlagen, sondern ihn zu beobachten, um zu sehen, was er wolle. Die Frau schritt eine Weile daneben und betrachtete ihn, dann lächelte sie und sagte: „An-h-h!" Und sie streichelte den kleinen Kerl über den Kopf, ehe sie zu den Frauen zurückkehrte. Nie werde ich diesen Hund vergessen, der so neben seinem kranken Freunde aushielt, bis uns die Dunkelheit zwang, das Lager aufzuschlagen.

Unser jämmerlicher Zug schleppte sich schon den vierten Tag dahin, da begannen vor uns Dinge zu geschehen.

Spät am Nachmittag dieses Tages gingen zwei von unserer fliegenden Kriegertruppe — jetzt schon viele Meilen vor uns — den anderen voraus. Sie bemerkten auf der Spur vor ihnen zwei Mädchen und liefen zurück, um es dem Häuptling zu sagen. Die drei eilten tief gebückt vorwärts und suchten die langsam weiterziehenden Gestalten zu beobachten. Als sie bis auf zweihundert Meter herangekommen waren, erkannten sie in ihnen die beiden vermißten Schwarzfuß-Mädchen, Hermelinschwanz und Vogelhaut, und sie vergrößerten ihre Schnelligkeit, mit der äußersten Sorgfalt heranpirschend. Als sie nur noch ein paar Meter hinter ihnen waren, sprachen die Krieger mit verhaltenem Atem: „Siksikau! — Schwarzfuß!"

Die Mädchen wendeten sich halb erschreckt. Als sie die Krieger sahen, machten sie ihnen ein Zeichen, sich zu bücken und neben ihnen zu gehen.

Halb kriechend hielten sich die Männer im gleichen langsamen Gang mit den Mädchen, und dabei erzählten die, die Krie seien weiter voraus, es sei eine große Bande von etwa siebzig Kriegern; der Haupttrupp werde jetzt eben das Nachtlager aufschlagen, während die Langsameren kaum ein paar hundert Meter voraus seien.

Die Mädchen sagten, die Krie zwängen sie, nachts noch lange aufzubleiben, nachdem die anderen alle schliefen, sie müßten alle Schneeschuhe säubern und trocknen. Während die Mädchen erzählten, legte sich der Häuptling seinen Plan zurecht. Dann sprach er zu ihnen: „Heute nacht, wenn ihr die Schneeschuhe reinigt und trocknet, haltet sie näher an das Feuer als sonst; versichert euch, daß jedes Paar bis zum Auseinanderbrechen versengt ist. Dann verwechselt die Paare untereinander. Bindet je einen großen mit einem kleinen Schneeschuh zusammen." (Zum Unterschiede von den Schuswap-Schneeschuhen war der Krie-Mokassin ein Teil des Schneeschuhs.)

Die Mädchen sagten noch, sie würden die Weisungen des Häuptlings ausführen, dann blieben die drei wieder zurück.

In der frostigen Stille des folgenden Morgens krochen unsere Krieger dicht an das schlafende Lager der Krie, umringten es von allen Seiten und blieben auf dem Bauche liegen, bis die ersten Strahlen der Dämmerung den östlichen Himmel berührten.

Dann schallte der lange, tiefe Ruf des Berglöwen durch die Berge — aus der Kehle eines Schwarzfuß-Kriegers —, und das war das Zeichen für den Kriegsruf.

„Hai-jeh-h-h-h-h-h-h-h-Jiep, Jiep!" Unsere „Tiger der Prärie" waren wieder einmal auf dem Kriegspfad!

Sie fielen in das Lager wie ein Rudel Wölfe auf einen gefallenen Riesenelch. So plötzlich kam der Angriff, daß manche von den Krie erschlagen wurden, ehe sie sich von ihrem Lager erhoben hatten. Andere liefen wild umher, nach ihren Schneeschuhen suchend; sie ergriffen die verwechselten Paare von versengten Schuhen und versuchten, sie sich an die Füße zu binden — sie wußten ja, wenn sie erst auf ihren „Rennschuhen" standen, konnte sie kein Mensch im ganzen Nordwesten einholen.

Aber die Schwarzfuß-Mädchen hatten ihre Arbeit gut getan.

Die verwirrten Krie saßen umher im Schnee, vergebens bemüht, einen großen und einen kleinen Schneeschuh anzuziehen; viele wurden so sitzend erschlagen. Andere brachten schließlich ihre Schuhe an die Füße — sobald sie dann auftraten, brachen die Füße durch das Holz, und sie sanken in den tiefen, aufgeweichten Schnee. Sie erhoben sich und versuchten zu laufen — statt der schnellsten Schneeschuhe auf der Welt baumelten an ihren Fußgelenken zwei schwere Hindernisse von Holzrahmen. In dem knietiefen Schnee sich quälend, wurden sie einer nach dem anderen abgeschossen.

Der wilde Kampf war rasch vorüber, alle Krie bis auf einen Knaben lagen tot. Diesen ließen die Unseren am Leben und schickten ihn zu seinen Leuten — nach der indianischen Sitte —, damit er die Geschichte des Gefechts erzähle.

Ein einziger Schwarzfuß war verwundet, Felsen-Donner, einer der gefeierten Krieger in der Geschichte unseres Stammes. Die große Sehne am Fußgelenk war ihm zerschnitten worden, er konnte nicht mehr gehen. Die Arme um den Hals zweier Kriegsgenossen geschlungen, humpelte er einige Tage mit, während der Trupp zurückwanderte, um wieder mit uns zusammenzustoßen. Aber er fühlte sich bald als Hindernis für die anderen und bat, ihn zum Sterben zurückzulassen, wie es mit marschunfähig gewordenen Kriegern meist geschah. Er sagte, sie sollten ihn auf einem Scheiterhaufen verbrennen. Sie weigerten sich aber und beteuerten, er wäre ihnen keine Last, sie würden ihn gern zurück zu den Seinen tragen. Felsen-Donner ließ nicht ab von seiner Bitte.

Schließlich ersuchte er den ganzen Trupp haltzumachen, damit er mit ihnen reden könne. Er sprach:

„Brüder, unsere Nahrung wird knapp werden, ehe wir aus den Bergen herauskommen. Wir haben allerlei Schweres erlitten und müssen noch viele Meilen wandern. Wenn wir uns nicht beeilen, hier herauszukommen, werden vielleicht die Krie in großer Zahl auf uns stoßen und Rache suchen – manche von uns werden dann vielleicht sterben. Warum laßt ihr mich das Leben der anderen gefährden? Ich werde gern sterben als unser einziges Opfer für die vielen Feinde, die wir töteten. Ich flehe euch an, macht ein Feuer und laßt mich wie ein Krieger sterben, auf daß unser schöner Erfolg nur ein einziges Leben kosten möge. Brüder, ich habe gesprochen."

Nach langem Hin und Her mit den Kriegern, wobei Felsen-Donner fortwährend seine Bitte wiederholte, sammelte der Trupp schließlich Baumstämme und legte sie zu einem Riesenhaufen übereinander. Sie legten trockenes Reisig in die Mitte des Holzstoßes und ersuchten Felsen-Donner, „seinen Platz einzunehmen".

Ohne ein Wort kletterte Felsen-Donner auf die Baumstämme und setzte sich in einen Haufen Reisig. Mit seinem eigenen Flintstein setzte er das Reisig in Brand. Dann stimmte er sein Sterbelied an, während aus dem Rauch langsam Flammen züngelten. Er saß und schaute weit hinaus über die Berge nach der Stelle, wo wir unseren Sieg erfochten hatten. Einmal wischte er sich mit dem Handrücken den Schweiß von der Stirn – sonst blieb er bewegungslos – und das hatte er nur getan, damit ihm der Schweiß nicht in die Augen lief.

Als die Flammen höher stiegen, sang er mit zunehmender Kraft. Dann, als die erstickenden Feuerzungen seinen Körper erreichten, wickelte er den Mantel um den Kopf und starb.

## 12

# Wolf-Bruder

Nach diesem Kampf mit den Krie bestimmten unsere Häuptlinge, daß wir einen geschützten Ort in den Bergen suchen und dort überwintern sollten. Große Herden von wilden Pferden liefen auf den weiten Hochebenen zwischen dem Kaskadengebirge und dem Felsengebirge – im nördlichen Britisch-Kolumbien –, und unsere Väter wollten bis zum Frühling bleiben, um dann westwärts nach dieser Hochebene zu ziehen und sich gute Pferde zu fangen, ehe wir uns wieder auf die Prärie wagten.

Wir wanderten nordwestlich durch die Berge, bis wir die westlichen Ausläufer des Felsengebirges erreichten; hier ließen wir uns in einem tiefen, schneegefüllten Kessel für den Rest des Winters nieder.

In unserer Bande befand sich damals ein sehr geachteter Krieger und Jäger namens Adlerfeder. Zu jenen Zeiten war es Sitte, da die Männer so häufig getötet wurden und die Frauen stets in der Überzahl blieben, daß ein Krieger drei bis fünf Frauen nahm. Auf diese Weise hatten wir die Sicherung, daß alle Frauen im Alter gut verpflegt sein würden.

Aber dieser Krieger, Adlerfeder, hatte nur eine einzige Frau. Er war ein großer, stattlicher Krieger im kräftigsten Alter; mit seiner hübschen Frau war er sehr zufrieden, sie hatte ihn stets gut betreut. Immer war sie fleißig beim Bereiten der Mahlzeiten oder bei ihren sonstigen Arbeiten, sie gerbte die Felle der Tiere, die dieser ausgezeichnete Jäger in großer Zahl erlegte. Nur in einem erfüllte sie seine Wünsche nicht — sie gebar keine Kinder.

Indianer lieben Kinder; keine Nachkommen zu haben, sehen sie als ein Unglück, als einen Fluch an. Männliche Kinder wurden vorgezogen, da sie zu Kriegern und Jägern aufwuchsen, während weibliche Kinder der Familie wenig wirtschaftlichen Vorteil bringen konnten.

Adlerfeder dachte manchmal daran, eine andere Frau mit in sein Zelt zu nehmen, die ihm ein Kind gebären würde; aber er liebte seine treue, schöne Frau, und er brachte es nicht fertig, den Gedanken auszuführen. Er war anders als die meisten Männer, er konnte nur eine einzige Frau lieben. Aber die Kinder fehlten eben. Viele Stunden hatte Adlerfeders Frau allein in ihrem Zelte gesessen und geweint, weil ihr der Große Geist nicht vergönnt hatte, ihrem Manne ein Kind zu schenken und dadurch ihrer beider Leben vollkommen zu gestalten. Wir hörten die alten Leute darüber reden, oft schickten sie uns hinüber zu Adlerfeders Zelt, um dort bei ihm und seiner Frau zu spielen. Die zwei behandelten uns dann gut, als wären wir ihre eigenen Kinder, und schenkten uns viel mehr Aufmerksamkeit, als wir von den eigenen Eltern erfuhren.

Wie alle besonders geschickten indianischen Jäger, ging Adlerfeder am liebsten allein jagen. Während jenes Winterlagers im nördlichen Felsengebirge, ging er oft allein fort und blieb tagelang aus. Er kam dann vollbeladen mit Fellen von Otter, Nerz, Schwarzem Wolf, Marder und Luchs zurück.

Der Winter begann schon nachzulassen, und der Schnee lag nicht mehr so tief, da brach er eines Morgens wieder auf zu einem seiner gewohnten Jagdzüge in die wilde Gegend nördlich von unserem Lager. An jenem Abend stieg er einen Berg herab, um sich einen Lagerplatz zu suchen. Ein Wolf kam aus dem Gebüsch und heulte ihn im bitterkalten weißen Zwielicht an.

Es war ein großer Wolf, kein Kojot, einer von der größten Art unter den gewaltigen schwarzen Waldwölfen. Mit der bekannten Neugierde dieser Tiere beobachtete er Adlerfeder beim Bereiten des Lagers und trottete dann ruhig weiter.

„Geh jetzt, mein Bruder", sprach Adlerfeder. „Morgen folge ich dir, um deinen dicken Pelz zu holen."

Also ging Adlerfeder am nächsten Morgen auf seinen Schneeschuhen, eine große Kugel im Büchsenlauf, der Spur des Wolfes nach.

Es war leicht für einen Indianer, dieser Spur zu folgen, denn die Fußtritte waren größer als alle Wolfsspuren, die Adlerfeder noch gesehen hatte. Sie führten lange durch ein steiles Gebirgstal und weiter durch eine dichtbewaldete Kette von niedrigen Bergen. Der Wolf schien sich genau nach Norden zu halten. Nichts, nicht einmal die frischen Querspuren von Karibu-Elchen, hatte ihn von der eingeschlagenen Richtung abbringen können. Er benahm sich nicht wie ein Wild, das dem Verfolger ausweicht.

Adlerfeder war den ganzen Tag gewandert, und die späte Nachmittagssonne machte schon lange Schatten – da plötzlich, als er nach vorn spähte, sah er den großen Wolf über einen kahlen Hang laufen, der aus einer buschbewachsenen Bergebene stieg.

Es hatte schon eine Weile still aber anhaltend geschneit, beim Untergehen der Sonne erhob sich der Wind in kurzen, abgerissenen Stößen, wimmerte und trieb kleine Schneewirbel über die weiße Fläche — alles Vorzeichen eines Gebirgssturmes. Der Neuschnee hatte Adlerfeder das Gehen schwer gemacht — auch den Wolf mußte er ermüden, denn er sank nun bei jedem Schritte bis zum Bauch in den Schnee.

Adlerfeder war ein unermüdlicher Jäger, er wußte, wenn der Wolf auf offenem Gelände blieb, würde er ihn durch den Vorteil seiner Schneeschuhe einholen. Schon gab das große zottige Tier Zeichen von Ermattung, und der zähe Jäger rückte erbarmungslos näher.

Nach dem ersten Auftauchen des Wolfes auf dem Berghang verlor ihn Adlerfeder eine ganze Weile aus dem Auge. Dann sah er ihn wieder, und nachdem die Sonne mit ihrer unheildrohenden Begleitung von zwei falschen Sonnen den Rand der Berge im Westen berührt hatte, blieb der Wolf immer in voller Sicht. Der Jäger fegte in langem, unermüdlichem Lauf vorwärts auf der uneben welligen Fläche des weiten Schneemeeres, während der Wolf, anscheinend vor Übermüdung, schon hin und her schwankte.

Der Wind wurde immer stärker, bald war die ganze Erde eingehüllt in ein Getöse von stechendem, augenblendendem Schneetreiben. Ein Blizzard zog herauf. Sogar der Wolf, obwohl ein Bewohner der Wildnis, strebte nun einer schützenden Deckung zu.

Das Gebirgstal lag ausdruckslos unter dem flachen Schneemantel.

Nichts stand mehr aus der Landschaft hervor als nur ein kleines Tannenwäldchen, das im Schnee wie eine Insel aussah.

Das Unwetter hatte keine Schrecken für einen Jäger

wie Adlerfeder, solange Waldschutz in Sicht war. Er wußte, daß der Wolf dieser Deckung zustrebte, und er beeilte seine Schritte, um ihn noch einzuholen und zu schießen, ehe er unter den Tannen entkäme oder sich im Dunkel des rasenden Sturmes verlöre.

Aber der Sturm wurde immer schlimmer, Adlerfeder mußte alle Kraft, die ihm noch blieb, daransetzen, den Schutz der Bäume zu erreichen, damit ihn nicht selbst das Dunkel und der Tod einholten. Als er schließlich atemlos und erschöpft das Wäldchen erreichte, hatte er von seinem Wild sowohl die Sicht als auch jede Spur verloren.

Er rastete ein wenig und suchte dann die windgeschützte Seite der Tannen nach einer passenden Stelle für ein Feuer und ein Lager ab. Dabei wurde er plötzlich gewahr, daß der Wolf ihn von einer Schneewächte aus beobachtete. Behutsam wandte er sich und zielte, den langen kalten Lauf seiner Flinte genau zwischen die zwei springenden grauen Augen gerichtet, — wilde, schrägliegende Augen, die ihn anschimmerten wie zwei Stücke grauen Flintsteins. Er zauderte einen Augenblick, dann zog er den Drücker. Ein kurzes Aufleuchten des Zündstifts — aber kein Knall. Die Zündung war im Schneetreiben naß geworden.

Mit den Zähnen zog er den hölzernen Stöpsel aus seinem Pulverhorn und schüttete trockenes Pulver auf die Pfanne, — den Wolf hielt er dabei mit starren Augen fest. Der machte jedoch keine Anstalten, sich zu bewegen oder fortzulaufen. Während der Jäger flink seine Flinte mit einer neuen Zündung versah, redete er leise mit dem Wolf nach der Art des Indianers:

„Mein Bruder, ich werde dich nicht lange in der Kälte und dem Schnee warten lassen. Ich bereite einen kleinen Boten, den werde ich dir zuschicken. Habe nur noch kurze Zeit Geduld.“ Als er das trockene Pulver auf die Zündpfanne schüttete, tat der Wolf plötzlich, ohne vorher die geringste Bewegung gemacht zu haben, einen gewaltigen Sprung — und verschwand.

Die rasch einsetzende Dunkelheit und der heulende Schneesturm machten alle weiteren Versuche, diesen kostbaren Pelz zu erbeuten, aussichtslos. Adlerfeder sah ein, daß ihm hier zum erstenmal in seinem Leben eine Beute entlaufen war. Er legte die Flinte beiseite und knüpfte die Axt von seinem Gürtel los, um sich rasch noch eine Deckung gegen den Blizzard zu bauen. Er hieb trockene Fichten zu seinem Feuer und baute sich dann einen Windschutz aus Bergbüschen.

Während einer Pause in der Arbeit fing sein Ohr, das auf alle Laute der Wildnis scharf gestimmt war, ein sonderbares Geräusch auf. Er horchte genauer und fing den Laut ein zweites Mal auf, diesmal so, daß kein Verkennen möglich war. Es war das Weinen eines Kindes.

Er warf die Axt hin, wickelte seinen Mantel um Kopf und Leib und stolperte blind hinaus ins Dunkel, nach der Richtung, aus der er das Weinen vernommen hatte. Während er im wirbelnden Schnee dahinstapfte, die Ohren scharf gespitzt, um das Weinen durch das Tosen des Windes zu hören, verfing sich der eine Schneeschuh in irgend etwas, und er fiel mit dem Gesicht vornüber in den Schnee. Er stand auf und griff umher nach seiner Decke — da berührte seine Hand den schweren Gegenstand, der ihn zu Fall gebracht hatte. Er kniete nieder und betrachtete ihn — es war eine Frau — eine Indianerfrau, eine tote Indianerfrau.

Noch immer vernahm er das Weinen. Er schritt im

Kreise herum, fand aber nicht die Richtung. Es schien aus der Luft zu kommen, nicht von der Erde. Punkt für Punkt schritt er ab und horchte, hielt an und horchte wieder. Schließlich kam er an einen Baum, und dort, hoch über dem Bereich der wilden Tiere, hing ein lebendes Kind in einem Moossack — ein Kind von etwa zwei, drei Monaten.

Im Schutze dieser natürlichen Wiege, wohl eingepackt in Moos und Hasenfelle, hatte es durch die Kälte nicht gelitten.

Er machte nun ein großes Feuer und baute sich ein Lager, die ganze Nacht schlief er mit dem Findling zwischen seinen Armen.

Am Morgen fing er einige Hasen in der Schlinge. Mit dem Jagdmesser ritzte er dem einen den Hals auf und drückte das warme Blut in den Mund des hungrigen Säuglings.

Es dauerte nicht lange, mit der Axt aus einigen grünen Bäumchen einen rohen Schlitten zu zimmern. Gegen Abend kam er in unser Lager, auf dem Schlitten zog er die unbekannte tote Frau, das Kind in seinem Moossack trug er unter der Manteldecke.

Die Leute im Lager verwunderten sich über diese seltsame Gesellschaft: zwei Lebende und eine Tote. Er aber reichte den Säugling seiner Frau hin und sprach:

„Hier ist unser Kind, wir brauchen nun kein fremdes Weib in unser Zelt zu nehmen."

Adlerfeders Frau nahm das Kind in die Arme und wärmte es an ihrem Busen. Und unsere alten Leute sagen, die Feuer der Mütterlichkeit hätten sich bei der Berührung des Säuglings entzündet, so daß Milch zur Erhaltung des Kindes aus den Brüsten geflossen sei, die so lange trocken geblieben waren.

Jenen Abend saßen wir am Lagerfeuer, und Adlerfeder erzählte sein Erlebnis mit all den lebhaften Einzelheiten einer Indianererzählung — da heulte tief und lang draußen auf einem Hügel über unserem Lager ein großer Wolf.

„Mokuji! — Es ist er, der Wolf!" rief Adlerfeder. Dann hob er die Hand und erklärte feierlich: „Nie wieder werde ich einen Wolf schießen, sie sind meine Brüder."

Er wandte sich dem Kinde zu und taufte es Mokuji-Oskon, Wolf-Bruder. Dies blieb sein Name, bis er achtzehn Jahre alt war.

Das Kind wuchs und gedieh. Es wurde ein großer Häuptling. Sein Name steht heute eingegraben in einer Steinsäule, die zur Erinnerung an das Ende der Kriege zwischen den Indianerstämmen des Nordwestens errichtet wurde.

# 13
## Das Gespensterpferd

Mit dem ersten Hauch des Frühlings brachen wir das Lager ab und zogen südwestlich über die große Schleife des oberen Kolumbiaflusses in die Richtung der Hochebene zwischen dem Felsengebirge und dem Kaskadengebirge. Auf dieser Hochebene streifen seit hundertundfünfzig Jahren die gewaltigsten Herden von wilden Pferden. Einige hundert davon sind noch immer dort, obwohl jeden Sommer seitens der Regierung von Britisch-Kolumbien Versuche gemacht werden, sie auszurotten. Auf diese Pferde hatten wir es abgesehen, sie sollten uns diejenigen ersetzen, die wir durch den Sturm verloren hatten.

Wir stießen auf die Herde in der Jahreszeit, wo sie am schwächsten sind. Wenn nämlich im Vorfrühling die Pferde das erste grüne Gras gefressen haben, macht sie ein heftiges Abführen schwach, und sie können nicht so schnell laufen. Da diese wilden Geschöpfe schon jedes zahm gezogene Pferd zu Tode rennen, ist es ein doppelt schwieriges Unternehmen, sie zu Fuß fangen zu wollen. Aber wie Wölfe sind auch wilde Pferde sehr neugierig, sie gehen einem oft meilenweit nach, rein aus Neugierde. Verfolgt man sie, so machen sie bestimmt im Davonlaufen eine Schleife, um zu sehen, was eigentlich los sei, wie die Verfolger aussehen und was sie wollen.

Die großen Waldwölfe verhielten sich ähnlich, während wir durch das Nordland zogen. Sie trotteten den ganzen Tag hinter uns drein. Hielten wir an, so blieben sie auch stehen, standen bewegungslos und starrten uns an, den einen Fuß gehoben. Sobald wir weitergingen, folgten sie wieder mit. Wenn wir sie anschrien oder sonst ein Geräusch machten, sprangen sie zurück und verbargen sich hinter dem nächsten Busch. Sie blieben nun außer Sicht, aber wenn wir zurückblickten, sahen wir sie aus dem entferntesten Gebüsch hervorspähen.

Wir Kinder hatten Angst vor ihnen, aber unsere Väter sagten, wir brauchten uns nicht zu fürchten, die Wölfe würden uns nichts tun, sie seien nur neugierig; allerdings könnten sie, wenn sie uns den ganzen Tag begleiteten, während des Nachtlagers ein paar unserer Hunde abfangen. Also erhielten wir Buben, die hinterherwanderten, den Auftrag, die Wölfe fortzuscheuchen, ehe wir an das Nachtlager kämen. Wölfe fressen Hundefleisch lieber als irgendein anderes Fleisch, obwohl ein Wolfsrüde nie eine Hündin angreift.

Die wilden Pferde zogen immer vor uns her, aber sie kehrten manchmal auf der eigenen Spur um und kamen von der Seite oder von hinten heran, um uns zu beobachten. Diese nie befriedigte Neugierde machte es uns möglich, sie zu Fuß einzufangen.

Unsere Männer gingen wie folgt ans Werk: nachdem sie eine Herde von Pferden entdeckt hatten, liefen sie ihnen ganz unauffällig einige Stunden und auch Tage nach, ehe sie sonst irgend etwas zum Eintreiben der Tiere unternahmen. Dies geschah, um die Pferde an uns zu gewöhnen und ihnen zu zeigen, daß wir nichts Böses gegen sie beabsichtigten.

Wir hatten fünf Tage lang frischen Pferdedung verfolgt, ehe wir endlich unsere erste Herde zu Gesicht bekamen — oben in der ausgedehnten Couteau-Hochebene im mittleren Britisch-Kolumbien. Da sahen wir sie: eine Herde von fünfhundert Pferden, nebeneinander grasend, an den Hängen eines zackigen kleinen Berges auf dem Tafelland. Ihre raschen, lebhaften Bewegungen, einem Hirsche ähnlicher als einem Pferde, zeigten, daß sie feurige Tiere waren, die bei dem geringsten Anlaß in die Ferne huschen würden wie ein Schwarm wilder Vögel. Ein großer stahlgrauer Hengst war dabei, der graste abseits von den anderen und machte von Zeit zu Zeit die Runde um die Herde. Unsere Krieger erkannten diesen eisenfarbenen Kerl mit der Silbermähne als den, der die ganze Herde beherrschte; sie richteten darum ihre volle Aufmerksamkeit auf ihn, wissend, daß die Bewegungen der übrigen Herde nur von ihm abhingen.

Als wir bis auf fünfhundert Meter herangekommen waren, begannen unsere Männer kleine Geräusche zu machen, damit uns die Tiere schon aus der Ferne sähen und nicht vor Überraschung in wilde Flucht ausbrächen, wenn sie uns erst in nächster Nähe bemerkten.

„Hoh! Hoh!" sagten die Männer mit weicher Stimme. Der stahlgraue Hengst wieherte leise, und die ganze Herde hob die Köpfe hoch in die Luft und stand reglos still, als wäre sie verzaubert; dabei sahen sie mit weit aufgeblähten Nüstern scharf herüber zu uns. Einige Minuten standen sie, ohne einen Muskel zu bewegen. Dann, als wir immer noch näher kamen, suchte uns der gewaltige Hengst abzuschrecken, indem er mit einem tiefen, raspelnden Wiehern gerade auf uns zustürmte.

Andere folgten ihm, sie kamen wie eine brüllende Kriegsbande herangesprengt — wild schwangen sich die Köpfe, die galoppierenden Beine standen weit auseinander, die langen Schweife peitschten die Erde wie Stahlbündel. Aber ehe sie uns ganz erreichten, versteiften sie die Beine und kamen in einer Staubwolke zum Stehen. Sie schauten uns aus der Nähe noch einmal genau an, dann wendeten sie und liefen davon, die übrige Herde hatte schon über den Berg den Rückzug angetreten.

Aber der große Stahlgraue blieb allein eine Weile stehen und forderte uns offen zum Kampfe heraus. Er vergrub die Vorderfüße weit vor sich in die Erde, schüttelte wütend den Kopf und stand dann, um zu sehen, welchen Eindruck seine wilden Possen auf uns machten. Er hüpfte geschmeidig in der Luft um sich selbst herum und drehte sich wie ein Hund, der seinem Schwanze nachjagt. Dann hob er wieder den Kopf, so hoch er ihn recken konnte, und legte den langen silbernen Schweif über seinen Rücken – in dieser Haltung flammte er uns aus seinen stürmischen, flintfarbigen Augen an. Nachdem er nun seinen Mut, seine Herausforderung und seine erstaunliche Macht als Führer gezeigt hatte, wendete er und trabte davon; so hoch und so leicht flogen seine Hufe, daß man meinen konnte, er laufe auf Luft.

Unsere Krieger lachten und sagten:

„Ah, Ponokamita, eitler Elch-Hund, du bist ein tapferer Krieger. Doch trabe nur und gedulde dich. Wir werden noch auf dir gegen die Krähen reiten.“

Fünf Tage lang verfolgten wir diese gewaltige Herde von Pferden; wir zogen langsam hinter ihnen her, wohl wissend, daß sie nicht weitab laufen würden, daß sie uns wie Wölfe beobachten würden, solange wir in ihrer Nähe blieben.

Am fünften Tage hatten sie sich schon derart an uns gewöhnt, daß sie nur langsam davongingen, wenn wir nahe kamen, und im Gehen noch Gras knabberten.

Während dieser ganzen Zeit hatten unsere Männer sie mit List zutraulich gemacht. Zuerst murmelten sie nur in ihrer Nähe, nun riefen und tanzten sie schon vor ihnen. Sie taten das, um den Pferden beizubringen, daß die Menschen zwar allerlei Lärm machten und sich auch kriegerisch benahmen, aber sonst nichts Schlimmes taten, daß also den Pferden kein Leids geschehen würde, wenn sie sich näher mit den Menchen einließen.

Nichts schreckt ein Pferd mehr, als wenn etwas lautlos ihm entgegenkommt. Es springt und bricht sich den Hals vor Angst, wenn ein Nagetier leise durch das Gras schleicht oder wenn ein Ast herabfällt; dagegen läßt es einen brüllenden Büffel oder einen stampfenden Eisenbahnzug unbeachtet vorbeiziehen. Der Grund ist der, daß das Pferd dieselbe Art von Mut wie der Mensch besitzt — nämlich den, der sich jeder Art von Übermacht entgegenstellt, solange sie zu sehen, zu hören und zu begreifen ist; dagegen hat es eine abergläubische Furcht vor allem Gespenstischen. Der Berglöwe und die meisten Raubtiere haben eine andere Art von Mut. Ein kleines, unverstandenes Geräusch läßt sie lauernd zusammenkauern, vor einem lauten Geräusch ergreifen sie schleunigst die Flucht. Sie besitzen mehr Vorsicht und weniger Kühnheit als der Mensch und das Pferd.

In der zehnten Nacht unserer Verfolgung machten unsere Männer ihre letzten Vorbereitungen zum Einfangen der Herde. Sie hatten die Pferde in die Nähe einer großen, halb natürlichen, halb künstlichen Umzäunung getrieben, wo mit Baumstämmen die beiden Seiten einer felsenumfaßten Schlucht abgedichtet worden waren. Vom Eingang in diese Umzäunung liefen zwei lange Strauch- und Baumgatter auseinandergehend auf die Ebene. Dieser trichterförmige Zugang griff fast einen Kilometer weit hinaus ins Land und war vorsichtig mit Tannenzweigen überdeckt, um das Künstliche des Baus zu verbergen. Es war eine Wiederholung des alten Büffelpferches, den wir früher zu bauen pflegten, um die Büffel zusammenzutreiben, als diese Tiere noch in großer Zahl über die Prärie streiften.

Die äußere Öffnung dieses Trichters war gut hundert Meter weit. Von dieser Stelle an öffnete sich der Zugang noch weiter; große abgehauene Baumwipfel, Steinblöcke, Baumstämme bildeten noch einige hundert Meter lang ein grobes Gatter. Dies sollte die Herde langsam und unmerklich in den Mund des fest umzäunten Trichters treiben; waren sie einmal eingepfercht, so kamen sie weder hinaus, noch konnten sie sich rückwärts wenden. Sie befanden sich dann in der Falle, es blieb ihnen nichts anderes übrig, als in der Richtung auf das Tor der Umzäunung weiterzulaufen.

Verhaltene Erregung herrschte an diesem zehnten Abend unserer Verfolgungsjagd im Lager: denn dies war der lang ersehnte Abend, der Abend vor der Nacht, in der wir die große, zähe Herde von wilden Pferden einfangen wollten. Niemand legte sich schlafen. Kurz vor Einbruch der Dunkelheit verschwanden etwa die Hälfte unserer Männer, alle schnell wandernden Kundschafter und jüngeren Männer, lautlos aus dem Lager. Nach vorgefaßten Plänen schwärmten sie nordwärts nach links und rechts auseinander und schlichen leise auf die Stelle zu, wo die Herde am Nachmittag verschwunden war. Die ganze Nacht hindurch hörten wir Wolfsrufe; Eiseulen, Nachteulen, Panther riefen klagend durch das geheimnisvolle Dunkel der rauhen Hochebene. Das waren die Zeichenrufe unserer Männer, die einander ihre Fortbewegung kundtaten.

Dann, etwa um Mitternacht, wurde alles totenstill. Wir wußten, daß sie die Herde gefunden und umringt hatten, und daß sie nun, auf dem Bauche liegend, die ersten Streifen der Morgendämmerung zum Beginn des Eintreibens abwarteten.

Einer unserer Unterhäuptlinge, Berg-Elch, ging durch das Lager und gab leise die Befehle aus: alle sollten sich an der langen Laufstrecke aufstellen, um die Herde hereinzutreiben. Jede Frau, jeder alte Mensch und jedes Kind im ganzen Lager wurden aufgerufen, sich an diesem Teil der Jagd zu beteiligen. Wir Kinder schlichen mit den Frauen hinüber nach dem Rennweg und legten uns an die Außenseite der Umzäunung; die Männer gingen noch jenseits der festen Umzäunung und verbargen sich hinter den Büschen und Baumstämmen, wo die Gefahr etwas größer war.

So kauerten wir auf der Erde und zitterten lautlos eine Stunde lang oder mehr, bis wir von weitem das „Ho-h! ... Ho-h!" vernahmen. Das war der gedämpfte, antreibende Ruf unserer Krieger, der Ruf, den die Pferde seit zehn Tagen vernommen hatten, an den sie gewöhnt waren und von dem sie nichts Schlimmes erwarteten. Darum ergriffen sie nun nicht wild die Flucht, wie sie sonst wohl getan hätten.

Wir Knaben lagen in atemloser Aufregung. Jeder von uns hatte sich schon sein Lieblingspferd aus dieser wunderbaren Herde von Pferden ausgesucht; während wir nun wartend dalagen, war uns wohl ähnlich zumute wie dem weißen Knaben, wenn er im Bette liegt und auf den Weihnachtsmann wartet. Die Väter hatten uns versprochen, daß wir die Pferde, die wir ausgesucht hatten, haben dürften, nun konnten wir es kaum mehr erwarten, sie in die Hände zu bekommen. Meine Wahl war ein schöner gesprenkelter Rotschimmel mit weißen, grauroten und roten Flecken auf Schultern und Flanken, wie eine Steppdecke gemustert. Auf der Stirn zwischen den Augen trug er einen Stern — ich hatte ihm schon einen Namen gegeben, Nehtukski-Kukatos, das heißt in der Schwarzfußsprache Ein-Stern.

Bald hörten wir das ferne Trommeln von Pferdehufen, ein dumpfes Dröhnen, von dem die Erde, auf der wir lagen, zitterte. Dann kam — „Jipp-jipp-jipp, hi-hieh-h-h-" — der Nachtruf des Wolfes aus vielen Richtungen. Das waren unsere Krieger, die einander das Zeichen gaben, um die Herde auf dem rechten Wege zu halten. Aus diesem Gemisch von seltsamen Lauten vernahmen wir, wie die Stuten mit „Wiiiiiih-hauh-hauh-hauh" ihre kleinen langbeinigen Söhne an ihre Seite riefen, damit sie sich in dem Dunkel und dem Durcheinander nicht verlören.

Als wir das erste laute „Jah! Jah! Jah!" hörten, schlugen unsere Knabenherzen rascher. Wir wußten, daß die Herde nun den äußeren, mit Buschwerk umzäunten Teil des Rennweges erreicht hatte, und daß unsere Krieger aus ihren Verstecken aufsprangen, sich offen zeigten und laut riefen, um die Pferde in ein wildes Jagen zu treiben und sie kopfüber in unsere Falle zu hetzen.

Sogleich folgte ein lautes Donnern von stampfenden Hufen. Pferde schrien und wieherten überall — wie eine große, irrsinnig erregte Menschenmenge. Über allem Getöse von Gebrüll und Hufgeklapper hörten wir ein lautes, volles, tiefdröhnendes Röhren, das wir alle sogleich erkannten und das bei uns Knaben ein leichtes Schauern und leise Angst verursachte. Es klang halb wie das Brüllen eines Löwen und halb wie das Keuchen eines wütenden Bullen. Es war jener gewaltige, stahlgraue Hengst, der furchtbare König der Herde. Wir sahen ihn vor unserem inneren Auge: den langen silbernen Schweif über dem Rücken liegend, die weit auseinandergespreizten Beine gegen die Erde schlagend, und das Tod und Vernichtung sprühende Weiß jener furchtbaren Augen. Wir dachten mit Entsetzen, was geschehen würde, wenn er unsere Herausforderung annähme und, durch das Strauchwerk brechend, sich mitten auf uns stürzte.

Doch da, da kam er, seine wilde Herde anführend; wir hatten nun keine Zeit mehr, über die Gefahr nachzudenken. Unsere Aufgabe war die gleiche wie die aller anderen den ganzen Zaun entlang: wir mußten stillliegen und warten, bis der Führerhengst an uns vorbei war, dann hatten wir auf die Höhe des Zaunes zu springen und mit aller Kraft und aller Schrecklichkeit, deren wir fähig waren, zu schreien und mit den Armen zu schwingen. Das sollte die verängstete Herde weitertreiben, auf daß sie nicht durch den Zaun brach und nicht umkehrte, sondern mit aller Kraft weiter in unsere Falle lief.

„Terump, terump, terump." Heran kam die stürmende Herde. Wenn wir Buben durch die Sträucher des Zaunes spähten, sahen wir die glatten Rücken im sternenhellen Dunkel auf und nieder wogen wie große Wellen eines aufgepeitschten Wassers. Der furchtbare stahlgraue Hengst führte sie — den Kopf wie einen Pendel von einer Seite zur anderen schwingend. Seine tödlichen Hufe fegten bei jedem Sprung des gewaltigen Körpers einmal rechts, einmal links.

Mitten im Lauf hielt er an und versuchte, die heranjagende Herde zum Stehen zu bringen; aber diese bisherigen Sklaven seiner Launen schlugen und schoben ihn mit unwiderstehlicher Gewalt vorwärts. Er erhob sich von den Knien, und, als wäre er wahnsinnig geworden, schoß er mit den Nüstern in die Luft und wieherte einen furchtbaren Kampfruf gegen alle und alles. Er schien sogar den Sternen zu fluchen. Noch nie hatte er eine Niederlage oder solche Hilflosigkeit gekannt. Die folgsame Herde, die selbst vom Zucken seiner Ohren ihre Weisungen abgelesen hatte, lief nun wild über ihn hinweg.

Ich glaube, wenn in diesem Augenblick eine feste Eisenwand vor ihm gestanden wäre, so hätte sich der Hengst den Kopf daran eingeschlagen. Ich erinnere mich, daß ich im Dunkeln um mich sah und eine passende Gelegenheit zum Entschlüpfen suchte, falls es ihm plötzlich einfallen sollte, sich blind in den ganzen Lärm zu stürzen, der ihn gegen seinen Willen immer weiter trieb. Doch eben, als ich mich umsah, hörte ich einen pfeifenden Laut — meine Augen rissen sich zurück nach dem Rennweg und sahen gerade noch den stahlgrauen König wie einen riesenhaften Windhund vorbeifliegen. Bei jedem Sprung schrie sein Atem wie eine Riesenpfeife.

Was mag wohl in ihm vorgegangen sein, daß er sich so plötzlich von seiner Herde lostrennte? Er sprengte dahin und ließ die anderen Pferde hinter sich wie ein Hirsch ein Rudel Kojoten. Ein paar Augenblicke später donnerte die ganze Herde an uns vorbei. Wir sprangen hinauf auf den Zaun, schrien und schwenkten mit den Armen, unter uns lag ein Nebel von Schweiß und Atem, der uns förmlich in die Nasen stach.

Ich meinte, die Herde würde gar kein Ende nehmen. Noch nie hatte ich so viele Pferde beisammen gesehen. Wir blieben auf unserem Posten, bis es fast Tag war, und immer noch kamen sie vorbei, jetzt zumeist Fohlen, die hinkten und nach ihren Müttern wieherten.

Als wir bei Tageslicht von dem Zaune herabkletterten und nach dem Pferdepferch hinübergingen, war das erste, was wir sahen, vier blutende, bewußtlose Krieger auf Bahren liegend. Es waren vier der besten Reiter unseres Stammes: Kreisendes-Gespenst, Hochjagender-Adler, Wilder-Mann und Wolfsrippen. Unsere Mutter fragte, was hier geschehen sei, und jemand deutete nach der Pferdeumzäunung und sprach: „Ponokomita – akai – mahkahpeh!“ (Jenes sehr schlechte Pferd!)

Wir sahen, wie ein Dutzend Männer sich bemühten, jenen wilden, stahlgrauen Hengst unter Leder zu bringen. Der sah jetzt, da seine schwere, mondfarbene Mähne sich kriegerisch um den bläulichen Kopf und die Schulter blähte, mehr einem Löwen als einem Pferde gleich.

Er war hier und dort mit seinem eigenen Blute bespritzt, die Zähne fletschte er wie ein Wolf. Vier Männer waren in die Umzäunung herabgestiegen und hatten versucht, ihm den Lederriemen um den Hals zu werfen. Während die anderen Pferde ängstlich in die fernsten Ecken geflüchtet waren, hatte sich dieses furchtbare Pferdeungetüm mitten unter die Männer gestürzt und sie fast umgebracht, ehe man sie herausziehen konnte.

Es war eine der seltensten Erscheinungen, die man unter Pferden kennt – ein Töter –, ein Tier, das seine Opfer nicht nur mit den Hufen schlägt, sondern auch beißt und zerrt und zermalmt, bis sie tot sind. Man kann hundert Jahre unter Pferden leben, ohne eine dieser gräßlichen Ausgeburten der Pferdewelt zu Gesicht zu bekommen, so selten sind sie. Zwei aus seiner Herde hatte er schon hier in der Umzäunung umgebracht, zwei junge

Hengste. Es wunderte uns nun nicht mehr, daß er der Führer war.

Unsere Krieger ließen es nicht auf noch ein Wagnis mit ihm ankommen. Sie standen hoch oben auf dem mehr als zwei Meter hohen Zaun und warfen von dort den ledernen Lasso; jedoch alle Versuche, dies blutgierige Ungetüm am Halse zu fangen, blieben vergebens. Dieser Teufel in Pferdegestalt besaß die Schlauheit eines Menschen. Er stand und verfolgte den Lasso, während er durch die Luft heranflog; dann gerade im Augenblick, als er ihm um den Kopf fallen sollte, zuckte er den zottigen Hals zurück und stand frei, die Vorderbeine weit auseinandergespreizt, in teuflischer Herausforderung aller menschlichen Künste. Keiner unserer ältesten Männer hatte je so etwas gesehen.

Es wurde schließlich beschlossen, ihn mit Feuerbränden in eine Ecke zu treiben und eine Abzäunung zwischen ihm und der übrigen Herde zu bauen, so daß die Männer damit anfangen konnten, die besten Pferde herauszuholen und die anderen laufen zu lassen. Dies taten wir; bis der Abend anbrach, hatten wir zweihundert der besten Reitpferde im ganzen Nordwesten eingefangen und an den Vorderfüßen gefesselt.

Am nächsten Tage begannen unsere Krieger mit der schwierigen Aufgabe, den wilden Pferden die Halfter anzulegen. Sie verfuhren nach der Indianerart, die sehr einfach und zielgerecht ans Werk geht. Vier Männer halten das Pferd an einem starken Lederriemen, der in einer Schlinge um den Hals des Tieres liegt; ein anderer Mann nähert sich langsam dem Kopfe des Tieres, dabei redet er „Pferdesprache“ und macht allerlei sonderbare Bewegungen und Geräusche.

„Pferdesprache“ ist ein tiefes Grunzen, das einen

seltsamen Zauber auf das Pferd ausübt, so daß es immer wieder auf kurze Zeit stillsteht. Es klingt wie „Hoh-Hoh“ und kommt von tief unten in der Brust. Das Pferd vergißt alle Ungebärdigkeit und steht ein paar Augenblicke lang bewegungslos an der Leine; während es so steht und auf die herannahende Gestalt starrt, schwingt der Mann seine Decke gegen es und ruft „Schuh! Schuh!“ Nach einer Viertelstunde solchen Benehmens erkennt das Pferd, daß ihm der Mann nicht schaden will, daß keine seiner Bewegungen und keiner seiner Laute es in irgendeiner Weise gefährden.

Es ist eine sonderbare Tatsache, daß kein ungezähmtes Pferd, ob aus der Pferdezüchtung oder von der offenen Prärie, sich am Anfang gegen ruhige Freundlichkeit erkenntlich zeigt. Es muß zuerst einmal rauh — aber nicht roh — behandelt werden; dann, wenn es den Menschen aus der Berührung kennengelernt hat, wird es am raschesten durch Freundlichkeit und Güte gewonnen.

Wenn nun der Mann den Kopf des Pferdes erreicht hat, kommt die schwierigste Aufgabe, es mit der Hand zu berühren; denn vor der ersten Berührung scheint das Pferd eine Todesangst zu haben. Der Mann macht allerlei Wendungen und Drehungen, bis es ihm nach einigen Minuten gelingt, den Finger auf die Nase des Pferdes zu legen. Dort läßt er ihn eine Weile liegen, bis das Pferd seinen Geruch gewittert hat. Danach legt er einen langen, schmalen Lederstreifen um die Nase des Pferdes, führt ihn hinauf über die Ohren, auf der anderen Seite herab und unten durch die Nasenschlinge; so entsteht eine Art Halfter mit einer Ziehschleife, die sich bei dem kleinsten Ruck des Pferdes festzieht.

Der Riemen ist nicht stärker als ein Schuhriemen, doch nachdem ihn der Mann angelegt hat, lassen die anderen Männer ihre Leine los, und von nun an hält der Mann das Pferd nur an diesem schmalen Lederbande. Das Geheimnis dabei ist dies: sobald das Pferd anzieht, drückt der Riemen auf bestimmte Nerven an der Nase und hinter den Ohren, was entweder betäubt oder stark schmerzt, so daß das Pferd nicht ein zweites Mal zu ziehen versucht.

Mit diesem Riemen in der Hand stellt sich der Mann vor das Pferd, streichelt ihm über das Gesicht und zischt dabei aus nächster Nähe. Es ist derselbe Laut, mit dem man Hühner verjagt — „Schuh, Schuh!" —, wohl der letzte Laut, der einem ungeübten Menschen in den Kopf kommen würde, um ein wildes, bösartiges Pferd zu zähmen, aber dennoch das rascheste Mittel, um das Zutrauen eines Pferdes zu gewinnen und ihm die Furcht zu nehmen.

Nachdem der Mann mit den Fingern jeden Zollbreit an Kopf und Hals des Pferdes berührt hat, nähert er sich mit der Hand den Schultern und Flanken. Hier wird das Pferd wieder ein wenig umherhüpfen wollen, aber ein paar kurze Rucke am Riemen bringen es zum Stehen. Es zittert vor Angst, während der Mann langsam mit der Hand über seine linke Seite streicht. Nun tritt der Mann einige Schritte zurück, nimmt die Decke und schlägt damit auf alle Teile, die er mit der Hand berührt hat. Bei jedem Schlag mit der Decke ruft er „Schuh!"

Dasselbe wiederholt er auf der anderen Seite des Pferdes und beginnt dann mit den Beinen. Jedes Bein, vom linken Vorderbeine an, muß mit der Hand bestrichen werden, nicht der kleinste Fleck darf unberührt bleiben. Dies ist eine etwas heikle Arbeit, denn die Hufe sind tödliche Waffen. Mehrmaliges scharfes Ziehen am Riemen besänftigt alle Widersetzlichkeit, innerhalb einer weiteren Viertelstunde ist jeder Zollbreit des Pferdes berührt und gerieben worden, sogar der Schweif und die kitzligen Teile am Bauche und zwischen den Beinen.

Nun ist das Einbrechen so gut wie vollendet. Es bleibt nur noch eins: das Pferd daran zu gewöhnen, daß ein Mann auf seinen Rücken steigt und auf ihm reitet. Dies geschieht sehr einfach und dauert keine Viertelstunde.

Der Mann nimmt die Decke und versetzt dem Pferde einige Schläge auf den Rücken. Dann legt er sie leicht auf. Zuerst bäumt sich das Pferd und wirft die Decke ab; noch ein Ruck am Riemen, und es bleibt ruhig. Der Mann holt die Decke und legt sie wieder auf den Rücken. Wahrscheinlich hüpft das Pferd ein- oder zweimal aus dem Wege, ehe es stillsteht. Ist dies erreicht, so tut der Mann die Decke fort, geht langsam an die Seite des Pferdes und legt ihm beide Hände mit einem leichten Druck auf den Rücken. Er drückt langsam stärker, bis er schließlich die Ellbogen auflegt und sich von der Erde hebt. Das Pferd trägt nun sein volles Gewicht, es mag am Anfang ein wenig hüpfen, aber beim nächsten Versuch bleibt es stehen.

Wenn der Mann ein paarmal so mit den Ellbogen auf dem Pferde gelegen hat, zieht er sich langsam immer weiter hinauf, bis er das rechte Bein auf die andere Seite legen kann. Es ist eine seltsame Tatsache, daß Pferde, deren Willen auf diese Weise gebrochen wird, fast nie einen Versuch machen, den Reiter abzuwerfen. Sie stehen vollkommen still; der Mann sitzt ruhig und streichelt eine Weile, dann sucht er leise, es zum Gehen zu bringen. Das Pferd stelzt ganz unbeholfen hierhin und dahin, es ist so benommen und unsicher, daß man meinen könnte, es mache die ersten Gehversuche.

Ein Pferd läßt sich auf diese Weise einbrechen, weil es ein kluges und denkfähiges Tier ist. Ein Huhn hat keinen Verstand, darum läuft es sein Leben lang vor jedem „Schuh!", das ihm nie etwas getan hat, davon. Es verliert denn auch manch ein Körnlein, das es in aller Ruhe verzehren könnte, wenn es aus der Erfahrung lernen würde wie das Pferd.

Vier Monate später waren wir wieder auf unserer geliebten Prärie im oberen Montana. Jeder Stamm, dem wir diesen Sommer begegneten, beneidete uns um unsere Pferde. Alle wollten wissen, wo wir sie her hatten. Unser Häuptling hat die Geschichte unserer Jagd auf wilde Pferde so oft erzählt, daß sie unter den Indianern dieser Prärien fast zur Legende geworden ist.

Aber am Schluß seiner Erzählung wurde unser ehrenvoller Führer immer ernst, er sprach dann in traurigen, gesetzten Worten von dem stahlgrauen Hengst mit der fliegenden, mondfarbenen Mähne, den er für sich ausgesucht hatte. Er verweilte lange bei der Beschreibung dieses prachtvollen Pferdes — jedoch zu Ende geführt hat er die Geschichte nur, wenn ihn jemand fragte, was aus dem wunderbaren Tiere geworden sei.

Dann erzählte er langsam, wie wir den ganzen Tag vergebens versuchten, den Hengst mit dem Lasso zu fangen; wie wir am Abend beschlossen, ihn einige Tage lang ungestört in dem kleinen abgeschlossenen Teil der Umzäunung zu lassen, ob er nicht durch solchen mehrtägigen Aufenthalt in unserer Nähe etwas von seiner Bösartigkeit ablegen würde; und wie am nächsten Morgen, als wir an die Umzäunung kamen, alles leer war. Das Pferd war tatsächlich mehr als zwei Meter hoch geklettert und war so über den Zaun gekommen, der ihn von der Hauptumzäunung abtrennte. Dort hatte er genügend Raum zu einem Anlauf gehabt, hatte den Zaun aus schweren Baumstämmen angegriffen und hatte sich durchgerammt. Nichts war zurückgeblieben als einige Blutflecken, abgerissene Haarbüschel und ein zertrümmerter Zaun.

Hier hätte die Geschichte von dem stahlgrauen Hengst abschließen sollen, aber sie ging noch weiter. Während unseres Fortwanderns aus diesem Lagerplatze fanden wir sieben tote Hengste und Stuten, die dieser Teufel dei Hochebene umgebracht und zerrissen hatte. Er war durch und durch ein „Töter" geworden und vernichtete nun sogar die eigene Art. Unsere alten Leute sagen, er sei wahnsinnig geworden, weil er in jenem furchtbaren Galopp durch den Rennweg die Führung über seine Herde verloren hatte. Diesen Schlag gegen seinen Führerstolz und seine Männlichkeit habe er nicht ertragen, er sei davon zum bösen Geist der Zerstörung, zum rasenden Wanderer der Wildnis geworden.

Dieser Hengst wurde im ganzen Nordwesten berühmt als der einsame Nachtwanderer. Er zog herab auf die Prärie in Montana und Alberta und tauchte in den dunkelsten Nachtstunden plötzlich und unerwartet bald hier, bald dort auf. Nie gab er einen Laut von sich, er hatte sein mächtiges Brüllen verloren. Nur nachts spukte er auf den Prärien, tags blieb er unsichtbar. Sein ganzer Lebenszweck war nun geworden, jedes Pferd, das er antraf, umzubringen.

Dieser schweigsame, einsame Nachtwanderer wurde oft gesehen, wie er scharf umrissen gegen den Mond auf einem Hügel stand: den Kopf aufrecht, den Schweif wie bei einem Denkmal über den Rücken gelegt, die lange mondfarbene Mähne und der Schweif flossen im Sternenlicht wie Silber. Wegen seiner eigenartigen Nachtgewohnheiten und weil der wunderbare Schweif und die Mähne im Mondlicht einen unheimlichen Flimmer abgaben, wurde er durch den ganzen Nordwesten bekannt unter dem Namen Schunkatonka-Wakan – das Gespensterpferd. Das Stahlblau seines Körpers zerschmolz so vollkommen in der dunklen Bläue der Nacht, daß der Schweif und die Mähne im Mondlicht wie schimmernde Fäden von brennendem Silber erschienen; das gab ihm einen seltsamen Strahlenschein und sah wirklich gespenstisch aus.

## 14
## Das Büffelfell des Weißen Mannes

Als wir jenen Herbst den Milchfluß nah an der Grenze von Montana und den Nordwestlichen Territorien erreichten, kamen einige Weiße Männer in unser Lager, um mit uns einen Vertrag zu schließen; sie wollten unser Land für Dollarscheine kaufen und uns ein Schutzgebiet mit anderen Indianern geben. Sie sagten, alle Stämme südlich und östlich von uns hätten schon mit den Regierungen der Vereinigten Staaten und Kanadas Verträge geschlossen, lebten nun auf ihren Schutzgebieten und hätten es dort gut. Sie rieten uns auch, unser Umherstreifen aufzugeben und uns an einem Orte niederzulassen. Sie breiteten ihre Dollarscheine auf der Erde aus und sprachen:

„Dies sind die ‚Büffelfelle' — das Geld — des Weißen Mannes." (Die Indianer hatten beim Tauschen Büffelfelle als Geld verwendet.) Sie sagten: „Die Sioux-Indianer nennen dieses Geld Masa-ska — weißes Metall —, weil sie wissen, daß sie es für Münzgeld umtauschen können, mit dem man alles kauft, was der Weiße besitzt. Es hat großen Wert, und ihr müßt es von jetzt an verwenden."

Unser Häuptling nahm einen der Dollarscheine in die Hand, das Bild eines Mannes mit einem Kahlkopf war darauf. Er betrachtete unsere Krieger, die neben ihm standen, und sprach: „Wir werden dies Stikikikinasi — Kahlkopf — nennen.“ Seit der Zeit heißt der Dollarschein unter den Schwarzfüßen „Kahlkopf“.

Nachdem der weiße Häuptling sein ganzes Geld auf der Erde ausgebreitet und gezeigt hatte, wieviel er uns für die Unterzeichnung eines Vertrages geben würde, nahm unser Häuptling eine Handvoll Lehm, machte einen Ballen daraus, legte den auf das Feuer und röstete ihn. Die Lehmkugel zersprang nicht. Dann sprach er zu dem weißen Häuptling:

„Nun gib mir eine Handvoll von deinem Gelde, wir wollen es neben dem Lehm auf das Feuer legen. Was dann am schnellsten verbrennt, hat am wenigsten Wert.“

Der weiße Häuptling sprach:

„Mein Geld wird am schnellsten verbrennen, weil es aus Papier ist; also können wir das nicht tun.“

Darauf griff unser Häuptling in seinen Gürtel und holte einen kleinen hirschledernen Beutel voll Sand heraus. Den gab er dem weißen Häuptling und sprach:

„Gib mir dein Geld. Ich werde das Geld zählen, während du die Sandkörner zählst. Das, was sich am schnellsten zählen läßt, wird das Mindere sein.“

Der weiße Häuptling nahm den Sand, goß ihn auf seine Handfläche, betrachtete ihn und sprach: „Ich würde nicht lange genug leben, dies zu zählen; du aber könntest das Geld rasch zählen.“

„Dann“, sprach unser Häuptling, „ist unser Land mehr wert als dein Geld. Es wird ewig bleiben. Es wird nicht in den Flammen vergehen. Solange die Sonne scheint und das Wasser fließt, wird dies Land hier sein und wird Menschen und Tieren Leben spenden. Wir können nicht das Leben von Menschen und Tieren verkaufen, darum können wir nicht dies Land verkaufen.

Der Große Geist schuf es hier für uns, wir können es nicht verkaufen, weil es uns nicht gehört. Ihr könnt euer Geld zählen und es verbrennen, während ein Büffel mit dem Kopfe nickt; doch nur der Große Geist kann die Sandkörner und die Grashalme auf dieser Prärie zählen. Als Geschenk werden wir euch gern irgend etwas aus unserem Besitz geben, das ihr dann mitnehmen könnt, aber das Land nie."

Der weiße Häuptling sprach dann:

„Ich wurde hierhergeschickt von der Großen Weißen Mutter, die über das ganze Land von Kewatin — dem Nordwind — über den Kisisaskatschewan — Rascher Strom, ein Fluß im Norden — und weiter bis zum Westlichen Meere herrscht. Sie ersucht euch, wie eure Brüder im Norden einen Vertrag zu schließen und unter unserer Fahne in Frieden zu leben. Ihr werdet euch nie mit den Blaukitteln — den Amerikanern — vertragen. Wenn sie euch schlecht versorgen, so geht herauf in unser Land. Immer wenn ihr nach Nordwesten schaut und die Rote Sonne seht, wird das meine Sonne sein, meine ‚Rotkittel' — die Berittene Schutzmannschaft des Nordwestens. Kommt, wann ihr wollt, herüber zu uns, ihr werdet bei uns und euren Brüdern, den Nördlichen Siksikau, gut leben."

Damit endete unsere erste Friedensbesprechung.

Da wir von unseren Winterjagden im nördlichen Felsengebirge reich an Fellen und Pelzen waren, beschloß unser Häuptling, im Spätsommer hinab nach Fort Bonton in Montana zu ziehen, um dort unsere Ware gegen die Ware des Weißen umzutauschen: Pfeilspitzen aus Stahl als Ersatz für die unseren aus Flint, einen größeren Vorrat an Decken, um unseren schwindenden Bestand an Büffelfellen zu ergänzen, farbige Glasperlen als

Ersatz für unsere Stachelschweinkiele, Pulver, Kugeln, Gewehre; Messer und Werkzeug als Ersatz für unsere Knochengeräte; Segeltuch als Ersatz für unsere schweren Tipihäute.

Nördlich von Fort Benton gerieten wir in ein großes Lager von befreundeten Krähen und Halbblut-Büffeljägern, die nebeneinander am oberen Missouriflusse lagerten. Die Halbblut-Jäger waren aus dem Lande Kewatin in Manitoba gekommen, um ihre Felle in Fort Benton einzutauschen.

Sie luden uns ein, bei ihnen zu lagern; am Abend veranstalteten die Krähen und die Halbblütler zwei große Tänze zur Feier des Zusammentreffens all dieser fremden Indianer und Halbblütler.

Während ihres Tanzes bemerkten wir Buben zwei ältere Knaben mit langem Haar, die mit den Indianern tanzten. Sie benahmen sich wie Indianer und sprachen nur indianisch — und doch waren sie Weiße. Wir beobachteten sie, und wir bemerkten, daß der eine zu den Krähen gehörte und der andere zu den Halbblütlern, und daß sie sich gegenseitig musterten. Unsere Aufmerksamkeit wurde immer eifriger, denn dies waren die ersten weißen Knaben, die wir genauer zu sehen bekamen. Wir ließen sie nicht aus den Augen und hatten bald entdeckt, daß sie sich nicht kannten. Wir entnahmen das den scheuen Blicken, die sie sich beim Tanze zuwarfen. Nach einer Weile, als einer der langen Tänze zu Ende war, sahen wir den weißen Knaben, der zu den Krähen gehörte, hinüber zu dem anderen Knaben gehen und etwas sagen. Der Knabe antwortete in der Zeichensprache, die wir alle verstanden. Wir hatten nun auch schon unsere Mütter auf diese Knaben aufmerksam gemacht, und sie beobachteten sie ebenfalls.

In der Zeichensprache antwortete der Knabe bei den Halbblütlern dem Knaben bei den Krähen:

„Ich verstehe deine Sprache nicht, ich spreche Krie."

„Wer bist du dann? Warum bist du bei den Krie-Halbblütlern? Bist du nicht ein weißer Knabe wie ich?"

„Ja, ich bin weiß, aber ich habe nie erfahren, wer meine Eltern sind. Ich habe sie nie gesehen. Die Sioux nahmen mich bei dem Minnesota-Massaker gefangen. Ich war damals noch ein Säugling, aber als ich aufwuchs und entdeckte, daß ich anders als die Indianer war, lief ich davon. Ich mag damals zehn oder zwölf Jahre alt gewesen sein, jedenfalls war ich so klein, daß ich mich tagsüber in Dachshöhlen verbergen konnte. So entkam ich den Verfolgern. In einer dunklen Nacht bin ich davongelaufen. Ich wußte, daß die Sioux mich verfolgen würden, sobald sie meine Flucht entdeckten, also wanderte ich immer die Nächte durch und verbarg mich tagsüber in Dachshöhlen auf der Prärie. Fünf Nächte lang tat ich das, dann stieß ich auf Halbblut-Büffeljäger, bei denen bin ich seitdem geblieben. Jetzt bin ich siebzehn Jahre alt. Wie alt bist du? Wer bist du?"

Der weiße Knabe, der so gesprochen hatte, war ein langer, schmaler Jüngling. Der Knabe bei den Krähen war ein kurzer, untersetzter Bursche, er lächelte immer.

Der weiße Knabe bei den Krähen sprach:

„Ich habe einen Namen in der Sprache der Weißen, den kann ich nicht in der Zeichensprache sagen. Ich bin sechzehn Jahre alt. Ich komme von jenseits des großen Wassers (England). Aber ich lebe seit meinem zehnten Jahre bei den Krähen. Ich kam mit meiner Mutter und meiner Tante in dieses Land; sie wollten zu meinem Onkel, der reich war und im Goldlande im Westen (Kalifornien) lebte. Wir fuhren in Wagen aus dem

Osten ab. Aber als wir Fort Benton erreichten, traf meine Mutter der ‚Schwarze Fluch' (Pocken), und sie starb; am nächsten Tag starb auch meine Tante. Ich war allein, da nahmen mich die Krähen an Kindes Statt auf und erzogen mich. Sie waren stets gut zu mir. Hat man dich auch gut behandelt?"

„Ja, ich bin gut behandelt worden", sagte der stille Bursche aus der Halbblut-Bande. „Ich erinnere mich kaum an mein Leben bei den Sioux. Ich weiß, daß ich viele Brüder hatte; das heißt, die Siouxfrau, bei der ich lebte, hatte viele Söhne, wir spielten zusammen und hatten viel Spaß. Aber wir mußten auch alle schwer arbeiten."

Jetzt standen schon die meisten Indianer um die beiden weißen Knaben und „belauschten" ihre Unterhaltung. Der lange Knabe war scheu, aber er fuhr fort:

„Es gab ein weißes Mädchen, älter als ich, vielleicht sechzehn Jahre alt, in einer anderen Sioux-Bande, die nach dem Massaker hinauf nach Kewatin zog. Ich sah sie manchmal, wenn wir nahe beisammen lagerten, und ich suchte nach einer Gelegenheit, mit ihr zu reden und zu erfahren, wer wir seien; aber die Sioux bewachten sie zu genau.

Eines Tages sah ich sie hinab an ein Wasserloch gehen, das beide Banden benutzten, und ich huschte aus dem Lager und ging ebenfalls dorthin. Ich fragte sie, wer sie sei. Sie sagte, sie wisse es nicht. Sie war auch bei dem Massaker gefangengenommen worden. Sie sagte, sie werde in der Familie des Häuptlings erzogen und werde beständig bewacht; denn der Häuptling wolle sie heiraten, sobald sie alt genug sei. Sie hatte rotes Haar und war sehr hübsch. Ich fand nicht eine zweite Gelegenheit, mit ihr zu reden. Ich weiß auch nicht, was aus ihr wurde. Das ist alles, was ich von mir weiß. Sie sagen, meine Eltern seien bei dem Massaker umgekommen, eine Indianerfrau habe mich aus dem Schmutze aufgehoben und gerettet. Aber ich möchte gern wissen, wer meine Verwandten sind.

Viele Jahre später machte ich einen Besuch bei den Sioux des Minnesota-Massakers, die jetzt auf zwei Schutzgebieten im westlichen Kanada leben; die Bande von Stehendem-Büffel lebt bei Fort Qu'appelle in Saskatchewan, die von Akisa am Hafersee in Manitoba. Ich erinnerte mich an jenen Abend im Lager am Oberen Missouri, von dem unsere Leute noch immer sprachen, und ich fragte die Sioux, was sie von dem weißen Kinde wüßten, das sie nach dem Massaker mitnahmen, als sie vor den amerikanischen Truppen in dieses Land flohen. Ich erfuhr, daß die Frau, die das Kind angenommen und aufgezogen hatte, die Frau des Häuptlings Akisa war."

Sie erzählte, es sei an jenem Tage so viel Blut in den Straßen von Redwood in Minnesota geflossen, daß sich das Straßenbett in roten Schmutz verwandelt hatte. In diesem Schmutz hatte sie einen kleinen weißen Säugling strampelnd und weinend liegen sehen, während die Schlacht weiterging und Indianer wie Weiße in der Aufregung andere Kinder unter den Füßen zertraten. Um den kleinen Kerl, dessen Gesicht es ihr angetan hatte, zu retten, habe sie herabgegriffen und ihn in ihren Büffelmantel gewickelt.

Auf der Flucht in die Nordwestlichen Territorien, wie das westliche Kanada damals hieß, seien die Sioux von den Mandan angegriffen worden; der Kampf habe mehrere Stunden gedauert und auf beiden Seiten viele Opfer gekostet. Heiliges-Fliegen, ein anderer Sioux aus dem Massaker, sagte mir, die Frau habe während des ganzen Kampfes das kleine weiße Kind an ihren eigenen Körper gehalten, um es vor den umherfliegenden Kugeln und Pfeilen zu schützen.

Sie hatte das Kind behalten und es wie eines ihrer eigenen Kinder erzogen, bis es schon ein ansehnlicher Knabe war, dann sei es in einer Nacht verschwunden. Sie habe einmal gehört, daß er noch als Mann im mittleren Alter in Manitoba leben solle. Sie liebte dieses Kind wie eines der ihrigen und hatte in ihrem Alter oftmals über den Verlust getrauert.

Ich fuhr hinunter nach Winnipeg und brachte einen Aufsatz in die Winnipeger „Tribune" vom 24. Februar 1923; darin ersuchte ich diesen weißen Sioux-Knaben, sich mit mir durch die „Tribune" in Verbindung zu setzen. Vier Monate später, am 13. Juni 1923, kam ein hagerer großknochiger Mann in die Schriftleitung der „Tribune" in Winnipeg und sagte dem Schriftleiter, er könne weder lesen noch schreiben, aber eine Frau draußen auf der Prärie habe ihm erzählt, „jemand hätte in dieser Zeitung vor einigen Monaten nach ihm gefragt."

Er sprach:

„Die Sioux-Indianer haben mich nach dem Massaker, als ich noch ein kleines Kind war, aufgezogen. Wo sind diese Indianer jetzt? Ich möchte erfahren, wer meine Verwandten sind."

Der Schriftleiter drahtete mir. Ich kam sogleich nach Winnipeg und erzählte Roß Tanner — das war sein Name —, was ich von ihm wußte. Wir verbrachten den ganzen Tag zusammen, er erzählte, er habe unten am Missouriflusse schon zwei Familien gehabt, beide von Indianerfrauen, er habe jetzt im ganzen einundzwanzig

Halbblutkinder. Sein Heim habe er noch immer in Amaranth in Manitoba, nicht weit von Winnipeg.

Aber ein seltsames Nachspiel folgte diesem Zusammentreffen, als dann der Schriftleiter der „Tribune“ in seinem Blatte die Geschichte erzählen ließ.

Am gleichen Nachmittage kam wieder ein Weißer, der aussah und sich benahm wie ein Indianer, in die Schriftleitung und fragte, wo er Roß Tanner finden könnte; er habe ihn das letztemal in einem Indianerlager unten am Missouri gesehen, als sie beide noch Knaben waren. Und dieser Mann war John Philips, der nun an der Pacific Avenue in Winnipeg lebte — jener weiße Knabe, den die Krähen angenommen und erzogen hatten!

Der Schriftleiter rief mich an und ließ mich mit Roß Tanner kommen; dann setzte er uns in sein Auto und fuhr uns nach der Adresse, die Herr Philips angegeben hatte.

Als wir drei das bescheidene Heim von John Philips betraten, fanden wir ihn dort mit seinem Krie-Indianerweib und sieben Halbblut-Kindern. Die zwei Männer erkannten sich sogleich wieder, obwohl sie nun schon anfingen zu altern; das Wiedersehen war fast ergreifend. Beide packten sich mit den Händen an den Schultern, standen und sahen sich an, während ein breites Lächeln über ihre Gesichter ging und Tränen von ihren Augen liefen. Eine Weile sagten sie nichts, dann sprachen sie beide: „Nun, nun, nun!“ Und wir setzten uns alle zusammen und plauderten den Rest des Nachmittages von den alten Zeiten.

Roß Tanner setzte sich mit den Sioux in Verbindung und erfuhr, daß ein Halbblut-Dolmetscher, der mit ihnen nach dem Massaker fortgezogen war und der ehemals die weißen Ansiedler in Redwood in Minnesota beim Namen gekannt hatte, sich später an die Halbblut-Büffeljäger anschloß; es muß dieser Dolmetscher gewesen sein, der ihm den Namen Roß Tanner gab. Sie selbst wußten seinen Namen nicht, aber sie meinten, der Halbblütler könnte seine Eltern gekannt haben.

Doch die Kette der zufälligen Zusammentreffen war noch nicht zu Ende. Der Schriftleiter des „Mentor" bat mich um einen Aufsatz über die Indianer des Fernen Nordwestens. Ich schrieb den Aufsatz und erwähnte darin Roß Tanner, der noch immer nicht wisse, wer er sei; daß er nach dem Massaker hier heraufgebracht worden wäre und noch immer vergebens nach Anverwandten suche. Mein Aufsatz erschien 1923 in der Märznummer des „Mentor". Fünf Monate später erhielt ich einen Brief von Herrn Louis C. Tanner, einem Mitglied des Schulvorstandes von Liberty County in Texas, worin er mir mitteilte, Roß Tanner sei der Sohn seines Onkels, der, schlimm zugerichtet, aus jenem Massaker entkommen wäre und jetzt in Detroit in Michigan lebte.

Also wußte Roß Tanner endlich, wer er war.

## 15

## Das Ende des Zaubermannes

Als wir Knaben alt genug waren, um für uns selbst im Freien sorgen zu können, wollten wir uns auch abhärten wie die Krieger; also liefen wir schon in früher Jugend öfters von zu Hause fort und blieben mehrere Tage aus. Wir stahlen vom Vater oder von einem Onkel eine Flinte oder einen Köcher voll Pfeile, nahmen ein kleines Jagdzelt mit und schlichen im Dunkel der Nacht davon, um auf eigene Faust Abenteuer zu suchen. Wir maßten uns sogar an zu hoffen, daß uns vielleicht ein Feind begegnen würde, mit dem wir kämpfen könnten – aber der Große Geist allein mag wissen, was mit uns geschehen wäre, wenn wir wirklich mit feindlichen Krähen zusammengetroffen wären. Glücklicherweise geschah das nie.

Aber eines Tages stießen wir doch auf einige Krähen-Knaben, und das werde ich nicht so bald vergessen. Fünf von uns Buben hatten das Lager verlassen, waren in eine mit Gebüsch bewachsene Präriemulde gekommen und hatten dort ein kleines Lager aufgeschlagen. Wir entfernten uns nie so weit, daß wir nicht mehr den Rauch unseres Hauptlagers gesehen hätten; aber auf der Prärie hieß das immerhin eine Entfernung von fünfzehn bis zwanzig Kilometern, denn so weit sahen wir bei Tag den Rauch und bei Nacht den Schein der Lagerfeuer.

Während dieses Ausflugs rösteten wir eines Tages einige Präriehühner, als plötzlich jenseits eines kleinen Baches, der am Ausgang unserer Mulde vorbeilief, Knaben in einer fremden Sprache redeten. Wir ergriffen unsere Waffen — wirkliche Flinten und Pfeile — und schlichen hinunter an die Stelle, wo der kleine Strom leicht zu überschreiten war, wissend, daß die fremden Indianer dort herüberkommen müßten. Wir sahen deutlich durch das Gebüsch, wie sie drüben am anderen Ufer daherkamen und auf die seichte Stelle zuschritten.

Wir lagen vorsichtig verborgen und beobachteten sie. Sie redeten lustig in ihrer Krähen-Sprache und pflückten Saskatun-Beeren, die sie in große Ledereimer taten.

Eins, zwei, drei, vier — vier Krähen-Knaben kamen aus dem Wasser gestiegen, genau an der Stelle, wo wir lagen; als der letzte erschienen war, sprangen wir mit Kriegsgeschrei auf, schoben ihnen unsere Waffen ins Gesicht und riefen in scharfem Befehlston:

„Halt, ihr Sperlingsfalken! Wir sind Schwarzfüße, und wir werden euch totschießen!"

Was nun folgte, kam uns allen gänzlich unerwartet. Die Krähen-Knaben stießen einen erschreckten Schrei aus und warfen die Hände mit den Eimern in jäher Wucht empor; einen Augenblick lang regnete es förmlich Beeren. Die Beeren bissen uns so scharf ins Gesicht und auf den Kopf, daß wir meinten, es sei eine Ladung Schrot, und nun unsererseits erschraken.

Nachdem dieser Regen vorüber war, standen wir da und starrten einander an, dann brach alles in lautes Lachen aus. Das Lächerliche auf beiden Seiten schien uns allen im selben Augenblick klarzuwerden. Die Krähen lachten über uns, und wir über sie. Da wir nun so herzhaft miteinander gelacht hatten, beschlossen wir, die Feindschaft unserer Väter zu vergessen und eine Weile zusammen zu spielen.

Wir luden die Krähen ein, auch von zu Hause fortzubleiben und die Nacht bei uns zu verbringen. Das taten sie. Und es war ein großes Vergnügen, den Abend über am Feuer zu sitzen und uns in der Zeichensprache von unseren Erfahrungen zu erzählen. Wir haßten nachher nie mehr die Krähen.

Einer der größten Zaubermänner, die der Stamm der Schwarzfüße hervorbrachte, „entdeckte seine Zauberkraft“ während solch eines „Durchbrenner-Ausflugs“, wie wir Knaben sie machten. Er heißt Mokuji-Kinasi — Wolfskopf und lebt heute (1928) auf dem Schutzgebiet der Schwarzfüße in Gleichen in Alberta.

Der Oberhäuptling der Schwarzfüße, Springender-Hase, der Sohn von Atsistamokon, sagte mir vor einigen Jahren: „Wolfskopf hat viel mehr Macht unter den Schwarzfüßen als ich. Aber das bekümmert mich nicht. Es ist mir sogar angenehm, denn Wolfskopf hat mich zu dem gemacht, der ich bin. Ihm verdanke ich alles, was ich erreicht habe.“

Wolfskopf soll die „Macht des Donners“ erhalten haben. Es geschah in der folgenden Weise:

Als Wolfskopf siebzehn Jahre alt war, beschloß er wie alle Schwarzfuß-Knaben eines Tages, von seinen Leuten davonzulaufen und in der Wildnis der nordwestlichen Prärien auf eigene Faust Abenteuer zu suchen. Der Stamm lagerte damals am Roten-Hirsch-Fluß in den Nordwestlichen Territorien, dem heutigen Alberta. Er nahm drei junge Gefährten mit, die alle wie er durch hervorragende Leistungen große Krieger werden wollten. In einer Augustnacht brachen sie auf, sie zogen zu Fuß los und nahmen nichts mit als ihre Büffelmäntel und ihre Waffen.

Der nächste Tag war sehr heiß. Kurz vor Mittag, als die Hitze am stärksten war, brach plötzlich ein furchtbares Gewitter von Westen her über sie los. Sturmwind und ein ganz ungewöhnliches Gepränge von Blitz und Donner begleiteten das Gewitter. Die vier Knaben wanderten über offene Prärie; als der Sturm sie traf, liefen sie, so schnell sie konnten, um in einem Busche Schutz zu suchen, der etwa zwei- bis dreihundert Meter entfernt lag. Wolfskopf und einer seiner Gefährten erreichten zuerst den Busch; sie warfen sich nieder, zogen die Büffelmäntel über ihre Köpfe und wickelten sich unter einer Decke fest zusammen. um so besser dem Winde standzuhalten.

Dann erinnerte sich Wolfskopf nur noch an das Aufflammen eines blauen und roten Blitzes, das die ganze Luft mit einer schier blendenden Glut erfüllte ... Sonst nichts.

Viele Stunden später, die Sonne ging eben unter, erwachte er aus einem sonderbaren Traum und versuchte, sich auf die Füße zu stellen.

„Ich hatte meine Sinne nicht mehr bei mir", sagte er. „Ich war wie irr. Blut lief mir aus Mund, Nase und Ohren. Ich empfand einen starken Schmerz, als ich aufstand, und ich konnte nicht geradegehen. Ich lief nur immer rund herum im Kreise. Ich wunderte mich, was wohl geschehen sei, und was mir fehle.

Während ich so umherlief, sah ich einen unserer Schwarzfuß-Jäger kommen. Ich rief ihn an, aber als er mich sah, machte er kehrt und lief, so schnell er konnte, zurück nach dem Lager. Es war Wiesel-Kalb dort", sagte er und deutete auf diesen Krieger, der mit uns am Lagerfeuer saß, während Wolfskopf von dem ungewöhnlichen Ereignis berichtete.

„Ja", sagte Wiesel-Kalb, „ich war es. Als ich ihn sah, meinte ich, er sei ein Gespenst, und erschrak sehr. Ich lief in das Lager und erzählte den anderen davon. Als wir zurückkamen, lief Wolfskopf noch immer im Kreise. Er hatte keine Kleider am Leibe, die ganze linke Seite seines Körpers war arg zerschunden, er blutete überall. Er sah nicht aus wie ein lebender Mensch. Wir meinten, er sei umgekommen, und dies sei sein Geist. Mehr als tausend von uns gingen hinaus aus dem Lager zu ihm; als wir nahe an ihn herankamen und sahen, daß er kein Gespenst war, sagten wir ihm, was geschehen war, daß er vom Blitz getroffen wurde. Zwei seiner Gefährten waren ins Lager gekommen und hatten uns erzählt, die beiden seien getötet worden, und ihre verbrannten Leiber lägen draußen. Darum war ich davongelaufen, als er mich anrief.

Einige Krieger trugen ihn in das Lager, die anderen machten sich auf die Suche nach dem anderen Knaben. Wir fanden ihn tot etwa vierhundert Meter von der Stelle, wo Wolfskopf gelegen hatte; den Büffelmantel fanden wir zweihundert Meter nach Osten und die Flinte zweihundert Meter nach Westen von der Stelle, wo beide Knaben gesessen waren, als sie der Blitz getroffen hatte. Es muß ein starker Blitzschlag gewesen sein."

Dann fuhr Wolfskopf fort:

„Ich erinnere mich nur an dies, daß ich einschlief, nachdem wir den Blitz gesehen hatten, und daß mir träumte, ich sei in einem Zelte. Ich saß neben einer Frau, sie sagte, sie sei die Donnerfrau. Sie sang mehrere Lieder und gab sie mir als meine Zauberlieder. Nach einer

Weile kam der Sohn der Frau, Donnerknabe, herein; er sang ein Kriegslied und gab es mir. Die Frau sagte, ich solle im Krieg keine Angst haben, denn ich würde ein alter Mann werden. Sie sprach: ‚Ich gebe dir sieben Flinten' (das bedeutete, er würde auf dem Kriegspfad sieben Feinde töten). Fünf von diesen Flinten hatte ich schon erhalten, da schlossen wir den Friedensvertrag mit der Kanadischen Regierung, und danach durfte ich nicht mehr kämpfen.

Während die Sonne unterging, gab sie mir mein Sonnenlied, und dann erwachte ich. Nachdem ich ins Lager gebracht worden war, litt ich die Nacht hindurch an starken Schmerzen. Ich fiel wieder in einen Traum. Donnerknabe erschien mir und sprach: ‚Ich bin derjenige, der schlägt. Ich werde einen großen Zaubermann aus dir machen. Du wirst Dinge vollbringen, vor denen die Leute staunen. Ich werde dir oft im Schlafe erscheinen, und bei jedem Kommen werde ich dich etwas Neues lehren.'

Im Laufe der Jahre erschien mir Donnerknabe oft im Traume, und immer wenn er kam, zeigte er mir etwas, wovon ich noch gar nichts gewußt hatte. Ich wurde bald ein großer Zaubermann.

Nachdem ich erwachsen war, kam ein weißer Zaubermann, um uns von dem Großen Geist des Weißen Mannes zu erzählen.

Er war der erste Weiße, der je zu uns kam, und er schuf eine Schrift für unsere Sprache.

(Ich, Häuptling Langspeer, mag hinzufügen, daß dies der ehrwürdige Archidiakonus Tims war, der noch jetzt hochbetagt auf dem Sarsi-Indianer-Schutzgebiet bei Calgary in Alberta als Missionar für den Sarsi-Stamm wirkt.)

Eines Nachts, nachdem dieser weiße Zaubermann zu uns gekommen war, erschien mir Donnerknabe im Traume und breitete eine große gegerbte Büffelhaut auf der Erde aus. Dann hob er sie auf und hängte sie an die Wand des Zeltes, so daß sie auseinandergestreckt mit den Beinen abwärts hing. Auf dieser Büffelhaut waren viele Zeichen, die mir alle fremd und sonderbar erschienen. Donnerknabe sprach, indem er auf diese seltsamen Zeichnungen wies:

‚Weißt du, was dies ist?'

‚Nein', antwortete ich.

‚Es sind verschiedene Sprachen. Auf jeder Zeile siehst du eine andere Sprache geschrieben. Erkennst du irgendeine davon?'

‚Nein.'

‚Sieh scharf hin.'

Ich sah lange und genau darauf, dann fand ich auf einem der Beine der Büffelhaut etwas, das ich zu lesen vermochte. Ich deutete darauf und sagte:

‚Dies kann ich verstehen.'

‚Was ist es?'

‚Es ist die Schwarzfuß-Sprache in Schrift gebracht.'

Er sprach: ‚So ist es, und von nun an wirst du diese Sprache zu lesen verstehen.'"

Es ist eine Tatsache, daß Wolfskopf wirklich am nächsten Morgen aufstand und die Schwarzfuß-Schrift, die der Archidiakonus erfunden hatte und die er bisher keinem Indianer beibringen konnte, fließend schrieb. Der ehrwürdige Missionar staunt heute noch über dieses unheimliche Ereignis.

Bei einer anderen Gelegenheit machte Wolfskopf photographische Aufnahmen ohne jede Anleitung, und ohne je eine Kamera gesehen zu haben. Nach kleinen Schaumünzen von König Eduard und Königin Viktoria schuf er zwei lebensgroße Büsten aus Stein, die der Regierungsbevollmächtigte des Schutzgebietes als geniale Schöpfungen aufbewahrt. Als auf den Indianerländereien Kohle gefunden wurde, stellte er eine brauchbare Förderanlage her, die auch längere Zeit in Betrieb war.

Nach vielem eindringlichen Überreden seitens des Missionars gab Wolfskopf vor einigen Jahren seine Tätigkeit als Stammes-Zaubermann auf und nahm die Religion des Weißen Mannes an. Seit jenem Tag, sagt er, habe er alle Kraft als Zaubermann verloren.

„Donnerknabe kam nachher nie wieder. Ich war ein reicher Mann, als ich meine Religion wechselte, ich besaß viele Pferde. Nun habe ich nichts. Ich bin arm, und ich habe keine Zauberkräfte mehr."

Obwohl Wolfskopf heute so arm ist, achtet ihn der ganze Stamm. Er gilt als der erste der Schwarzfüße. Sie kennen seine Vergangenheit, und sie werden ihn nie anders einschätzen.

Wolfskopf besitzt noch immer ein Zaubertipi, das ihm einen Reichtum an Pferden einbringen würde, wenn er es verkaufen wollte. Doch er wird sich nie von diesem Tipi trennen. Es wurde ihm mit einem anderen Zaubertipi von Donnerknabe gegeben, der ihm auch seine Lebenszauberkraft, den Donnervogel, gab und ihn unterwies, wie er diese beiden Tipis zu bemalen habe. Das eine der Tipis ist blau und das andere gelb, beide tragen ein großes Bild des Donnervogels. Die Südlichen Schwarzfüße bei Browning in Montana haben nach vielem Betteln Wolfskopf endlich dazu bewogen, ihnen für ihren Teil des Stammes das blaue Zaubertipi zu verkaufen; sie besitzen es heute in Browning. Aber von dem gelben wird sich Wolfskopf niemals trennen. Es ist sein Heim, die einzige Erinnerung an seine glanzvollen Tage, als er der größte Zaubermann des Nordwestens war. Ich habe ihn photographiert, wie er vor seinem gelben Zaubertipi steht: man sieht das Bild des Donnervogels über seiner Schulter.

## 16

## Das Freudenfest des Friedens

Zwei Jahre waren vergangen seit unserem letzten Kampfe mit den Krähen. Es war Spätherbst, und wir lagerten am Rande der Zypressenberge nahe der Grenze zwischen Montana und Alberta — da geschah eines Nachts etwas Seltsames.

Wir hatten schon eine Weile geschlafen, es mußte nahe an Mitternacht sein, als wir aus dem schwarzen Dunkel der sternlosen Nacht ein Rascheln bei den Pferden vernahmen, das uns auf die Ellbogen hob. Niemand sprach ein Wort. In dieser atemlosen Stille hörte ich ein „Klick", und ich wußte, daß mein Vater den Arm um die Flinte gelegt und den Hahn zum Schuß gespannt hatte.

Unsere Pferde waren auch nach dem ersten überraschten Sprung still gewesen, aber jetzt regten sie sich wieder, wir hörten, wie sie mit ihren gefesselten Vorderfüßen zu laufen versuchten. Nun begannen die Hunde! Hundert zottige Riesen, die nicht zu bellen verstanden, weil sie halbe Wölfe waren, erhoben sich in heulendem, belferndem Grimme — „rrrrruuu-iiijau-wah-wah-wah-uuuuwiii!" Nach diesem wütenden Getobe vernahmen wir entsetzt drei furchtbare Schreie. Es war der Ruf eines Gespenstes! Wir kannten ihn, — den Ruf von Streifender-Nachtadler!

Streifender-Nachtadler — unser Krieger, der von den Krähen getötet worden war!

Mein Vater fuhr zur Zelttüre hinaus wie ein springender schwarzer Schatten. „Tump-tump-tump" — überall liefen Mokassinfüße. Dann vernahmen wir Worte, sie kamen von dort, wo die Pferde waren:

„Ich bin ein Schwarzfuß. Ich bin der Feind keines lebenden Menschen hier!"

„Hanh-h-h-h-h-h", stöhnte meine Mutter. „Es ist die Stimme von Streifender-Nachtadler!" Sie hielt die Hand über den Mund und saß bewegungslos. Wir Kinder schmiegten uns an ihre Seite, zitternd vor Angst.

Dann viele Stimmen, ein Durcheinander von Stimmen. Wir mochten so etwa fünf Minuten lang gesessen sein, als der Vater die Zelttüre zurückschob und hereinrief:

„Alle in das große Versammlungszelt. — Es ist Streifender-Nachtadler!"

Wir warfen die Decken beiseite und stürmten hinter der Mutter hinaus. Draußen sahen wir das große Zelt schon von Feuer erleuchtet. Alles eilte dorthin.

Eine große Menge erwartungsvoller Menschen saß schon dort, aber Streifender-Nachtadler sahen wir nirgends. Während wir umherblickten, hörten wir eine Bewegung an der Türe. Wir drehten uns um und sahen zwei große Krieger — die ein Gespenst stützten. Jedenfalls meinten wir Kinder, es sei ein Gespenst. Es war groß und bleich und verkrüppelt. Das eine Knie war hart und steif gebogen; während die Gestalt zwischen den beiden Kriegern schritt, tauchte sie auf diesem kurzen, gebogenen Beine auf und nieder. Als sie näher ans Feuer kamen, begann die Gestalt ähnlich wie Streifender-Nachtadler auszusehen. Wir fragten die Mutter, ob er das sei oder sein Geist, und sie sagte, wir sollten still bleiben, es sei er selbst.

Sie setzten ihn auf einen Haufen Büffelfelle nahe am Feuer, denn er zitterte und zuckte vor Kälte.

Bald wurde Essen gebracht, und wir saßen sprachlos und sahen zu, wie er aß. Eine Pfeife wurde angezündet und ihm hingereicht, nachdem er gegessen hatte. Er saß lange und rauchte. Dann bog er den Rücken grad, sah sich zum ersten Male nach uns allen um und sagte: „Hanh!" – woran wir erkannten, daß er nun reden würde.

„Brüder", sprach er, „es macht mein Herz froh, wieder bei meinem Volke zu sein. Zwei Jahre lang war ich unter Fremden, die unsere Sprache nicht kannten.

Ihr wußtet nicht, daß ihr mich unter den Isapho – den Krähen – zurückließet. Ihr erinnert euch alle an den zweiten Kampf mit den Krähen, am Tage nachdem wir in ihr Lager geschlichen waren und ihre Pferde genommen hatten.

Es war meine Schuld, daß mich die Krähen schossen. Als sie nach dem Flusse liefen, wollten einige von uns sie verfolgen, aber unser Zaubermann Weißer-Hund erlaubte es nicht. Ich wollte mir einen Krähen-Skalp holen für den Skalp, den sie meinem Bruder genommen hatten; darum schlich ich von den anderen fort, während ihr dort redetet, und ging den Krähen nach, hinab an den Fluß.

Als ich auf sie stieß, warfen sie schon ihre Decken ab und sprangen in den Fluß, um auf die andere Seite zu schwimmen. Ich griff einen großen Kerl an und traf ihn mit der Streitaxt. Während ich auf seiner Brust saß, um seinen Skalp zu nehmen, sah ich sechs andere auf mich zukommen. Ich sprang auf, und sie schossen nach mir. Eine Kugel traf mich ins linke Knie und riß es ab. Ich kroch ins Gebüsch und ließ mich ins Wasser gleiten. An einem Aste hielt ich mich fest, so daß nur meine Nase aus dem Wasser sah. Die Krähen suchten noch eine Weile nach mir, ehe sie loszogen.

Nachdem sie fort waren, kroch ich wieder in den Busch und kroch die ganze Nacht weiter, bis der Tag graute.

Am nächsten Morgen saß ich auf offenem Felde und ruhte mich aus; da sah ich drei Krähen aus dem Gebüsch auf mich zukommen. Sie waren zurückgekehrt, um nach mir zu suchen. Ich warf mich auf den Bauch und begann zu schießen. Zwei von ihnen schoß ich, der andere lief zurück ins Gebüsch. (Streifender-Nachtadler war der beste Scharfschütze unter den Schwarzfüßen.) Sie hatten auch nach mir geschossen, und als ich jetzt mein linkes Bein betrachtete, sah ich, daß es noch zweimal getroffen worden war. Es war nun an drei Stellen gebrochen: hier, hier und hier" — dabei legte er sein wunderlich vernarbtes Bein bloß und deutete nach der Hüfte, dem Knie und dem Schienbein.

„Ich wußte, daß ich getötet werden würde, wenn ich nicht bald aus der Gegend entkäme. Also nahm ich meine Flinte, legte den Kolben gegen meinen Bauch und verwendete sie so als Krücke. Ich lief auf dem einen Fuß und auf der Flinte und schleifte das kranke Bein auf der Erde nach. Es war an drei Stellen locker.

Ich wanderte auf diese Art fünf Tage lang ohne Nahrung. Am fünften Tage tötete ich einen Dachs und eine Ente und verzehrte sie. Meine Mokassins waren durch, und meine Füße liefen nackt auf dem Schnee; ich machte mir Mokassins aus dem Dachsfell und wanderte weiter.

Spät am Nachmittag desselben Tages hörte ich jemand

rufen; ich sah mich um, zwei Männer zu Pferd kamen auf mich zu. Es waren Weiße, amerikanische Tauschhändler in Assiniboien — Saskatchewan.

Diese Männer nahmen mich mit in ihre Hütte beim Holzberge. Sie behielten mich zwei Jahre lang dort und versuchten, mir meine Wunden zu heilen.

Ich lernte ihre Sprache. Vor acht Tagen hörte ich den einen sagen, daß sie mir das Bein abnehmen würden. In jener Nacht lief ich barfuß und ohne Mokassins in einem furchtbaren Sturme davon. Ich wollte lieber im Sturme umkommen, als mein Bein verlieren.

Ich wußte, daß ihr, meine Leute, um diese Jahreszeit irgendwo an diesem Flusse sein würdet, also kam ich und suchte nach euch. Einige Krie sagten mir, daß ihr hier wäret; frühmorgens heute sah ich euer Lager, aber ich konnte euch erst jetzt erreichen — ich war zu schwach und lahm. Unsere eigenen Hunde hätten mich fast gefressen, ehe ich heute abend ins Lager kam, aber nun bin ich da — und ich danke dem Großen Geist."

Dann zog er sich empor zu einer halb aufrechten Stellung auf seinem gesunden Beine, hob den Arm und sprach: „Möge der Große Geist gegen euch alle so gut sein, wie er gegen mich war."

Unser Häuptling erhob sich und sprach:

„Unser großer Zaubermann Weißer-Hund hat sein Leben lang nie fehlgesprochen. Er ist nun tot, Streifender-Nachtadler; aber er sagte uns, die Geister hätten ihm nie falsch berichtet. Wären wir fähig gewesen, seine Worte richtig zu verstehen, so hätten wir diese ganze Zeit gewußt, daß du lebst. Sein Geist sieht dich heute hier bei uns, und ich weiß, daß er froh ist. Bringt die Trommeln."

Die große Zaubertrommel wurde in das Zelt gebracht.

Es war dieselbe Trommel, mit der Weißer-Hund seine Zauberhandlungen begleitet hatte. Wir hatten sie sorgfältiger als alles andere behütet während jener Unglückstage im Felsengebirge; nie war sie aus der Hülle, in die sie die zauberkräftigen Hände von Weißer-Hund gebunden hatten, entfernt worden.

„Buum, buum! – Buum, buum! – Buum, buum!“ Alle saßen still, während die donnernden Töne dieser Trommel zu uns sprachen – das erstemal seit jener schicksalsvollen Nacht bei dem Büffelkopfe, als Weißer-Hund seine letzte Besprechung mit den Geistern abhielt, um den Ausgang des kommenden Kampfes mit den Krähen zu erfahren. Niemand sang – nur die Trommel sprach.

Mit leiser Stimme sang Weißer-Hunds Witwe einen Vers seines Zauberliedes, das er in seiner Todesnacht gesungen hatte. Dann fielen wir alle wieder in Schweigen.

Ein frostiger Wind pfiff manchmal durch die Türklappe des Zeltes. Vom Klang des Tam-tams erregt und beunruhigt, schoben einige der Hunde ihre Nasen zum Himmel und heulten den klagenden Ruf des Waldwolfes. Manchmal ein unterdrücktes Grunzen und ein Murmeln aus irgendeiner Ecke des Zeltes – dann wieder nichts als die Trommel, der Wind und die heulenden Hunde.

Der erste, der das Schweigen brach, war unser Häuptling, der mit einem feuchten Schimmer im Auge dagesessen und in die Ferne gestarrt hatte. Traurig lächelnd sprach er:

„Weißer-Hund ist heute abend bei uns; ich fühle es, daß er hier ist.“ Und wir glaubten ihm alle, denn es lag etwas in der Luft, das ihm recht gab.

In den Tagen nach Streifender-Nachtadlers Heimkehr brach ihm unser Zaubermann sein Bein an zwei Stellen und legte es in Schienen; nach einigen Monaten war er vollkommen gesund, nur das steife Knie erinnerte ihn an sein gefährliches Abenteuer.

Unser Häuptling war so begeistert von seiner Rückkehr und der Rechtfertigung von Weißer-Hunds Zaubersprüchen, daß er einen Rat einberief und verkündete, er wolle mit den Krähen Frieden schließen. Er schickte einen Läufer zu dem Häuptling der Krähen. Der Bote trug ein Geschenk von Indianertabak — Kinnikinnik — mit.

Nahm der Krähen-Häuptling diesen an, so sollte er ihn einladen, uns auf halber Strecke entgegenzukommen und „die Pfeife mit uns zu rauchen“.

Nach sechs Tagen kam der Läufer zurück und brachte ein Geschenk von „Ostindischem Tabak“ — das ist Tabak des Weißen Mannes —; den schickte der Krähen-Häuptling unserem Häuptling als Friedensgruß. Eine Woche später kamen wir alle auf der Prärie zusammen, die Krähen und die Schwarzfüße, und gaben uns gegenseitig den Frieden.

In seiner Ansprache vor der großen Versammlung von Krähen und Schwarzfüßen sprach unser Häuptling:

„Wir sind törichte Menschen gewesen, wir Krähen und Schwarzfüße. Unser Leben lang haben wir gekämpft. Wir kämpften gegeneinander, nur weil wir die gleiche Hautfarbe hatten und dieselben Menschen waren. Das darf nie mehr so sein. Solange die Sonne scheint, das Gras wächst und die Menschen auf zwei Füßen gehen, müssen wir Krähen und Schwarzfüße Freunde sein. Wäret ihr nicht ein tapferes Volk wie wir, so möchte ich weiter gegen euch kämpfen und euch alle töten. Aber ihr seid zu gut, um getötet zu werden. Wir wollen euch ehren, wie wir unsere eigenen tapferen Krieger ehren. Laßt uns zusammen rauchen!"

Unser Zaubermann „richtete" die Pfeife — er füllte sie und zündete sie an — und reichte sie dann unserem Häuptling. Der rauchte einen Augenblick, dann ließ er sie den Gang durch die zwei Stämme antreten. Als dies vorüber war, setzten wir uns zu einem großen Festessen, das die Frauen bereitet hatten — und nie wieder war der Schwarzfuß ein Feind des Krähen.

Wir lebten fünf Tage im gleichen Lager, während der Zeit maßen wir Knaben uns mit den Krähenknaben in Spielen und Scheinkämpfen. Wir kämpften noch einmal alle Schlachten durch, die unsere Väter gegeneinander ausgetragen hatten, und es machte uns viel Vergnügen. Wir Buben freuten uns über den Frieden mit den Krähen, denn wir hatten sie gemocht seit jenem Tage, an dem wir, einige Monate vorher, die Krähenknaben auf der Prärie getroffen und mit ihnen gespielt hatten. Wir tauschten Geschenke aus, ehe wir uns trennten; manche von uns wählten sich auch „Brüder" unter den Krähenknaben.

## 17

## Geächtet

Als wir zwei Jahre später das Winterlager in den Vorbergen des Felsengebirges abbrachen, sagten uns andere Indianer, daß im Nordwesten eine große Siedlungsbegeisterung ausgebrochen sei, und daß die Weißen zu Tausenden in unsere Jagdgründe strömten.

Sollten nun unsere Tage des freien Umherstreifens auf der Prärie bald zu Ende sein? Wohin wir kamen, überall waren die Indianer unruhig. Unsere Häuptlinge und Ratsmänner hielten zahllose Sitzungen, um zu bedenken, was zu tun sei. Sollten wir der fremden Rasse, die sich hereindrängte und unser Land nahm, einen letzten Kampf liefern? Oder sollten wir uns dem Friedensvertrage, den der Häuptling des Schwarzfuß-Volkes, Niokskatos, in Assiniboia mit dem Weißen Manne geschlossen hatte, unterwerfen?

Regierungsvertreter des großen weißen Häuptlings kamen schon zu unserem Häuptling und sagten, wir müßten unser Umherziehen aufgeben und unsere Kinder in die Schulen der Missionare schicken, auf daß sie lernten, mit den Händen zu arbeiten und zu werden wie die Weißen.

Überall waren Missionare, die dem Indianer von dem Gott der Weißen erzählten und ihm sagten, er solle sich das Haar abschneiden, die Farbe vom Gesichte waschen und die drollig aussehenden Kleider des Weißen anziehen. Unser langes Haar galt uns als der teuerste körperliche Besitz. Wir brachten jeden Tag über eine Stunde damit zu, striegelten es und flochten es über einem klaren Gewässer, das uns als Spiegel diente.

Und die weißen Missionare sagten auch, wir müßten aufhören, uns die Gesichter zu bemalen. Ein Indianer, der sich nicht bemalt! Das konnten wir uns gar nicht vorstellen. Sie mochten uns ebensogut sagen, wir sollten aufhören zu singen. Wir besaßen für jede Stimmung eine eigene Bemalung. Nie war ein Indianer ohne Gesichtsbemalung. Wenn wir morgens aufstanden, bemalten wir uns je nach unserer Stimmung. Wir waren zornig, friedfertig, verliebt, andächtig oder sonstwie – und danach bemalten wir uns das Gesicht, so daß jeder, dem wir begegneten, auf den ersten Blick erkannte, wie wir uns fühlten. Das sparte viel nutzloses Gerede. Als ich ein Knabe war, mochten die Indianer nicht viel reden. Sie gingen gern still umher und dachten dabei. Wir saßen manchmal stundenlang im Zelte, ohne ein Wort zu sagen, und freuten uns dennoch aneinander. Das war eben unsere Sitte, und es tat uns im Inneren wohl.

Wir meinten, der Indianer sähe in den Kleidern des Weißen Mannes, mit kurzem Haar und ohne Bemalung, lächerlich aus; ich erinnere mich, daß wir Kinder lachten, wenn wir einen Indianer so sahen. Der Indianer hat nie gut ausgesehen in den Kleidern der Weißen, denn er verwendet keinen Stolz darauf wie auf seine naturgemäße Kleidung, die er sorgfältig pflegte und makellos rein hielt.

Unser ureigener Gott lebte in den Prärien und Wäldern, die wir zutiefst kannten, und die uns nun auf immer genommen werden sollten. Unsere Indianerreligion lehrte uns, daß der Große Geist in allen Dingen lebte: in den Bäumen, den Tieren, den Seen, Strömen und Bergen. Wollten wir uns dem Großen Geist im Gebete nähern, so gingen wir allein hinaus zu den Dingen, in denen er lebte. Nun wurde uns von einem neuen Gott erzählt. Wo dieser lebte, wußte niemand; das machte uns Kinder unruhig. Unsere alten Leute riefen jede Nacht den Großen Geist an, er möge uns helfen und uns die Wahrheit offenbaren.

Wenn wir Buben im Lager umhergingen, trat irgendein alter Krieger, den wir alle als großen Helden der vergangenen Zeiten kannten und verehrten, her zu uns, legte den Arm um unsere Schultern und betete, neben uns herschreitend, laut, daß unsere Zukunft in dieser Zeit von Ungewißheit den rechten Pfad finden möge.

Andere alte Krieger gingen umher im Lager, die Hand über den Mund gehalten, und beteten so für sich.

„Natose, wohin treiben wir? Wo sind unsere Krieger der alten Zeiten? Wo sind unsere Büffel? Natose, sind wir keine Männer mehr?"

Während dieser stürmischen Zeit der Ungewißheit gingen wir Knaben jeden Abend auf einen Hügel, saßen dort im Sonnenuntergang und besprachen alles.

„Unsere Eltern haben uns zu Kriegern erzogen", sprachen wir, „und nun will der Weiße jene lächerlichen Kleider auf uns tun und uns die Arbeit der Frauen verrichten lassen."

Unsere ganze Erziehung war durcheinandergeraten. Unsere Religion hatte uns gelehrt, Gutes für Gutes, und Böses für Böses zu geben. Nun sagten die Missionare, wir sollten Gutes für Gutes, und Gutes für Böses geben. „Was bedeutet das?" fragten wir uns. Wenn jemand auf uns schoß und uns nicht traf, sollten wir ihm noch eine Kugel geben, damit er wieder auf uns schießen könne? Wir verstanden das nicht. Was sollten wir mit den Ansiedlern tun, die sich auf dem Lande niederließen, das uns die Regierung zugesprochen hatte? Sollten wir sie bitten, noch mehr von unserem Lande zu nehmen?

Wir konnten uns darüber nicht klar werden. Manches Mal, wenn die Sonne unterging und es auf dem Hügel kalt wurde, setzten wir uns im zunehmenden Dunkel eng zusammen — saßen nur und dachten. Obwohl wir als Kinder machtlos waren, fühlten wir, wie alle Knaben, eine große Verantwortung für das, was um uns vor sich ging. Wir meinten, wenn unsere alten Leute uns nur kämpfen ließen, würden wir die Lage bald klären. Ich glaube, alle Knaben sind so.

Wir gingen in das Lager zurück und fragten unsere Väter, ob es Krieg geben würde. Und sie antworteten: „Nein, wir werden Kühe essen." Das hieß, daß wir versuchen würden, die Speise des Weißen Mannes zu essen und den Frieden zu halten. Uns wurde schon schlecht, wenn wir nur von den süßlich riechenden Kühen hörten. Wir waren den starken, ziegenartigen Geruch des Büffels gewohnt, und wir konnten uns nicht vorstellen, daß wir Fleisch essen sollten, das so süßlich und fad röche wie jene Kühe, an denen wir mit zugehaltenen Nasen vorbeigegangen waren.

Während wir so untätig zuwarteten, geschah nördlich von uns etwas, das große Aufregung unter die Indianer und große Sorge unter die weißen Ansiedler der Gegend brachte.

Indianerläufer kamen in unser Lager und berichteten, der geächtete Allmächtige-Stimme habe seinen geheimen Aufenthalt in der nördlichen Wildnis verlassen und wolle nun seinen Kampf mit der Königlichen Berittenen

Schutzmannschaft des Nordwestens, die vierundzwanzig Monate lang den ganzen Nordwesten nach ihm abgesucht hatte, zum Austrag bringen.

Wir konnten nicht wissen, an jenem hellen Tage im Jahre 1897, als uns diese Nachricht erreichte, welch einzigartigen Kampf unser junger Krieger demnächst zu liefern berufen war.

Allmächtige-Stimme, der hochgewachsene Sohn von Tönender-Himmel und Scheckiges-Kalb, war vor zwei Jahren verhaftet worden, weil er einen Stier, der der Regierung der Nordwestlichen Territorien gehörte, getötet hatte. Er hatte gemeint, das Tier gehöre zu der kleinen Herde, die seinem Vater zugewiesen worden war. Dies geschah auf dem Ein-Pfeil-Indianer-Schutzgebiet, fünfundzwanzig Kilometer vom Entensee in Assiniboia, dem jetzigen Saskatchewan, wo sich eine größere Niederlassung von Halbblütlern und auch ein Posten der Berittenen Schutzmannschaft befand.

Allmächtige-Stimme war nach dem Entensee gebracht und in das Wachhaus der Berittenen Schutzmannschaft gesperrt worden. Einer von der Berittenen Schutzmannschaft, der den Befehl über den Posten am Entensee führte, der Unteroffizier Dickson, hatte durch einen Dolmetscher dem Gefangenen im Spaße sagen lassen, „sie würden ihn für das Töten des Stieres hängen“. Der Unteroffizier tat das, „um ihn zu schrecken“, wie er sagte. Er hat sich kaum gedacht, welch unheilvolle Folgen dieser harmlose kleine Scherz bei einem einfachen jungen Indianer haben würde.

Allmächtige-Stimme war der Enkel des Häuptlings Ein-Pfeil, der wenige Jahre vorher die Entensee-Indianer im Nordwestlichen Aufstand geführt hatte, und der Sohn von Tönender-Himmel, einem der kraftvollsten Krieger in dieser letzten Erhebung gegen die Weißen, den die Berittene Schutzmannschaft noch immer für einen der gefährlichsten Indianer jenes Teiles des Nordwestens hielt.

Allmächtige-Stimme war in der ursprünglichen natürlichen Art der Indianer jener Tage aufgewachsen, man kannte ihn als Läufer, Jäger und Mann von Mut und Selbstgefühl. Unerschrocken, erfinderisch, körperlich kraftvoll und ausdauernd, war er ein junger Krieger, von dem man wohl begreifen konnte, daß sich die weißen Ansiedler des offenen Landes bei seinem Wiederauftauchen ängstigten.

Es war am Nachmittag, als Unteroffizier Dickson zu Allmächtige-Stimme gesagt hatte, „er würde ihn hängen lassen". Jene Nacht hatte die Berittene Schutzmannschaft Allmächtige-Stimme in dem kleinen Wachhaus, das noch heute am Entensee in Saskatchewan steht, an eine schwere Eisenkugel gekettet und es ihm überlassen, wie er sich auf dem Boden der Wachstube in seine Manteldecke wickelte und zu schlafen versuchte. Unteroffizier Dickson hatte die Wache bis Mitternacht, dann sollte ein anderer Berittener, der im oberen Stockwerk schlief, ihn ablösen.

Kurz vor elf Uhr fiel es Dickson ein, er wolle ein wenig früher fortkommen; also stand er auf von dem mattbeleuchteten Tisch, an dem er gesessen hatte, und stieß mit dem Gewehrkolben gegen die Decke, um die Ablösung zu wecken.

„Komm herunter!" rief er hinauf. „Ich möchte heute abend ein wenig früher gehen. Möchte noch hinüber zu Mac, ehe er zumacht."

„Gut, ich komme", erwiderte der andere Berittene. Aber statt zu kommen, schlief er wieder ein.

Nachdem er eine Weile ungeduldig gewartet hatte, stand Dickson wieder auf, klopfte an die Decke und rief seinem Kameraden zu, schnell zu machen. Wieder nach einer Weile kam dann der andere Berittene die Treppe herab und übernahm schlaftrunken die Mitternachtswache. Der ablösende Schutzmann ging hinüber in die dunkle Ecke der Wachstube und betrachtete sich die lange, in eine Decke eingewickelte Gestalt von Allmächtige-Stimme. Der lag dort, hatte die Decke vom Kopf bis zu den Füßen um sich gewickelt und schien fest zu schlafen.

Der Berittene ging wieder an den Tisch und setzte sich. Keiner der beiden Schutzleute hatte gewußt, daß während der ganzen Zeit Allmächtige-Stimme, der die Decke halb um den Kopf gewickelt hatte, nur das eine, das sichtbare Auge geschlossen hielt, mit dem anderen aber aus der Decke heraus alles genau verfolgt hatte. Er hatte alles gesehen, was sie getan hatten, und jede ihrer Bewegungen beobachtet.

Nachdem der Berittene sich an den Tisch gesetzt hatte, dauerte es nicht lange, so begann sein Kopf schläfrig zu nicken. Tiefer, tiefer, tiefer sank der Kopf, bis schließlich das Gesicht auf den gefalteten Händen lag – der Mann schlief fest mit dem Gesicht auf dem Tische.

Das war die Gelegenheit, auf die Allmächtige-Stimme gelauert hatte.

Er hob die schwere Kugel auf, an die er gekettet war, und ging auf Fußspitzen an den Tisch. Hinter dem Schlafenden stehend, langte er über dessen Schultern, nahm den Schlüsselbund, der dort neben den Händen lag, beugte sich vor und schloß das schwere Eisenband von seinem Fußgelenke ab. Mit kurzen, raschen Schritten erreichte er die Tür.

Einmal außerhalb der Tür, wußte er, daß er in Sicherheit war. Denn niemand, weder Roter noch Weißer, hatte ihn je im Wettlauf eingeholt.

Er lief durch den Hinterhof des Wachhauses und setzte mit einem mächtigen Sprung über den hohen Bretterzaun. Wie ein Hirsch lief er in der Richtung nach dem Saskatchewan-Fluß. Zehn Kilometer eines unglaublich schnellen Laufes brachten ihn an das westliche Ufer dieses breiten, rasch fließenden Stromes. Ohne sich einen Augenblick zu verschnaufen, brach er mehrere schwere Bäumchen ab und band sie zusammen zu einem dreieckigen Floß. Er zog sich aus, warf seine Decke und seine Kleider auf das Floß und schwamm, dieses vor sich herschiebend, einen Kilometer weit zum anderen Ufer des Flusses. Sogleich nahm er seinen langen, über zwanzig Kilometer weiten Lauf wieder auf und stand noch vor Tagesanbruch schwitzend und schnaufend an der Tür des Zeltes seiner Mutter.

Seine Mutter, Scheckiges-Kalb, ist auch meine angenommene Mutter; deshalb bin ich imstande, eine verbürgte Darstellung dieser Menschenjagd zu geben, die in allen Geschichtsbüchern und in den Büchern der Nordwestlichen Berittenen Schutzmannschaft so ausführlich erzählt wird. Scheckiges-Kalb und Tönender-Himmel leben heute noch auf dem Ein-Pfeil-Indianer-Schutzgebiet am Entensee in Saskatchewan.

Als Allmächtige-Stimme die Türklappe des Zeltes zurückwarf, waren seine ersten Worte:

„Die Berittene Schutzmannschaft sagte mir heute, sie würden mich wegen des getöteten Stieres hängen. Sie werden mich niemals hängen — ich werde kämpfend sterben."

Dann fragte er nach seinem Vater Tönender-Himmel;

er wollte sich beim Vater Rat holen, ehe er den Kampf mit den Berittenen aufnahm. Seine Mutter sagte, man habe den Vater verhaftet und nach Prinz Albert gebracht, wo er unter Wache gehalten werde. Da die Schutzmannschaft die kriegerische Vergangenheit von Tönender-Himmel und seine Macht über die Stammesgenossen kannte, meinte sie, er könnte einen Indianeraufstand verursachen, wenn sie ihn bei den Seinen ließe.

Früh am Morgen kamen die Berittenen nach dem Entensee gesprengt, um Allmächtige-Stimme zu suchen. Sie gingen in das Zelt von Scheckiges-Kalb und durchsuchten jeden Winkel — außer einem — nach ihrem entflohenen Gefangenen. In einer Ecke des Zeltes lag ein Haufen Vorräte mit Decken und Büffelfellen bedeckt. Allmächtige-Stimme war unter diesen Fellen verborgen, das Auge am Lauf der Flinte, die kaum merklich aus den Falten der Decken hervorsah. Kein einziges Mal gingen die Berittenen an diesen Haufen Decken, und das zu ihrem Glück.

Nachdem die Verfolger abgezogen waren, verließ Allmächtige-Stimme mit seiner fünfzehn Jahre alten Frau das Lager und wendete sich nach dem Kentino-Schutzgebiet im Norden. Er nahm seinen Vorderlader und zwei Pferde mit.

Die Berittene Schutzmannschaft, weltberühmt wegen ihrer zähen Ausdauer und Fähigkeit als Menschenjäger, schickte sogleich den Wachtmeister Colebrook und einen Halbblutpfadfinder aus, um den Flüchtling tot oder lebendig einzubringen.

Nordwärts ging es, einer frischen Spur nach. Eines Morgens, als sie durch eine einsame Gegend ritten, hörten sie einen Schuß. Sie gaben den Pferden die Sporen, ritten um einen Busch auf eine kleine offene Strecke, und da sahen sie plötzlich Allmächtige-Stimme, wie er eben ein frisch geschossenes Präriehuhn aufhob. Seine junge Frau hielt einige Schritte weiter die Pferde. Als Allmächtige-Stimme aufblickte und den Schutzmann herankommen sah, lud er rasch wieder seine Flinte und blieb wartend stehen. Auf zwanzig Meter befahl er Halt.

„Halt, oder ich schieße", rief er auf Krie.

Dies wurde dem Wachtmeister durch den Halbblütler übersetzt.

„Nein", sagte Wachtmeister Colebrook, „ich werde meine Pflicht erfüllen."

Noch einmal gebot Allmächtige-Stimme zu halten. „Einen Schritt weiter, und ich schieße!" warnte er. Der Wachtmeister ritt weiter! „Krach!" — die Kugel saß ihm im Hals, er fiel im Sattel vor und war tot.

Allmächtige-Stimme richtete das Gewehr auf den Halbblutpfadfinder und sprach: „Dich will ich nicht töten, aber ich will dich zeichnen."

„Krach!" bellte sein Gewehr zum zweitenmal — und die Kugel zerschmetterte dem Halbblütler den Ellbogen.

Der Halbblütler wendete das Pferd; indem er davonsprengte, rief ihm Allmächtige-Stimme nach: „Wenn ich dich je wieder sehe, schieß' ich dich tot!"

Der Halbblütler machte bei der Berittenen Schutzmannschaft am Entensee knapp so lange halt, bis er dem Inspektor Allen mitgeteilt hatte, was geschehen war; dann gab er gleich wieder dem Pferde die Sporen. Niemand hat ihn in dieser Gegend je wieder gesehen.

Der Tod des Wachtmeisters Colebrook bezeichnet den eigentlichen Anfang einer in der Geschichte des Westens beispiellosen Menschenjagd. Allmächtige-Stimme wurde nun für vogelfrei erklärt, ein großer Preis stand auf seinem Kopf: tot oder lebendig.

Von dieser Zeit an bis zum 24. Mai 1897 — fast zwei Jahre — lassen ihn alle Bücher, die seine Laufbahn berichten, in ein geheimnisvolles Vergessen fallen. Die Berittene Schutzmannschaft durchstreifte vergebens die nördliche Wildnis auf der Suche nach ihm. Kein einziges Mal während dieser ganzen Zeit ist es ihnen gelungen, seine Spur aufzufinden.

„Die Reiter der Prärie", die amtliche Geschichte der Königlichen Berittenen Schutzmannschaft des Nordwestens, sagt: „Während dieser Zeit zeigte sich Allmächtige-Stimme nie bei seinen Leuten, noch hat er sonst irgendwie die Beziehung zu ihnen aufrechterhalten."

Aber die wahre Geschichte dieser geheimnisvollen zwei Jahre ist seinen Eltern wohlvertraut. Und hier will ich sie nun zum erstenmal bekanntgeben.

In Wirklichkeit hat Allmächtige-Stimme während der Zeit manchen geheimen Besuch bei seinen Eltern gemacht. Er vermied monatelang jede menschliche Siedlung und barg sich in der pfadlosen nördlichen Wildnis. Dann in einer dunklen Nacht erschien er wie ein Gespenst aus einer anderen Welt geräuschlos an der Tür des Zeltes seiner Mutter. Er spähte vorsichtig durch den Türspalt und trat ein, ohne ein Wort zu reden, sein stilles junges Weib kam immer mit ihm. Nachdem er gefragt hatte, was mit dem Vater sei, den die Berittene Schutzmannschaft noch immer gefangenhielt, fiel er in einen tiefen Schlaf. Ermattet von dem endlosen Wachen und dem ewigen Weiterziehen des gehetzten Wolfes, schlief er manchmal zwei volle Tage, während der seine treue Mutter ihn bewachte. Dann stand er auf, aß viel, sprach ein wenig — und verschwand wieder.

Einmal, als er aus der Wildnis hereinkam, trug seine Frau einen kleinen Moossack über den Rücken geschnallt, darin lag ein Kind. Der junge Allmächtige-Stimme war ihnen in der Wildnis geboren worden. Er ist heute ein kraftvoller Indianer von zwei Meter Länge; während meines letzten Besuches bei ihm auf dem Einpfeil-Schutzgebiet gebar seine junge Frau gesunde Zwillinge.

Schließlich, im Frühling des Jahres 1897, änderte die Berittene Schutzmannschaft plötzlich ihr Vorgehen. Sie hatten herausgespürt, daß ein starkes Band zwischen Allmächtige-Stimme und seinem Vater bestand; also beschlossen sie, den Vater, Tönender-Himmel, zurück in das Ein-Pfeil-Schutzgebiet zu lassen, wo er vielleicht als Lockmittel für ihre Beute wirken würde.

Kurz darauf kam Allmächtige-Stimme wieder auf einem seiner geheimen Besuche in das Lager und fand den Vater dort. Die beiden setzten sich zusammen und berieten lange. Sein Vater sagte mir, nach dieser Beratung „habe sich Allmächtige-Stimme nicht mehr verstecken wollen". Er schritt hinaus zu seiner Mutter und sprach:

„Wenn die Schutzmannschaft wieder in das Lager kommt, will ich mich zeigen und meinen Kampf mit ihnen austragen."

Die Schutzmannschaft hatte richtig gemutmaßt. Denn noch war keine Woche vergangen, als einer ihrer Halbblut-Aufpasser Tönender-Himmel zu einer ungewöhnlichen Tageszeit aus dem Lager gehen sah; daran erkannte er, daß Allmächtige-Stimme in der Nähe sein müsse, und er gab der Schutzmannschaft Bescheid.

Am nächsten Morgen schickte Wilson, der den Entensee-Posten unter sich hatte, zwei Berittene und einen Halbblut-Kundschafter namens Napoleon Venne hinaus nach dem Lager, um ihren Mann einzubringen.

Venne, der Halbblut-Kundschafter, erzählte mir, sie seien nach dem großen Indianerlager in den Minnechinas-Bergen geritten, hätten kurz davor haltgemacht und seien abgestiegen. Sie gaben sich den Anschein, als wollten sie eine Zigarette rollen, in Wirklichkeit aber ließen sie die Augen durch das Lager streifen und suchten einen Anhalt über den Verbleib von Allmächtige-Stimme.

Venne hielt die Zügel um den Arm geschlungen — plötzlich zuckte sein Pferd nach rückwärts. Er zog es wieder heran und begann von neuem seine Zigarette zu rollen. Wieder machte das Pferd einen Sprung und wieherte unruhig dabei. Er wollte dem Tier eins über den Kopf schlagen — da vernahm er im Busche neben dem Pfad ein leises Rascheln. Aber als er eben hinsehen wollte, krachte ein Schuß, und er fiel zu Boden, eine Kugel in der Brust.

Die zwei Berittenen rafften Venne auf und sprengten mit ihm zurück nach dem Entensee.

Als sie fort waren, krochen Allmächtige-Stimme und zwei Indianer-Jünglinge, die sich ihm zu seinem letzten Kampfe angeschlossen hatten, aus dem Gebüsch und liefen den Pfad hinab in das Lager. Allmächtige-Stimme war zornig, daß Venne nicht getötet worden war. Er sagte seinen Eltern darüber:

„Wir lagen dort, und sie ritten heran und machten halt. Als sie von den Pferden stiegen, kroch ich ein wenig näher an den Pfad und hatte mit der Flinte auf Vennes Herz gezielt, da sagte mein Vetter Er-geht-hinauf-zum-Himmel: ‚Laß mich ihn schießen.‘ Ich wollte ihm eine Gelegenheit geben, weil er so jung war (er war nur fünfzehn Jahre alt), also senkte ich mein Gewehr und sagte: ‚Vorwärts denn; aber laß dir Zeit und ziele gut.‘ Ich wollte Venne abtun, weil er ein Halbblütler ist und sich nicht in diesen Kampf zu mischen hat. Ich werde ihn auch noch kriegen.“

Venne, der in einer kleinen Halbblut-Siedlung am Rande des Schutzgebietes lebte, hörte hiervon, und er floh aus dem Lande und blieb vierzehn Jahre lang in der Verbannung in Alaska. Jetzt ist er wieder daheim und lebt mit seiner Frau, einem Sohn und einer Tochter. Er trägt noch immer in seiner Brust verlagert die große runde Kugel.

Vennes Farm liegt kaum zwei Kilometer von den Eltern von Allmächtige-Stimme. Eines Tages, als ich mit den beiden Alten vor ihrem Zelte beim Essen saß, trieb Vennes Sohn gerade einige Stück Vieh vorbei. Die Mutter von Allmächtige Stimme sprach ohne jedes Gefühl von Feindschaft: „Es ist gut für jenen Knaben, daß mein Sohn nicht die Kugel gegen seinen Vater abschoß, denn sonst wäre er gar nicht zum Leben gekommen.“ Das weiß auch jeder; es ist sogar in den Aufzeichnungen der Berittenen Schutzmannschaft nachzulesen, daß Allmächtige-Stimme nie einen Schuß verlor. Bis zu seinem letzten Stand feuerte er keinen Schuß, der nicht tötete.

Der Schuß auf Venne brachte die ganze Gegend in Aufregung. Man wußte nun, daß Allmächtige-Stimme wieder in der Nachbarschaft war, und daß er sich mit tödlichem Ernst auf den Kriegspfad begeben hatte. Er war zum Angriff übergegangen und war ein Töter geworden: für einen Indianer heißt dies, daß er sich vornahm, so viele wie möglich zu töten, ehe er selbst getötet wird. Außer seinem Vetter begleitete ihn noch sein Schwager Topian, diese beiden Jünglinge hatten sich nach einem alten Indianerbrauch ihm angeschlossen, um mit ihm zu kämpfen und zu sterben.

In Prinz Albert, sechzig Kilometer entfernt, wurde die Kunde von Allmächtige-Stimmes plötzlichem Wiederauftauchen mit großem Ernste aufgenommen. Um Mitternacht desselben Tages brachen zwölf Berittene Schutzleute unter Rittmeister Allan zu Pferd nach den Minnechinas-Bergen auf. Zur selben Zeit setzte sich ein anderer Trupp unter dem Aufseher Wilson vom Entensee aus in Bewegung.

Am nächsten Morgen ritt Allans Abteilung am Bellevue-Berg vorbei. Da bemerkten sie in der Ferne drei Gegenstände, die sich auf ein Wäldchen zu bewegten. „Ich sehe dort drüben drei Antilopen", sprach einer der Schutzleute. Aber als sie näher herankamen, sahen sie zu ihrer Überraschung drei nackte, junge, kampfbereite Indianer — die geölten Körper glänzten in der Sonne wie das glatte braune Fell einer Antilope.

Allan wußte sogleich, daß er sein Wild gestellt hatte, und er gab rasch den Befehl zum Angriff.

Die drei Indianer hielten an. Allmächtige-Stimme stand und wartete, bis die angreifenden Berittenen auf Schußweite herangerückt waren, dann schoß er. Der erste Schuß der Indianer fällte die zwei Offiziere des Trupps. Dem Rittmeister Allan hatte eine Kugel den rechten Arm zerschmettert, Wachtmeister Raben sackte mit zerschossener Hüfte nach vorne, das Bein baumelte an der Seite des Pferdes. Unteroffizier Hockin übernahm nun den Befehl über die Abteilung.

Allmächtige-Stimme hatte seinen fünften „Coup" — Erfolg — zu verzeichnen: ein Toter und vier Verwundete. Während die Berittenen hielten, um nach ihren Verwundeten zu sehen und sich neu aufzustellen, verschwanden Allmächtige-Stimme und seine zwei Begleiter in dem kleinen Dickicht, einem Busch von etwa einem

Kilometer Durchmesser, der seitdem bekannt ist unter dem „Allmächtige-Stimme-Hügel". Seine Leute wußten, daß er diesen Hügel zu seinem letzten Stand gewählt hatte, und daß er nicht daran dachte, ihn lebendig wieder zu verlassen.

Die Abteilung unter Unteroffizier Hockin stand Wache, bis Verstärkungen, nach denen geschickt worden war, herankämen; bald stieß die Abteilung vom Entensee zu ihnen. Am Nachmittag wurde dieser Aufmarsch von Truppen noch verstärkt durch ein Aufgebot, das jeden verwendbaren Mann in den Prinz-Albert-Baracken enthielt.

Um sechs Uhr abends rief Unteroffizier Hockin nach Freiwilligen zu dem Angriff auf das Dickicht. Neun Schutzleute und Bürgerliche meldeten sich.

Dies war die verhängnisvollste Unternehmung des Tages. Die Indianer bemerkten die Absicht und lagen am Rande des Busches, bereit für den Angriff. Kaum war der Busch erreicht, da erhielt schon Unteroffizier Hockin seine Todeswunde, eine Kugel in die Brust.

Der Angriff ging weiter, sowohl Indianer als Schutzleute feuerten, so schnell die Gewehre sich laden ließen. Ernest Grundy, der Postmeister am Entensee, war der nächste, der fiel, eine Kugel im Herzen. Einen Augenblick später fiel der Schutzmann Kerr, tot mit einer Kugel in der Brust.

Einer der Indianerjünglinge, Topian, war am Rande des Busches getötet worden, und Allmächtige-Stimme hatte eine Kugel erhalten, die ihm das rechte Bein zerschmetterte.

Allmächtige-Stimme hatte nun seinen achten „Coup" — vier Tote und vier Verwundete. Fünf von der Königlichen Berittenen Schutzmannschaft waren dem Ruf der

Pflicht gefolgt, dazu zwei Kundschafter und ein bürgerlicher Freiwilliger. All diese prachtvollen Menschen waren Opfer des dummen Witzes eines gedankenlosen Kerls geworden. Und das Unrecht hatte er einem jungen Indianer angetan, der selbst nach den Aussagen seiner Verfolger ein guter roter Bürger des Westens hätte werden können. Um der Berittenen Schutzmannschaft gerecht zu werden, muß ich hinzufügen, daß derjenige, der für all dies verantwortlich war, Unteroffizier Dickson, sofort seines Waffenrockes entkleidet und aus dem Dienst entlassen wurde; er mußte unter Bewachung das Grab für Allmächtige-Stimmes erstes Opfer, Wachtmeister Colebrock, schaufeln.

Aber die eigentliche Schlacht hatte noch nicht begonnen.

Die traurigen Folgen dieses verhängnisvollen Angriffes bewirkten, daß die Angreifer sich zurückzogen, ohne sich Zeit zu nehmen, ihre Toten mitzuführen. In der Nacht versuchten die Belagerer, den Indianern durch Feuer beizukommen, indem sie den Busch in Brand steckten. Der Versuch schlug fehl.

Erst jetzt erkannte die Berittene Schutzmannschaft die Größe ihres Vorhabens. Ein dritter Ruf nach Verstärkungen ging ab. Rund um den Busch zog sich eine Kette von Posten, damit die Indianer nicht im Dunkel entfliehen könnten.

Jene Nacht fand im Regina-Hauptquartier der Berittenen Schutzmannschaft dreihundert Kilometer südlich ein großer Ball statt. Man feierte das Entsenden einer Abordnung zur Jubelfeier der Königin. Der Ball stand auf der Höhe – da spielte plötzlich die Musik „Gott schütze die Königin". Männer und Frauen sahen sich verwundert an. Als das Vaterlandslied zu Ende war, verkündete Oberst Herchimer, der Befehlshaber der gesamten Berittenen Schutzmannschaft: das Entsenden der Abordnung werde aufgehoben, ernste Nachrichten seien soeben aus dem Nordlande eingetroffen. Darauf gab er Befehl, daß jeder verfügbare Berittene Schutzmann sofort nach Norden abzurücken habe.

Dieser neue Trupp bestand aus fünfundzwanzig Mann, einem neunpfündigen Feldgeschütz und einem Schnellfeuergeschütz unter dem Hilfsbevollmächtigten McIlree und dem Platzobersten McDonnell – dem jetzigen General Sir Archibald McDonnell in Calgary in Alberta und Bevollmächtigten der Knabenpfadfinder für das Westliche Kanada. Eine weitere Abteilung von Verstärkungen verließ am nächsten Tag Prinz Albert unter dem Platzobersten Gagnon. Nun stand die ganze Macht der Berittenen Schutzmannschaft von Assiniboia im Feld.

Hinzu kamen noch Hunderte von Freiwilligen, die eingemustert und nach dem Kampfplatz entsandt wurden. Eine Abteilung kam vom Entensee mit Picken und Schaufeln, um Schutzgräben und Wälle auszuheben, damit die Truppen unter Deckung auf den Busch vorrücken könnten, falls die Indianer mit Granatfeuer nicht zu erledigen wären. Der erste Angriff auf das Dickicht war so verhängnisvoll verlaufen, daß das Hauptquartier irgendwelche weitere Angriffe verbot. Genügend Leben waren schon verlorengegangen, man sah ein, daß jetzt Feldkriegführung am Platze war.

Als an jenem schicksalsvollen Freitag die Nachtstille über das Feld kroch, rief Allmächtige-Stimme von dem Hügel herab zu den Truppen:

„Wir haben heute einen guten Kampftag gehabt. Ich bin von der schweren Arbeit hungrig geworden. Ihr habt Nahrungsmittel im Überfluß, schickt mir etwas herüber, morgen bringen wir dann den Kampf zu Ende."

Als diese Botschaft der Berittenen Schutzmannschaft übersetzt wurde, waren sie im höchsten Maße erstaunt. Aber die Worte hatten nur die Anschauungsweise des Indianers zum Ausdruck gebracht: offener Kampf, ehrliches Spiel, keine bösen Gefühle im Herzen. Es mag schwer zu glauben scheinen, aber Allmächtige-Stimme schätzte den Mut der Berittenen Schutzmannschaft ebenso hoch wie den seiner beiden Gefährten. Der Indianer liebt den tapferen, kraftvoll kämpfenden Gegner und haßt den schwachen, feigen Widersacher.

Früh am nächsten Morgen flog eine Krähe über das Dickicht, in dem sich die Indianer verbargen. „Tang!" sprach das Gewehr von Allmächtige-Stimme, und die Krähe fiel kopfüber in den Busch als Speise für die hungernden Indianer. Einer der Berittenen sagte: „Ist es nicht eigenartig? Der Kerl verschwendet nie eine Kugel. Jedesmal, wenn er schießt, fällt etwas."

Die Mutter von Allmächtige-Stimme hatte die ganze Nacht auf dem Hügel hinter dem Busch gestanden und ihrem Sohne Ermutigungen zugerufen. Im frostigen Dunkel hatte sie ausgeharrt und hatte die Heldentaten seines Vaters Tönender-Himmel und seines berühmten Großvaters Ein-Pfeil aufgezählt; und sie hatte ihn ermahnt, tapfer zu sterben, wie er als tapferer Krieger gelebt hatte. Sie rief: „Werde nicht schwach, mein Sohn. Du mußt sterben im Kampfe gegen sie!" Von Zeit zu Zeit gingen die Schutzleute in der Dunkelheit zu ihr und suchten sie mit sanften Mitteln zu bewegen, nach Hause zu gehen.

„Sie sagten", erzählte sie mir, „ich solle nicht dableiben, ich könnte verletzt werden. Und sie versuchten mich aus dem Felde zu führen. Aber ich wollte nicht nach Hause gehen und schlafen, während mein Junge dort drinnen lag."

Ab und zu antwortete Allmächtige-Stimme seiner Mutter im Dunkel und sagte ihr, wie es ihm ging.

Nach den beiden Angriffen am Freitag hätten er und der übrigbleibende Jüngling sich ein Loch gegraben, sich hineingelegt und mit Strauchwerk zugedeckt. Unter diesem Gebüsch lägen sie; die Läufe ihrer tödlichen Gewehre sähen hervor, bereit, jeden zu schießen, der den Versuch machte, das Dickicht zu betreten. Zwei Berittene lägen drei Meter vor dem Loche; er habe deren Gewehre und Patronen genommen und seinen unbeholfenen alten Vorderlader weggeworfen.

„Ich verhungere fast", sagte er. „Ich esse die Rinde der Bäume. Ich habe in die Erde gegraben, soweit mein Arm reicht, aber ich finde kein Wasser. Doch fürchte nicht; ich werde bis zum Ende aushalten."

Aufregung hatte sich im umliegenden Land verbreitet, als während des ganzen Samstags frische Truppen aus Regina, Prinz Albert und vom Entensee eintrafen. Die gesamte Bevölkerung von Assiniboia schien über Nacht dort zusammengekommen zu sein.

Mein Freund, Dr. Stewart, der noch immer am Entensee seinen ärztlichen Beruf ausübt und der das letzte von Allmächtige-Stimme verwendete Gewehr besitzt, war einer der zwei Männer, die den sterbenden Leib des tapferen Unteroffiziers Hockin vom Rande des tödlichen Hügels retteten. Der Schutzmann O'Kelly, „der kämpfende Irländer", entdeckte den Körper mit seinem Feldstecher, und er meinte, er bewege sich noch. Er rief nach einem Freiwilligen, um eine Rettung zu versuchen. Dr. Stewart sprang mit ihm in einen Jagdwagen, und sie fuhren den Berg hinab, so schnell die Pferde laufen konnten.

Sie hielten ganz am Rand des Dickichts, und O'Kelly lud Hockins leblosen Körper auf den Jagdwagen, während Dr. Stewart ausstieg und die Pferde hielt. Dann flogen sie herum und galoppierten zurück. O'Kelly hatte in einem fort gehüpft, um dem Kugelregen zu entgehen, der sich auf ihn richtete; er wurde auch nur im Schuh getroffen. Aber auf Dr. Stewart wurde kein Schuß abgegeben, obwohl er ein leichtes Ziel für Allmächtige-Stimmes tödliche Waffe geboten hätte. Er schreibt dies der Tatsache zu, daß Allmächtige-Stimme ihn gut kannte.

„Er hätte mich leicht abschießen können, wenn er es gewollt hätte", sagte mir Dr. Stewart, „aber er wußte, daß ich nur als Arzt dabei war, und er war zu anständig, die Waffe auf mich zu richten."

Samstagabend waren die Feldgeschütze in Stellung gebracht – ein Neunpfünder und ein Siebenpfünder – und um sechs Uhr krachten die ersten Granaten in das Dickicht.

Mit dem zweiten Schusse schon hatte man sich eingeschossen, und der nächste landete genau auf dem Fleck, wo man wußte, daß die Flüchtlinge sich eingegraben hatten.

Das schwere Sperrfeuer der zersplitternden Granaten dauerte geraume Zeit. Als es endlich aufhörte und jeder der tausend Berittenen und Freiwilligen atemlos wartete, was aus den Flüchtlingen geworden sein möge, kam ein Ruf aus dem Gebüsch. Es war Allmächtige-Stimme. Er sagte:

„Ihr habt ganz gut gearbeitet, aber ihr müßt es noch besser versuchen.“

Die Dunkelheit ließ sich rasch über die Landschaft nieder, und eine Stille, die noch schlimmer wirkte als die heulenden, donnernden Granaten von vorher, bohrte sich in die Seelen der belagernden Truppen. „Die Männer hörten sich gegenseitig atmen“, erzählte mir einer der Teilnehmer. Und zu den Gedanken an ihre toten Kameraden gesellte sich die halbtraurige Erkenntnis, daß morgen das Schicksal der zwei Menschen dort unten im Busche sich erfüllen müsse, der armen Kerle, die während der letzten drei Tage weder gegessen noch getrunken noch geschlafen hatten. Mochten sie im Recht oder im Unrecht sein, sie hatten Eigenschaften gezeigt, die alle tapferen Männer bewundern.

Ein Teilnehmer vertraute mir auch an, er habe im geheimen gehofft, die Indianer würden während der Nacht entkommen und nie mehr gefunden werden.

Niemand wird je wissen, was während jener grausigen, schwarzen Stille im Herzen von Allmächtige-Stimme vor sich ging.

Die Nacht zog sich dahin. Nur ein einziger geheimnisvoller Schuß unterbrach die Stille. Die Kugel riß einem Posten, der sich eben die Pfeife ansteckte, den Hut vom Kopfe. Und das Sonderbarste war, daß der Schuß gar nicht aus der Richtung des Dickichts kam, sondern von irgendwo hinter der Postenkette. Die Erklärung dafür gebe ich später.

Gegen Mitternacht erhoben einige Kojoten, die der Geruch der toten Körper angezogen hatte, ein klagendes Gebell; ihr „jip, jip, jip, huu-h“ machte das Unheimliche nur noch schlimmer.

Dann klang ein anderer Laut von dem gegenüberliegenden Hügel, dem Hügel gerade hinter der Stelle, an der die Indianer lagen. „Hei-hieh, hei-hieh, hie-joh, hieh-joh.“ Es war die Mutter von Allmächtige-Stimme, die ihres Sohnes Sterbelied anstimmte.

„Ich wollte auf jenen Hügel gehen, meinen Sohn in die Arme nehmen und ihn beschützen“, sagte sie mir und machte dabei mit den Armen die Bewegung, als falte eine Mutter die Arme um ihr Kind. Immer wieder hatte sie während jener viertägigen Wache den Versuch gemacht, hinüber in den Busch zu gelangen; aber jedesmal hatten sie die Berittenen aufgehalten.

„Sie sagten mir: ‚Du darfst nicht dorthin gehen, es wäre nicht schön, wenn wir eine Frau totschießen müßten.‘ “

„Ich war in jener Nacht sehr schwach“, fuhr sie fort. „Ich hatte drei Tage lang nicht gegessen und nicht geschlafen. Ich mochte nicht essen, während mein Sohn hungerte.“

Bald erklang aus dem Dickicht ein tiefes Echo auf das Lied der alten Frau. Es war Allmächtige-Stimme, der das Todeslied mitsang. Das war das letztemal, das man ihn hörte ...

Um sechs Uhr morgens begannen die Kanonen ihren verheerenden Sturm von Eisen und Blei in tödlichem Ernst. Kein lebendes Wesen konnte diesen beständigen Einschlägen lange widerstehen.

Um Mittag hörte die Beschießung auf. Um ein Uhr machten Freiwillige, angeführt von James McKay (jetzt Oberrichter in Saskatchewan) und William Drain noch einen Angriff auf den Hügel. Die Berittenen selbst hatten nicht Erlaubnis erhalten, sich zu beteiligen, sie hatten schon zu schwere Verluste erlitten.

Beim ersten Ansturm vermochten die Freiwilligen

nicht, das Versteck der Indianer zu finden. Zu gut hatten sie sich unter dem Gebüsch verborgen. Ein zweites Vorgehen brachte sie jedoch an die Schießgrube.

Hier lag in einer mit Gebüsch bedeckten Grube der tote Körper von Allmächtige-Stimme.

Sein junger Vetter Er-geht-hinauf-zum-Himmel lag nicht weit entfernt, verwundet, noch am Leben.

Nach den Angaben des alten Henry Smith, des Halbblütlers, der den Leib von Allmächtige-Stimme nach dem Zelt seiner Mutter brachte, wie er es versprochen hatte, schritt einer von der Berittenen Schutzmannschaft an die Grube und schoß dem Jüngling eine tödliche Kugel in den Kopf. Das geschah vielleicht zur Sicherheit, aber manche der Berittenen wurden über diese hastige Tat zornig, und einer sagte laut: „Ein Mann, der das tun kann, hat kein Herz im Leibe und sollte selbst erschossen werden."

Allmächtige-Stimme war an sieben Stellen getroffen worden, aber den tödlichen Schuß hatte er von einem Granatsplitter erhalten, der ihm die Stirn aufschlug. Im Grunde der Schießgrube fanden sich zwei Löcher von der Tiefe eines Männerarmes, die hatte der Flüchtling gegraben im Versuch, Wasser zu erreichen. Die Rinde der Bäume in der Umgebung war abgestreift und verzehrt worden.

Der Körper des Schutzmannes Kerr und des Postmeisters Ernest Grundy lagen etwa drei Meter von der Grube. Der tote Körper von Topian, der schon am ersten Tage gefallen war, lag außen am Rande des Dickichts, etwa zwanzig Meter von der Grube.

Eine überraschende Entdeckung machte man: Allmächtige-Stimme war Samstagnacht aus dem Dickicht herausgelangt und hatte sich durch die Wachen bis hundert Meter hinter die Linie der Berittenen Schutzmannschaft durchgearbeitet! Denn an dieser Stelle lag einer seiner blutgetränkten Mokassins. Eine rohe Krücke, die er sich zur Stützung seines zerschmetterten Fußgelenkes gemacht hatte, wurde ebenfalls da gefunden, wo er sie auf dem Rückweg liegengelassen hatte. Wie er dorthin gelangte und warum er zurückkehrte, wird niemand je erfahren.

Diese Entdeckung erklärte den geheimnisvollen Schuß, der während jenes unheimlichen Schweigens Samstag nachts dem Posten den Hut durchlöchert hatte.

An einem Baume nahe der Stelle, wo die Körper der drei gefallenen Berittenen lagen, waren eigenartige Zeichen mit einem Messer eingeritzt. Als ein Dolmetscher gerufen wurde, um sie zu untersuchen, fand man, daß es ein Satz in Krie-Silben war. Er lautete: „Hier starben drei tapfere Krieger."

Allmächtige-Stimme war vor seinem Tode hier herausgekrochen und hatte das Grabmal seiner drei letzten Opfer geschnitzt.

Es war eine ehrenhafte Würdigung der Tapferkeit der drei toten Berittenen Schutzleute.

Heute bezeichnet dieser Baum die Stelle, wo der nordamerikanische Indianer seinen letzten Kampf gegen den Weißen bestand.

Allmächtige-Stimme erhielt seinen Namen von seinem Großvater, Häuptling Ein-Pfeil. Als er ein kleiner Knabe war, nannte ihn dieser Gitschi-Manito-Weejo — Allmächtige-Stimme —, weil seine Stimme so laut und tief war und, wie Häuptling Ein-Pfeil sagte, wie die Stimme des Großen Geistes klang.

Vor nicht langer Zeit führte ich meine angenommene Mutter Scheckiges-Kalb hinaus nach dem Allmächtige-

Stimme-Hügel, damit sie die Grube sähe, in der ihr Sohn getötet wurde. Obwohl sie dicht am Rande des Dickichts war, als er getötet wurde, und nur zehn Kilometer davon lebte, hatte sie jene Grube noch nie gesehen gehabt. Sie sagte, ehe wir aufbrachen:

„Ich hatte nie jene Grube sehen wollen, aber ich meine, heute lass' ich mich einmal hinführen." Wir gingen die ganze Strecke von ihrem Zelt bis dahin, etwa zehn Kilometer, zu Fuß.

Mit uns ging noch der alte Halbblütler Henry Smith, der den Körper von Allmächtige-Stimme nach dem Zelt seiner Mutter gebracht hatte. Zu unserer Gesellschaft gehörte auch der junge Allmächtige-Stimme, der Sohn des verfemten Indianers, der während jener zwei Jahre in der Wildnis geboren wurde. Er ist jetzt ein hochgewachsener, kraftvoller junger Mann von achtundzwanzig Jahren. Und neben ihm schritt seine jugendliche Mutter, die noch immer jung und hübsch aussah, obwohl ihr Mann vor fast achtundzwanzig Jahren umgebracht worden war. Dann war noch dabei Prosper, der Bruder von Allmächtige-Stimme, ein Riese von einem Indianer, der in seinen Mokassins über zwei Meter hoch steht, einer der edelsten Vertreter des heutigen Indianers im Nordwesten.

Als wir den Hügel erreichten, ein Busch von dreiviertel Kilometer Ausdehnung auf der weiten wogenden Prärie, hatten wir einige Schwierigkeit, die Grube zu finden. Und obwohl die Mutter von Allmächtige-Stimme sie nie gesehen hatte, schien sie mehr davon zu wissen als wir anderen. Sie war es auch, die endlich die Richtung fand, indem sie sich auf eine niedere Erhöhung hinter dem Hügel stellte und uns dann anwies, wo wir im Busche suchen sollten. Sie folgte hinter uns; aber als wir die Grube gefunden hatten, ging sie nicht bis hin, sie blieb in einiger Entfernung stehen.

Dort war denn die Grube, etwa von der Größe einer Badewanne — die Bäume ringsum halb zerrissen vom Granatfeuer, an einigen Baumstämmen fehlte noch die Rinde, wo Allmächtige-Stimme sie gegessen hatte, ein niedriges Gestrüpp war in der Grube gewachsen, und jener Baum trug noch immer den stummen Satz: „Hier starben drei tapfere Krieger."

Wir sprachen kaum.

Wir gingen nur umher von Ort zu Ort und betrachteten alles mit schweren Gedanken.

Es war ein wunderschöner heller Sommertag des Nordwestens. Unter seiner friedlichen Stille, die nur das gelegentliche kurze, rauhe Husten eines Wolfshundes irgendwo in der Ferne unterbrach, wurde es schwer, sich vorzustellen, daß diese malerische Abwechslung von Busch und Prärie einmal Echo gegeben hatte zu dem Donner des Nordwestlichen Aufstandes und dem Krachen der Geschütze, die Allmächtige-Stimme getötet hatten.

Ich stand an der Grube und blickte voller Gedanken über das weite Flachland hinüber zu der Erhebung, wo die Feldgeschütze in Stellung gebracht worden waren. Dann wendete ich mich in die entgegengesetzte Richtung und sah die steile westliche Erhebung, auf dessen Höhe sich der Hügel befindet. Ich sah die Stelle, etwa hundert Meter darüber, wo die alte Mutter während der vier langen Tage und Nächte der Belagerung, ihrem Sohne zurufend und zusingend, gestanden hatte.

Das veranlaßte mich, diese wunderbare alte Frau zu betrachten, um zu sehen, wie der erste Besuch an der Stelle, seit sie damals an jenem traurigen Morgen des

28. Mai 1897 erschöpft davongetragen wurde, auf sie wirken würde.

Nie werde ich das ergreifende Bild vergessen, das dort meinem Blicke begegnete. Ihr schlafendes Enkelkind trug sie auf den Rücken gebunden; sie stand eine Strecke abseits von der Grube und ließ die Tränen in ihre rote und gelbe Decke rinnen. Nach der Grube blickte sie kein einziges Mal, noch kam sie näher als vier Meter heran. Sie stand nur dort und wandte das Gesicht halb zur Seite und zur Erde; die eine Hand wischte still ihre Tränen, die andere zupfte an den kleinen Zweigen der roten Weiden, die ihr bis zu den Hüften standen. Den Kopf hielt sie gebeugt, als schäme sie sich der Gefühle, die sie nicht beherrschen konnte. Wunderbare Frau! Ich bin stolz, den Namen dieses Menschen zu tragen, dieser edlen Frau, die mich als ihren Sohn annahm. Und meine höchste Hoffnung in dem neuen Leben, das ich vom Weißen Manne angenommen habe, ist die, daß ich nie irgendeine Tat zur Trübung jenes Namens begehen möge — Scheckiges-Kalb.

## 18

# Kein Umherstreifen mehr

Während des ganzen Kampfes um Allmächtige-Stimme waren Boten von den anderen Stämmen in unser Lager gekommen, um mit unserem Häuptling geheime Beratungen zu pflegen. Manche Stämme wollten sich erheben und die Weißen von den Prärien vertreiben. Diese Boten ersuchten unseren Häuptling, nach einer bestimmten Gegend zu kommen und dort mit den anderen Stämmen einen geheimen Kriegsrat zu halten. Eine dieser Beratungen fand auch statt. Die Assiniboine und die Schwarzfüße wissen davon, aber der Weiße hat davon noch nie etwas erfahren. Und weil einige der Hauptbeteiligten noch leben, werde ich auch nicht weiter darüber berichten. Jedoch, wenn eines Tages diese alten Krieger heimgegangen sind, werde ich darüber schreiben und meinen Bericht der Geschichte übergeben. Es wird manch einen überraschen, zu erfahren, daß damals der Nordwesten um Haaresbreite dem entging, was wohl das furchtbarste Gemetzel in der Geschichte Amerikas geworden wäre.

Aber es war der Einfluß von Niokskatos, dem obersten Häuptling aller Schwarzfüße, der die anderen Häuptlinge dazu brachte, die Waffen niederzulegen und den Kampf des Allmächtige-Stimme den letzten sein zu lassen.

Unsere Tage des freien Umherstreifens auf der

offenen Prärie waren zu Ende. Wenige Jahre später saßen wir Knaben in einer Missionsschule, lernten das Abc und mit der Hand zu harken. Wie wir uns dabei schämten! Arbeiten zu müssen wie Frauen, wo wir gemeint hatten, wir würden Krieger und Jäger werden wie unsere Väter! Diese Handarbeit demütigte uns dermaßen, daß wir, wenn wir einen unserer alten Krieger an der Schule vorbeikommen sahen, die Harken hinlegten und warteten, bis er vorüber war.

Ich ging manchmal nachts auf mein Zimmer und lag und dachte an die alten Tage, wo es überall Büffel und viele andere Tiere gegeben hatte ... Zu der Zeit hatten viele alte Männer unter uns gelebt, und es war schön bei ihnen gewesen ... Dann dachte ich an das, was mir mein Großvater gesagt hatte, als ich ein kleines Kind war. Er hatte gesagt: eines Tages würden die Weißen Männer überall auf der Prärie leben. Ich hatte es ihm nicht geglaubt. Er hatte gesagt: sie würden eines Tages alle Tiere vertrieben haben, sie würden überall Zäune errichten, und der Indianer würde immer an derselben Stelle lagern müssen. Ich hatte es ihm nicht geglaubt. Doch nun begann ich einzusehen, daß alles, was mein Großvater gesagt hatte, Wahrheit wurde — und ich dachte mir: ob er es wohl sehen könne?

Der neue Tag ist da, und er wird bleiben. Wir müssen lernen, unsere alten Leute stumm sitzen und allein ihre Träume von der Vergangenheit spinnen zu lassen. Unsere Aufgabe ist es, zu versuchen, uns der neuen Lebensordnung anzupassen, die der Große Geist für Nordamerika bestimmt hat. Und wir werden dies auch können. Denn uns führt beständig das alte Schwarzfuß-Sprichwort: Mokokit-ki-ackamimat — sei weise und halte durch.

Nachbemerkung

# Die traurige Geschichte von Sylvester Long

Häuptling Büffelkind Langspeer wurde am 1. Dezember 1890 als Sylvester Long in Winston-Salem im US-Bundesstaat North Carolina geboren. Seine Eltern waren Weiße mit indianischen Vorfahren. Aber da beide zusammen mit schwarzen Kindern aufgewachsen waren, galten sie ihr Leben lang als Farbige – und waren damit recht- und chancenlos. Sie wehrten sich zuerst gegen diese Diskriminierung und betonten, sie seien nicht schwarzer Herkunft. Aber man glaubte ihnen nicht. Weil sie lesen und schreiben konnten, galten sie zwar als vornehme Schwarze, aber die Kirchen und Schulen der Weißen blieben ihnen verwehrt. Da die Eltern sehr religiös waren, betrachteten sie ihr Schicksal als Fügung und hofften auf ein besseres Leben nach dem Tod. Auch die Kinder erzogen sie in diesem Glauben, aber Sylvester konnte sich mit dieser Ungerechtigkeit nicht abfinden. Er sah nicht ein, warum er in der Gegenwart eines Weißen seinen Hut abnehmen mußte, einem Weißen nicht widersprechen durfte, vom Trottoir runterzugehen hatte, um ihn durchzulassen, und warum er einem weißen Mädchen nicht in die Augen blicken durfte.

Als er größer war, lief Sylvester zweimal von zu Hause weg und schloß sich einer Wildwestshow an. Dort lernte er Artisten aus fernen Ländern kennen, lernte reiten, lernte von einem Indianer einige Sätze der Cherokee-Sprache und lernte vor allem eines: daß er mit seinem glatten schwarzen Haar, seinen dunklen Augen und seinen hohen Backenknochen als Indianer angesehen wurde.

Im Bundesstaat Pennsylvania gab es die Carlisle Indian Residential School, eine Schule, welche indianischen Kindern eine weiße Zukunft ermöglichen sollte. Ermutigt durch seine Erlebnisse bei der Wildwestshow, versuchte Sylvester, in Carlisle aufgenommen zu werden. Aber mit seinen mittlerweile 19 Jahren war er zu alt dafür. Zudem brauchte er die Unterschrift von zwei neutralen Personen, welche seine indianische Herkunft bestätigten. Mit Hilfe der Eltern fälschte er sein Geburtsdatum; ein weißer und ein schwarzer Schuldirektor leisteten die Unterschriften. Bei der Aufnahmeprüfung kamen ihm die gelernten Cherokee-Sätze zugute - er wurde zugelassen.

Sylvester hatte es anfangs schwer in Carlisle. Die indianischen Schülerinnen und Schüler mißtrauten ihm; sie hielten ihn für einen Schwarzen. Um ihm zu helfen, begann einer der Lehrer, ihn Long Lance - Langspeer - zu nennen. Während die anderen Carlisle-Insassen immer mehr die Gewohnheiten der Weißen annahmen, tat Langspeer alles, um als Indianer zu gelten.

Nachdem er in Carlisle abgeschlossen hatte, wollte es Langspeer in der berühmten Militärakademie West Point versuchen. Da dort nur Weiße Zutritt hatten, schrieb er dem damaligen Präsidenten der Vereinigten Staaten, Woodrow Wilson, einen Brief. Wieder gab er sich als Indianer aus und machte eine falsche Altersangabe.

Als er zur Aufnahmeprüfung eingeladen wurde, berichteten viele Zeitungen im ganzen Land, daß ein Indianer vom Präsidenten persönlich die Chance bekommen habe, in West Point ausgebildet zu werden. In den Meldungen wurde Langspeer zum »Vollblutindianer, der nicht nur seinem Stamm, sondern dem ganzen Land Ehre machen« werde.

Den ganzen Winter hindurch lernte Langspeer für die Aufnahmeprüfung – und fiel durch. Vermutlich mit Absicht, weil er fürchtete, seine Lügen könnten entdeckt werden. Danach meldete er sich bei der kanadischen Armee und wurde nach Europa verlegt, um am Ersten Weltkrieg teilzunehmen. Noch bevor er an die Front kam, schrieb er seinen Kameraden in Carlisle eine Weihnachtskarte »aus den Schützengräben« und beförderte sich darin selbst zum Leutnant. Später wurde er im Krieg zweimal verletzt.

1919 traf Langspeer in der kanadischen Stadt Calgary ein. Der Krieg war vorbei. Er brauchte Arbeit. Bei der Zeitung »Calgary Herald« wurde er als Reporter eingestellt, und schon in seinem ersten Artikel log er das Blaue vom Himmel herunter. Er schrieb, er sei in Oklahoma geboren, habe im Krieg das französische Verdienstkreuz erhalten und habe in Italien gekämpft. Offenbar machte er sich keine Sorgen darüber, daß jemand das nachprüfen könnte. Langspeer gab sich überall als Indianer aus, aber seine Erscheinung und sein Benehmen waren die eines eleganten weißen Mannes.

1921 wurde Langspeer zum ersten Mal in ein Reservat geschickt, um eine Reportage über die Schwarzfuß-Indianer zu schreiben. Dies war der Anfang eines langen Kampfes, den er für die Indianer führte und der ihn im ganzen Land bekannt machen sollte. Er besuchte die einzelnen Stämme und lernte wichtige Stammesvertreter kennen. In Artikeln und Vorträgen prangerte er die miserablen Lebensbedingungen an, unter denen die Ureinwohner Amerikas zu leiden hatten.

Einmal wurde er eingeladen, auf der Abschlußfeier einer Missionsschule im Stammesgebiet der Blood-Indianer eine Rede zu halten. Als er geendet hatte, bat der weiße Missionar einen alten Indianer, den Gast in seinen Stamm aufzunehmen. In einer feierlichen Zeremonie mit Gebeten, Gesang, Kriegsbemalung und Federschmuck wurde Langspeer der Name »Buffalo Child« - Büffelkind - verliehen. Für die anderen war dies eine Show, für Langspeer aber war es tödlicher Ernst.

Häuptling Büffelkind Langspeer, wie er sich jetzt nannte, las alles, was er über die einzelnen Indianerstämme erfahren konnte, und interessierte sich besonders für die verschiedenen Sprachen. In den Interviews, die er gab, wurden seine Lügen immer dreister. So erzählte er einmal, er sei der Häuptling aller Plains-Indianer. Da er ständig in Geldnot war, nahm er alle möglichen Jobs an. Die Sommermonate verbrachte er jeweils im mondänen Seebad Banff, wo er die reichen Leute unterhalten mußte. Oder er machte Werbung für Turnschuhe.

Im März 1927 bat ihn der Direktor des Cosmopolitain-Verlages, für den er schon zahlreiche Beiträge verfaßt hatte, seine Biographie niederzuschreiben. Abenteuerbücher für Jungen ließen sich damals sehr gut verkaufen, meinte er.

Innerhalb weniger Monate schrieb Langspeer die Geschichte seiner Kindheit und verwob darin Informationen und Erzählungen, die er im Laufe der Jahre bei seiner journalistischen Arbeit mitbekommen hatte. Vor allem die Erinnerungen des Blood-Indianers Mike Eagle Speaker, den er 1920 kennengelernt und dessen Blutsbruder er 1924 geworden war, machte er zu seinen eigenen.

Als das Buch erschien, wurde es überall hoch gelobt. Auch in Europa erhielt es begeisterte Kritiken und wurde sogleich ins Deutsche und Holländische übersetzt. 1928 bekam Langspeer die Gelegenheit, als einziger Weißer in einem Indianerfilm mitzuwirken. Ein alter Indianer, Großneffe des legendären Sitting Bull, schöpfte Verdacht und stellte Nachforschungen an. Langspeers Lügengebilde brach zusammen, denn auch in seinem Buch hatten Indianerspezialisten Dinge entdeckt, die nicht stimmen konnten. Als dann auch noch das alte Gerücht auftauchte, er sei in Wirklichkeit ein Schwarzer, ließen ihn viele seiner Freunde fallen. Es ging ihm schlecht; er begann zu trinken. Nur noch im Flugzeug – er hatte angefangen, Flugstunden zu nehmen – fühlte er sich frei und unbeschwert.

Im Frühling 1931 trat er eine Stelle als Leibwächter bei einer schwerreichen kalifornischen Dame an. Am 20. März 1932 wurde er in ihrer Bibliothek erschossen aufgefunden. Die Polizei tippte auf Selbstmord, aber ganz geklärt wurde die Sache nie.

Sylvester Longs traurige Geschichte zeigt, wie Rassenvorurteile ein Leben prägen und zerstören können. Auch wenn ich anfangs enttäuscht war, als ich die Wahrheit erfuhr, kann ich ihm seine Schwindeleien nicht übelnehmen. Ich finde es trotz allem bewundernswert, wie er versucht hat, die Schranken, die damals für Schwarze galten, zu überwinden. (Erst in den sechziger Jahren, mehr als 30 Jahre nach seinem Tod, wurden Schwarze in den USA als vollwertige Bürger anerkannt.)

Die Büffelkind-Geschichte hat Langspeer nicht selbst erlebt, aber es sind wahre Geschichten, die er zusammengetragen und miteinander verknüpft hat. Das Buch ist auf jeden Fall lesenswert. Es ist packend geschrieben und weit entfernt von kitschiger Indianerromantik.

*Liz Sutter*

# Das Indianer-Lexikon

»Mit diesem umfassenden Nachschlagewerk möchten Herausgeber und Autor Ulrich van der Heyden und sein Autorenteam Informationen bieten über Geschichte, Kultur, Religion und über die gegenwärtigen Verhältnisse der Indianer aus Nordamerika. Damit will das Lexikon aufräumen mit den zum Teil klischeehaften und völlig verkehrten Vorstellungen über die indianischen Ureinwohner dieses Kontinents. Mit einbezogen wurden die Eskimos, standen diese doch in vielfältigen Verbindungen und Beziehungen zu den Indianern. So bietet dieses Lexikon eine Fülle von interessanten Informationen. Es eignet sich nicht nur zum Nachschlagen ganz bestimmter Begriffe und Wörter, ob Buffalo Bill, Henrystutzen, Little-Big-Horn-Schlacht oder Skalplocke. Das Indianer-Lexikon kann vielmehr als ›ganz normales‹ Buch benutzt werden zur Unterhaltung und zugleich zur Erweiterung des Hintergrundwissens über ein spannendes und lehrreiches Themengebiet.« (Fränkische Nachrichten)

»Der Band stellt eine wunderbare Ergänzung dar für all jene Fans von Winnetou und Co., die über die spannenden Abenteuergeschichten hinaus mehr erfahren wollen über die indianischen Ureinwohner Nordamerikas. Historische Ereignisse und Orte, bedeutende Indianer-Persönlichkeiten, das Leben im Alltag, die Bewaffnung selbstverständlich, aber auch die Arten des spielerischen Zeitvertreibs begegnen dem Leser einfach beim Blättern und gezielten Nachschlagen.« (Aachener Zeitung)

»In seiner Art einmalig, reich illustriert« (Neues Deutschland)

»Ein reichhaltiges Nachschlagewerk von hohem Niveau« (Geschichte mit Pfiff)

Ein Buch aus dem Lamuv Verlag

# Phillip Wearne
# Die Indianer Amerikas

Die Geschichte der Unterdrückung und des Widerstands

Mit einem Vorwort von Rigoberta Menchú
Aus dem Englischen von Elisabeth Müller

40 Millionen Indianer haben die weiße Eroberung des Kontinents überlebt, die mit Ausrottung und jahrhundertelanger Unterdrückung verbunden gewesen ist. Seit nunmehr fünf Jahrhunderten kämpfen die indigenen Völker Amerikas für ihre Rechte, ihr Land, ihre Sprache und Kultur, im Norden wie im Süden des Kontinents.

»Phillip Wearnes gründlich recherchiertes und gut lesbares Buch erzählt die tragische Geschichte des Kolonialismus, die intensiven Bemühungen zur Erhaltung indigener Kulturen angesichts einer aggressiven Assimilierungspolitik und, sehr wichtig, der neuen Bewegung zur Vereinigung indigener Völker in ganz Amerika. Es ist eine ausgezeichnete Einführung in diese bedeutsame politische Entwicklung.
Phillip Wearne schreibt mit Engagement und Sensibilität. Sein Buch kommt zur rechten Zeit, da die Vereinten Nationen zur Internationalen Dekade der Indigenen Völker der Welt aufgerufen haben.« (Julian Berger, Sekretär der Arbeitsgruppe für Indigene Völker der Vereinten Nationen und Autor des »Gaia Atlas of First Peoples«)

»›Die Indianer Amerikas‹ stellt erstmals die Lage aller indigenen Völker Amerikas dar. Dieses überfällige Werk zeigt die kulturelle Vielfalt in Nord-, Zentral- und Südamerika wie auch bedeutende historische Parallelen. Phillip Wearne zeigt, wie wichtig die Landfrage im Kampf der indigenen Völker ist, ein Kampf, der mit Kolumbus' Ankunft begann und bis heute andauert.« (Dee Brown, Autor von »Begrabt mein Herz an der Biegung des Flusses«)

Ein Buch aus dem Lamuv Verlag

## James BraveWolf: Von nun an bin ich Kriegerin

Eine indianische Erzählung

Lamuv Taschenbuch 120

Tecumseh, Sitting Bull, Geronimo - große Häuptlinge, deren Leben und Taten inzwischen viele kennen. Doch wer ist Lozen vom Stamme der Chihinne (bei uns besser bekannt als Apachen)? Ein zwölfjähriges Mädchen, das sich heimlich auf eine gefährliche Reise begibt, um ihr Volk vor dem drohenden Untergang zu retten.
»Eine eindringliche Geschichte, überzeugend erzählt.« (Dietmar Kuegler in: Zeitschrift für Amerikanistik)

## Elmar Engel: Blackfoot, Cree, Mohawks ...

Zur Geschichte der Indianer im Norden Amerikas

Lamuv Taschenbuch 140

»Diese Geschichte der Indianer in Kanada, die bislang im Gegensatz zu den in den USA lebenden Ureinwohnern nur wenig Aufmerksamkeit erfuhren, liest sich anschaulich und spannend. Von der Besiedlung Nordamerikas über die ersten europäischen Kontakte, dann die Indianerkriege, bis hinein ins 20. Jahrhundert wird der Bogen gespannt ... Ein empfehlenswertes populäres Sachbuch.« (Reinhild Khan im ekz-Informationsdienst)

## Elmar Engel: Geronimo und die Apachen

Lamuv Taschenbuch 161

Mexikaner wie US-Amerikaner versuchen im 19. Jahrhundert, die Indianer im Südwesten Nordamerikas niederzuwerfen und in Reservate zu pferchen. Die Apachen graben das Kriegsbeil aus, leisten erbitterten Widerstand. Ihr Häuptling Geronimo wird jahrzehntelang von den Weißen gejagt, verliert Frau und Kinder, schwört Rache, bringt den Weißen manche Niederlage bei ... Er, der am Ende doch die Waffen strecken mußte, ist zu einer sagenumwobenen Gestalt geworden, dessen Lebensgeschichte mehrfach verfilmt wurde.

Bücher aus dem Lamuv Verlag

## Alexander Buschenreiter
## Spuren des Großen Geistes

Indianische Weisheit der Gegenwart

Lamuv Taschenbuch 121

Hier kommen Janet McCloud zu Wort, die »Großmutter des indianischen Widerstandes« und Nachfahrin des legendären Häuptlings Seattle, Thomas Banyacya Sr., der Botschafter der traditionellen Hopi seit 1948, Radford Quamahongnewa, der »Schlangenpriester« der Hopi, Oren Lyons, der Sprecher der Irokesen-Konföderation, der traditionelle indianische Ältestenrat, eine Zusammenkunft von Medizinleuten und Weisen nahezu aller indianischen Nationen Nord- und Mittelamerikas, die Onandaga-Clanmütter und viele andere mehr.

## Alexander Buschenreiter
## Unser Ende ist euer Untergang

Die Botschaft der Hopi an die Welt

Lamuv Taschenbuch 271

Das Buch gibt einen Einblick in die traditionelle Kultur der Hopi-Indianer, die als »Volk des Friedens und die wahren Hüter des Gleichgewichts« gelten.
Robert Jungk meint: »Die bedrohten Hopi werden in dieser eindringlichen und einfühlenden Darstellung zum Paradigma unserer eigenen gefährdeten Existenz. Doch darüber hinaus: Wer Kulturanthropologie nicht nur als Faktensammlung und Interpretation begreift, sondern als Anregung für das eigene Verhalten, wird hier eine der Antworten auf die Frage ›Was tun?‹ erhalten.«

## Carolyn Niethammer: Töchter der Erde

Legende und Wirklichkeit der Indianerinnen

Lamuv Taschenbuch 270

»Aller Gefahr überschwenglichen Lobs eingedenk: Ohne Zweifel darf Niethammers Buch ... für sich in Anspruch nehmen, eines der interessantesten zu sein, das je in der schier unübersehbaren Reihe von Indianerliteratur erschienen ist.« (Ingo Mose in: Bremer Kirchenzeitung)

Bücher aus dem Lamuv Verlag

## Wäscha-kwonnesin: Im Land der Nordwinde

Lamuv Taschenbuch 77

»Die Erlebnisse des Waldläufers ›Grau-Eule‹ bei seinen ausgedehnten Streifzügen durch die kanadische Wildnis sprechen, obwohl aus den dreißiger Jahren stammend, den Leser immer noch unmittelbar an. Das Bewußtsein, einer untergehenden Welt anzugehören, in der die unberührte Natur und die in ihr lebenden Menschen von der vordringenden Zivilisation bedroht sind, verleihen ihnen dabei einen Hauch von Melancholie. Seine deutlichen Worte gegen die Naturzerstörung sind erneut aktuell.« (Reinhild Khan in: ekz-Informationsdienst)

## Wäscha-kwonnesin
## Ihre Mokassins hinterließen keine Spuren

Grau-Eule erzählt

Lamuv Taschenbuch 111

Die Wildnis, die Lebenswelt der Indianer und Trapper wurde zerstört. »Bescheiden wich der rote Mann zurück, verkroch sich dorthin, wo die verzauberten Lichtungen noch nicht mit Baumstümpfen übersät waren, wo das flüsternde Echo noch nicht vom Krachen niederstürzender Bäume und anderen unziemlichen Geräuschen geweckt wurde ... Und mit der Wildnis schwand alles, was Leben hatte ...«

## Wäscha-kwonnesin: Kleiner Bruder

Grau-Eule erzählt von Indianern, Bibern und Kanufahrten

Lamuv Taschenbuch 141

Wäscha-kwonnesin verläßt mit seiner Frau Anaharoe die Heimat, flieht vor »Feuer, wandernden Trapperhorden und unehrlichen Pelzhändlern«. Der einzige Reichtum, der ihnen bleibt: eine Lagerausstattung und zwei kleine Tiere. Als Ausgestoßene im eigenen Land wandern sie in eine Gegend aus, die ihnen völlig fremd ist. Einzig die beiden mitgenommenen Biber, die »kleinen Brüder«, verkörpern ein Stück der verlorenen Heimat.